ATP合成调控相关蛋白基因与有氧运动能力相关的分子标记研究

吴剑 著

北京体育大学出版社

策划编辑：赵海宁
责任编辑：赵海宁
责任校对：韩培付
版式设计：中联华文

图书在版编目（CIP）数据

ATP合成调控相关蛋白基因与有氧运动能力相关的分子标记研究 / 吴剑著. -- 北京 ：北京体育大学出版社，2018.12
ISBN 978-7-5644-3139-6

Ⅰ. ①A… Ⅱ. ①吴… Ⅲ. ①气体代谢（运动生理）—健身运动—运动能力—分子标记—研究 Ⅳ. ①G883

中国版本图书馆CIP数据核字（2018）第301221号

ATP合成调控相关蛋白基因与有氧运动能力相关的分子标记研究
ATP HECHENG TIAOKONG XIANGGUAN DANBAI JIYIN YU YOUYANG YUNDONG NENGLI XIANGGUAN DE FENZI BIAOJI YANJIU
吴剑 著

出版发行：北京体育大学出版社
地　　址：北京市海淀区农大南路1号院2号楼4层办公B-421
邮　　编：100084
网　　址：http://cbs.bsu.edu.cn
发 行 部：010-62989320
邮 购 部：北京体育大学出版社读者服务部 010-62989432
印　　刷：北京建宏印刷有限公司
开　　本：710 mm × 1000 mm　1/16
成品尺寸：157 mm × 235 mm
印　　张：14.5
字　　数：202千字
版　　次：2018年12月第1版
印　　次：2018年12月第1次印刷
定　　价：55.00元

前言

优秀运动员选材是体育界一直以来都非常重视的工作。当今竞技体育的发展已经达到甚至超过了人类体能的局限，运动员不仅要接受科学和系统的训练，而且必须具有过人的天赋。因此，早期发现并培养具备体育运动天赋的人才，对提高运动员的成材率起着至关重要的作用。

近几十年，体育科研工作者就如何提高运动员选材的前瞻性和准确性做了大量研究工作。随着分子生物学的发展，运动人体科学领域的理论研究也迈入了一个全新的时代。人们已经认识到，人类生物及其行为性状都是遗传与环境共同作用的结果[1]。体育科研中观察到的人体机能和形态变异同样是人类基因序列差异、基因相互作用及基因与环境变量相互作用的综合结果[2]。

1971年，希腊学者Klissouras的研究小组[3]对人类体质及运动能力的遗传基础做了一系列的研究。他们选择的指标是常用于对体质及运动耐力进行客观评价的最大有氧能力和无氧能力。研究人员通过对25组年龄为13岁的男性双生儿童的测定对比发现，遗传因素对人类有氧能力的平均作用是$H=0.934$，而对无氧能力的作用为$H=0.814$；将观察对象的年龄段扩展到9～25岁后，得到相同的结果。1986年，马力宏等人[4]在中国人中，以女性双生儿童为对象，重复了上述实验，并在数据处理方面采用了可信度更高的相似度系数。研究结果表明：人类最大有氧能力的个体变异中，76.05%归因于遗传平均作用，通气敏感度为70.35%，而通气无氧阈为52.52%。大量的研究表明，人类的运动能力具有高度的遗传性。

人类基因组计划开始后，与杰出运动能力相关的基因多态性成为体育科研领域的研究热点之一。最早被报道与优秀运动能力相关的基因是血管紧张素转换酶（Angiotensin Converting Enzyme，ACE），1998年英国学者Montgomery在《自然》杂志上首次公开发表了相关论文[5]，引起了相关领域专家学者的广泛关注。十余年来，与杰出运动能力相关的基因组学研究已经积累了大量的成果。自2001年起，国际上几个专门从事杰出运动能力基因组学研究的知名实验室每年都会对当年发表的相关文献进行综述[6-15]。到2011年，有文献报道与优秀运动能力有关的基因，已经由最初的47个[6]，增加到了239个[12]。研究内容也由单一基因的多态性，向大样本、多基因、染色体连锁分析及基因多态性对蛋白生物活性的影响等方向发展。

吴剑

2018年8月

目　录

第一章 导 论

1 ATP合成调控相关蛋白的概念

腺苷三磷酸（Adenosine Triphosphate，ATP）是肌肉唯一可以直接利用的供能物质，但是肌肉中的ATP含量很少，只能维持高强度收缩1s之内的供能。人体由安静进入激烈运动状态之后，体内物质代谢速率大幅上升，需要动员大量的能量物质，如短跑时骨骼肌ATP的利用速率是安静时的1 000倍以上。虽然肌肉中ATP含量很低，但是，ATP浓度和ATP/ADP* 浓度比在运动中只有少量改变，这主要是通过调节机制来实现的。

这种调节主要通过细胞内某些物质浓度的变化，使某些酶的活性或数量发生改变，从而调节代谢过程的速度，属于细胞水平的调节方式，是整个代谢调节机制中的重要组成部分（图1-1），主要包括酶的活性调控作用和细胞自身结构的调控作用。

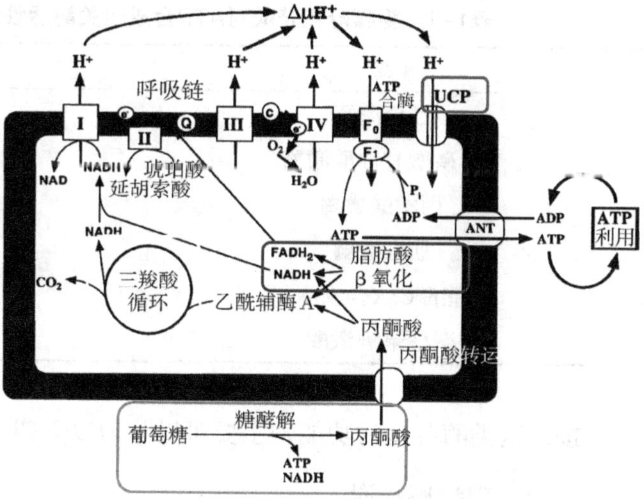

图1-1 ATP合成调控相关蛋白所在位置
（引自Olivier Boss等[18]）

---

* ADP即腺苷二磷酸，全称为Adenosine Diphosphate。

1.1 酶的活性调控作用

由于肌肉中ATP的含量很低，在激烈运动时，机体能量代谢调节的主要目的是维持ATP浓度和ATP/ADP浓度比值的稳定。但是，由于ATP和ADP的化学结构相似，有关酶在催化反应时难以准确识别。在ATP或ADP对酶的竞争性结合中，特别是当ATP/ADP浓度比明显改变时，酶更难识别和区分它们。因此，以ADP作为底物的酶，受ATP抑制；反之，以ATP作为底物的酶，受ADP抑制。

当细胞内ATP利用减少而使ATP/ADP浓度比升高时，参与ATP生成的某些酶的活性受抑制，将减少ATP生成，使ATP/ADP浓度比下降；当细胞内ATP利用增多使ATP/ADP浓度比下降时，参与动用ATP的某些酶的活性受到抑制，以阻止比值下降；当ATP/ADP浓度比变化不大时，对酶的抑制作用不明显。这样，机体可以灵敏地触发代谢调节系统做出反应，以便激活或抑制代谢合成ATP，从而维持ATP/ADP浓度比值的稳定，保证体内的能量供应在正常水平[16]。1975年，Newsholme等人[17]就对这类调控酶进行了报道（表1–1）。

表1–1　腺嘌呤核苷酸对ATP合成相关酶活性的抑制

酶	抑制剂
己糖激酶	ADP
3–磷酸甘油酸激酶	ADP
丙酮酸激酶	ATP
肌酸激酶	ADP
脂酰CoA合成酶	ADP
磷酸果糖激酶	ATP

按照这类酶各自的功能，主要可以分为以下四类。

1.1.1 磷酸原代谢

磷酸原代谢（图1–2）中的肌酸激酶（Creatine Kinase，CK）是ATP合成调节酶之一。

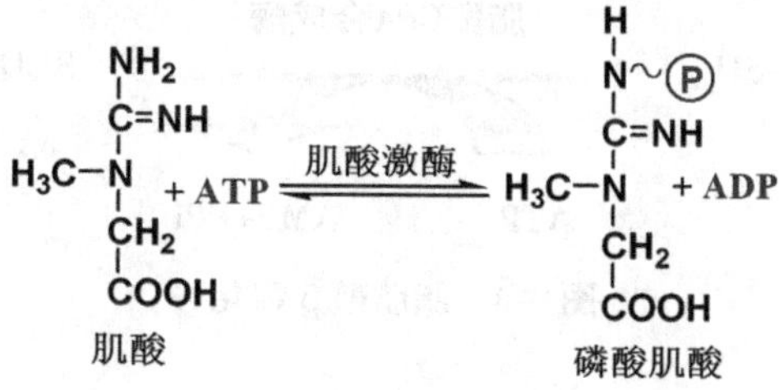

图1-2 磷酸原代谢

1.1.2 糖酵解代谢

糖酵解代谢（Glycolytic）（图1-3）中包括6个酶，分别是：糖原磷酸化酶（Glycogen Phosphorylase）、己糖激酶（Hexokinase）、磷酸果糖激酶（Phosphofructokinase）、3-磷酸甘油酸激酶（3-Phosphoglycerate Kinase）、丙酮酸激酶（Pyruvate Kinase）和乳酸脱氢酶（Lactate Dehydrogenase）。

1.1.3 脂肪酸β氧化

脂肪酸β氧化（图1-4）中包含1个酶——脂酰CoA合成酶（Acyl-CoA Synthetase, ACS）。

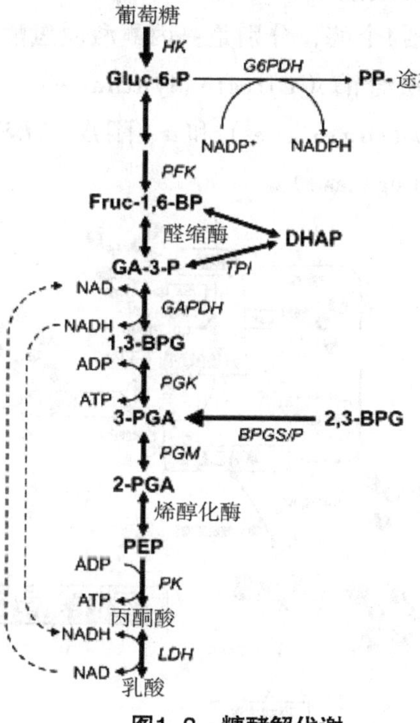

图1-3 糖酵解代谢

（引自NÉMETI B, GREGUS Z. Reduction of arsenate to arsenite by human erythrocyte lysate and rat liver cytosol-characterization of a glutathione- and NAD-dependent arsenate reduction linked to glycolysis[J]. Toxicol Sci, 2005, 85（2）: 847-858.）

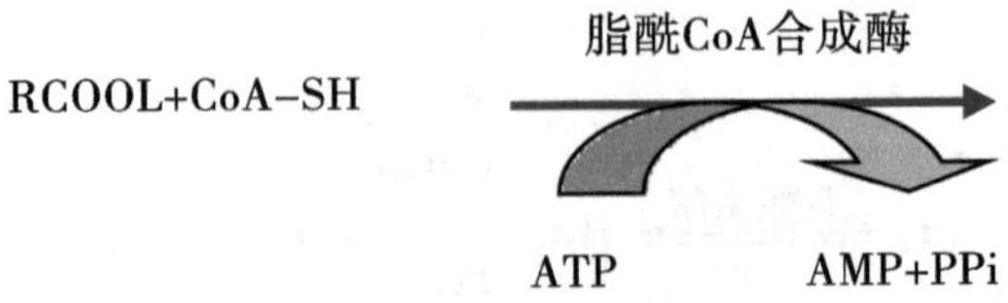

图1-4　脂肪酸β氧化

1.1.4　三羧酸循环

三羧酸循环（Tricarboxylic Acid Cycle，TAC）（图1-5）反应中包括4个酶，分别是：丙酮酸脱氢酶（Pyruvate Dehydrogenase）、柠檬酸合酶（Citrate Synthase）、异柠檬酸脱氢酶（Isocitrate Dehydrogenase）和α-酮戊二酸脱氢酶（α-Ketoglutarate Dehydrogenase）。

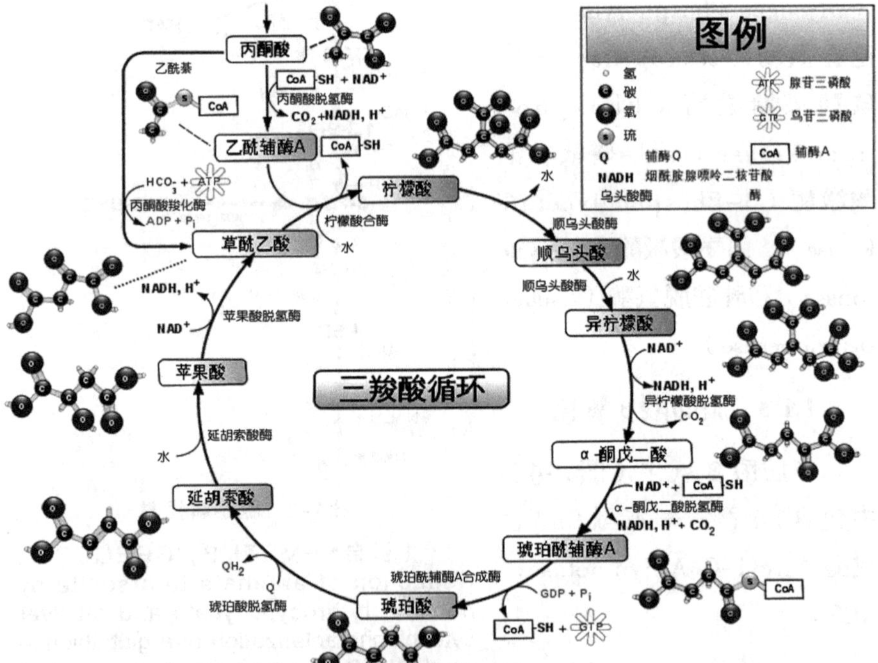

图1-5　三羧酸循环

1.2 细胞自身结构的调控作用

在线粒体内膜上存在一种具有调节质子跨膜转运作用的载体蛋白，称为解偶联蛋白（Uncoupling Protein，UCP）。在调节动物能量代谢、脂肪沉积及脂肪酸氧化等方面起着重要作用。到目前为止，已经发现的成员至少有5种，分别是：UCP1、UCP2、UCP3、UCP4和UCP5。

其中，UCP2是线粒体内膜上的一种质子转运蛋白，其分布广泛，在白色脂肪组织、棕色脂肪组织、肌肉、心、肺、肾和淋巴细胞等多种组织中均有表达，其主要功能之一是调节ATP合成。

UCP2是细胞水平调节ATP生成的重要物质，其机理是：当细胞内ATP水平增加时，UCP2被激活，产生质子漏，降低线粒体在呼吸时形成的质子（ΔH^{+}）梯度，从而降低质子电动势（ΔP），使氧化磷酸化解偶联，ATP合成降低，导致细胞代谢中的能量以钠泵的途径消耗，以热能的形式释放出来（图1-6）。

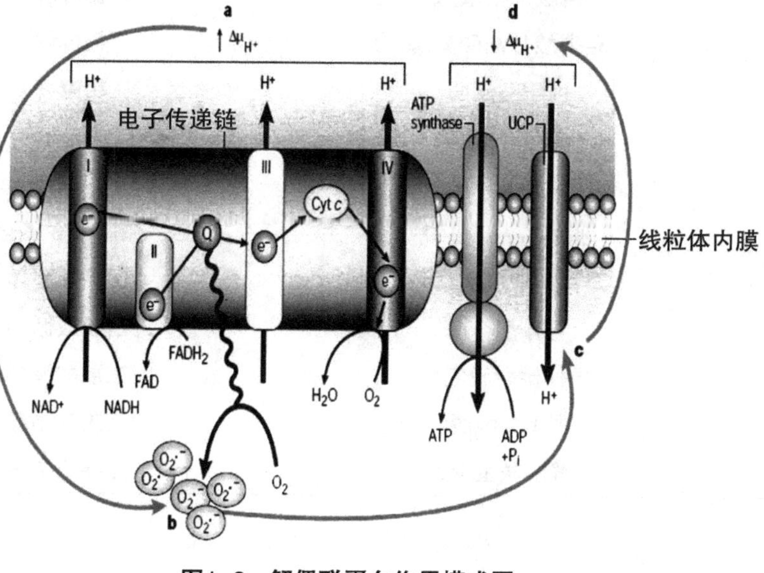

图1-6 解偶联蛋白作用模式图

（引自KRAUSS S et al. The mitochondrial uncoupling-protein homologues[J]. Nat Rev Mol C Bio，2005，6：248-261.）

UCP2的活性受到腺嘌呤核苷酸的直接影响。研究表明，当ADP和GDP的存在浓度为1 mmol/L时，可以抑制UCP2 30%~70%的活性[18]。

2 ATP合成调控相关蛋白及其基因多态性研究进展

ATP合成调控相关蛋白是能量代谢调节的重要组成部分，在能量代谢反应的关键步骤起调控作用（表1-2），其活性直接受到ATP等腺嘌呤核苷酸的影响，也直接对ATP的生成进行调控，从而维持细胞内ATP浓度和ATP/ADP浓度比值的稳定，保证运动时的能量代谢需要。但是目前ATP合成调控蛋白基因多态性与运动能力的相关性报道不多。

表1-2 ATP合成调控相关蛋白

蛋白名称	功能
肌酸激酶	磷酸原代谢
己糖激酶	糖酵解
磷酸果糖激酶	糖酵解
3-磷酸甘油酸激酶	糖酵解
丙酮酸激酶	糖酵解
糖原磷酸化酶	糖酵解
乳酸脱氢酶	糖酵解
脂酰CoA合成酶	脂肪酸β氧化
丙酮酸脱氢酶	三羧酸循环
柠檬酸合酶	三羧酸循环
异柠檬酸脱氢酶	三羧酸循环
α-酮戊二酸脱氢酶	三羧酸循环
解偶联蛋白2	介导质子漏

2.1 CKMM基因

CKMM是CK家族的成员之一。在人体内，CK家族有5种已知的同工酶[19]，CKMM是骨骼肌中最富集的形式[20]，CKMM基因定位于19q13.2—13.3[21]。

周多奇等人[22]研究发现，中国北方汉族人CKMM 基因A/G 多态性与跑节省化有关，影响个体对耐力训练的敏感性。携带AG 基因型的人对耐力训练最敏感，显著高于AA 型和GG 型个体。

Rivera等人[23]对80个加拿大家庭的160名父母（平均年龄为53岁）及其子女80人（平均年龄为23岁）进行了为期20周的耐力训练，分析久坐人群的最大摄氧量（maximal oxygen uptake，VO_2max）及其训练敏感性与CKMM基因NcoI多态的关系。结果发现：CKMM基因型与久坐状态下的VO_2max及其对20周耐力训练的敏感性（ΔVO_2max）均有关联性。VO_2max对耐力训练敏感性，N2N2纯合型父母与子女显著低于N1N2或N1N1型的父母与子女。同时，在低反应群体中N2N2频率是其他两种基因型人数的3倍。

Mühlebach等人[24]研究发现，父母中CKMM基因型与久坐状态下VO_2max有重要关联性，杂合子N1N2比N1N1或N2N2纯合子具有更高的VO_2max。随后Rivera等人[25]在1999年对98个加拿大家庭的495名受试者进行了20周的耐力训练，对VO_2max训练敏感性与CKMM基因型的关系进行连锁分析，结果发现CKMM基因型会影响个体VO_2max对耐力训练的敏感性（P=0.04）。

2.2 PYGM基因

糖原是能量的主要储备形式。糖原磷酸化酶（Glycogen phosphorylase，GP）是糖原代谢过程中的限速酶，使糖原分解释放出葡糖-1-磷酸（Glucose-1-phosphate）。人类GP从20世纪30年代开始一直被研究者重视，根据其功能、结构及组织分布特性主要分为3种亚型，即肌型（Muscle-type GP，PYGM）、肝型（Liver-type GP，PYGL）与脑型（Brain-type GP，BGP或PYGB）[26-28]。肌肉中仅存在PYGM，为肌肉收缩提供能量，而其他组织中含有2种以上的同工酶[29]。PYGM的主要作用为水解肌糖原支链的α-1，4糖苷键，产物为葡糖-1-磷酸，后者转化为葡糖-6-磷酸，进一步生成丙酮酸。有氧代谢时，丙酮酸进入线粒体生成乙酰CoA，再通过TAC产生大量ATP；而无氧酵解时，丙酮酸则生成乳酸和少量ATP[30]。

PYGM基因位于染色体11q12—13.2，由2 523个碱基对组成，分为20个内含子和12个外显子[31]。该基因的遗传性缺失可引发一种典型的代谢性肌病——麦卡德尔病，该病的特征为20~30岁发病，表现为运动不耐受、疲劳、肌痛及运动时肌肉痉挛，有时有反复发作的肌红蛋白尿。

麦卡德尔病的病因为肌肉磷酸化酶缺乏。欧美最常见的基因突变位点为R49X，在美国有63%，在英国有44%的麦卡德尔病患者有该位点的突变[32]。而亚洲人群以日本的相关报道较多，以708/709 bp的缺失最常见[33]。一般突变可引起读码框架改变，从而引起蛋白功能改变或基因转录终止，酶活性降低或缺失，从而发病，但至今未发现突变位点与临床表型的相关性[34]。

2.3 HK基因

己糖激酶（Hexokinase，HK）是糖酵解途径中的第一个限速酶，有4种同工酶，分别是HK1、HK2、HK3，以及与前三者差异较大的HK4。己糖激酶的主要功能是在ATP的参与下将葡萄糖转化为葡糖-6-磷酸[35]。

HK1存在于所有组织中，功能是将葡萄糖转化为葡糖-6-磷酸，并消耗1个ATP。HK1基因位于染色体10q22，Par é 等人[36]对14 618个健康高加索妇女的研究表明，HK1基因rs702268和rs2305198位点与血糖水平显著相关。Gjesing等人[37]对该结果进行了进一步研究，他们对丹麦人群3 398个2型糖尿病患者和5 604个对照组的比较发现，HK1基因rs2305198的T等位基因与2型糖尿病有关联性。

HK2存在于骨骼肌中，其基因位于2p13，结构非常复杂，由17个内含子和18个外显子组成，全长约6 kb。其编码序列长2 754 bp，可编码917个氨基酸残基。美国国家生物技术信息中心（National Center for

Biotechnology Information，NCBI）的数据库显示：人类HK2的基因启动子区域约4 kb，连接有一段约0.5 kb的5’端非翻译区（Untranslated Region，UTR）区域[38]。Vestergaard等人[38]报道了2 型糖尿病个体中骨骼肌HK2的活性下降及HK2基因表达下降，因而推测2型糖尿病患者存在HK2基因的遗传缺陷。于是Taylor等人[39]应用单链构象多态性方法对HK2基因的全部编码区序列进行了分子扫描，发现6个突变，其中改变氨基酸序列的突变位于第4外显子中第142位密码子，并发现该突变在北欧人群中较常见，但相关分析未发现Glu142His多态性与2型糖尿病相关。黄勇奇等人[40]研究发现，第4外显子的突变和第15外显子的SS基因型同时存在时，会使HK2的活力增加，引起肿瘤细胞糖代谢旺盛，个体患肝癌的危险性会增加。

HK4仅存在于肝、胰岛β细胞中，只对葡萄糖起作用，且与作用物的亲和力较低（Km值较大）。与其他同工酶不同，HK4的活性不受产物葡糖-6-磷酸的抑制。由于与葡萄糖亲和力低，它能在葡萄糖处于生理浓度时，改变肝脏和胰岛组织的葡萄糖磷酸化的速度。在胰岛，HK4能识别葡萄糖，并通过对糖代谢的调节，影响β细胞胰岛素的合成和分泌，所以也将HK4称为葡萄糖感受器；在肝脏，HK4活性则受体液胰岛素水平的影响，当胰岛素水平升高时，肝脏HK4活性增强，可通过加快糖代谢使血糖降低。由此可见，如果HK4活性降低，正常代谢平衡出现紊乱，则会导致血糖升高，引起糖尿病[41]。HK4基因位于染色体7p13，全长40 kb[42]。密码区长2 723 bp，5’-UTR和3’-UTR分别为458 bp和870 bp。转录起始于459 bp，翻译区全长1 395 bp，含465个氨基酸密码，在2 695处为polyA尾。近年来的研究表明，HK4基因在2型糖尿病遗传易感性中起着重要作用[43]。青少年发病的成人型糖尿病（Maturity-onset diabetes in Young，MODY）是2型糖尿病的一个亚型，系常染色体显性遗传，常于25岁之前发病。英国学者在MODY大家族中检测到1处错义突变，位于第8外显子第299位密码子，精氨酸取代甘氨酸（Gly299→Arg）[44]，其家族中所有糖尿病成员都发生突变，非糖尿病成员只有1例突变，而50例无亲缘关系的正常对照者均未见此突变。Frofuel等人[45]在32个MODY家系中发现有18个家系发生了16种不同突变。Gly299→Arg突变也见于日本的早发2型糖尿病患者[46]，但在日本MODY中发生HK4突变并不普遍，在100个日本早发2型糖尿病患者中发生突变的只有1例。目前认为HK4突变导致MODY主要是由于降低了胰岛β细胞功能，而对胰岛素敏感性没有明显影响[43]。

2.4 PK基因

丙酮酸激酶（Pyruvate Kinase，PK）使磷酸烯醇丙酮酸（Phosphoenolpyruvate，PEP）和ADP变为丙酮酸和ATP，是糖酵解过程中的主要限速酶之一，有M型（PKM）和L型（PKLR）2种同工酶，M型又有M1、M2亚型。M1分布于心肌、骨骼肌和脑组织；M2分布于脑、肝等组织。L型同工酶主要存在于肝、肾及红细胞内。

PKLR基因位于1q21，包含12个外显子和11个内含子。研究表明，PKLR rs2838549位点与低脂饮食控制体重的效果有关联性[47]。Wang等人[48]对249名北欧高加索人的研究发现，PKLR基因多个单核苷酸多态性（Single Nucleotide Polymorphism，SNP）位点的多态性与2型糖尿病相关。

PKM基因位于15q22，Ruaño等人的研究表明，PKM亚型PKM2基因rs2856929位点与部分2型糖尿病患者体重指数（Body Mass Index，BMI）有关联性[49]。

2.5 LDH基因

乳酸脱氢酶（Lactate Dehydrogenase，LDH）是糖代谢中十分重要的一类氧化还原酶，在糖酵解反应中催化乳酸脱氢生成丙酮酸。人体组织中LDH有5种同工酶，由两种亚基A（M）和B（H）按不同比例组成四聚体，H4（LDH1）、H3M1（LDH2）、H2M2（LDH3）、H1M3（LDH4）、M4（LDH5），A、B亚单位分别由不同的基因编码[50]。

LDH在组织中的分布特点是心、肾以LDH1为主，LDH2次之；肺以LDH3、LDH4为主；骨骼肌以LDH5为主；肝以LDH5为主，LDH4次之。

LDHA基因主要在骨骼肌中表达，长约12 kb，位于11号染色体上，含有7个外显子，长度分别为150、118、174、176、118、124和162 bp，外显子—内含子的连接处的核苷酸符合GT-AG规律，在5’端转录起始位置ATG上游24 bp处还有1个内含子，3’-UTR无内含子，poly A位于AATAAA信号下游13 bp处。骨骼肌中富含LDH5，LDH5与丙酮酸的亲和力强，能催化丙酮酸还原成乳酸，有利于糖酵解。但当LDHA亚单位缺失时，减少的LDH活力会使糖酵解通路中丙酮酸至乳酸的反应受阻，这可从患者组织中丙酮酸升高，乳酸下降得到证实。LDHA缺失还会影响糖酵解中途的甘油醛-3-磷酸脱氢酶（Glyceraldehyde-3-phosphate Dehydrogenase，GA3PD）催化过程中产生的还原型辅酶1（Reduced Nicotinamide Adenine dinucleotide，NADH）的再氧化，造成前面的代谢产物甘油醛-3-磷酸（Glyceraldelyde-3-phosphate Dehydrogenase，GA3P）、磷酸二羟丙酮（Dihydroxyacetone Phosphate，DHAP）及果糖-1，6-二磷酸的积蓄。此时增加的NADH和DHAP通过磷酸甘油脱氢酶的催化向A-磷酸甘油和甘油方向进行。由于丙酮酸向乳酸转变的代谢途径受阻而积蓄起来的NADH也转到A-磷酸甘油这个方向进行再氧化。结果，从葡萄糖或糖原开始的糖酵解过程本应产生2分子ATP，但在LDHA 亚单位缺失的场合，约一半的糖从A-磷酸甘油和甘油方向代谢掉，因此整个糖酵解过程没有产生2分子的ATP，出现了不产生ATP的糖酵解，导致缺氧下激烈运动时能量不足，引起肌肉损伤，组织溶解，产生肌红蛋白尿[51]。

研究表明，LDHA基因rs2896526位点对血清淀粉样蛋白A（Serum Amyloid A，SAA）水平的调节有重要作用[52]。SAA是一类多基因编码的多形态蛋白家族，分为2种亚型，血清淀粉样蛋白A前体物质（C-SAA）是其基本亚型，当机体受到创伤、感染、挤压等急性刺激时，SAA快速高表达（表达速度可变为平时的1 000 倍），生成急性期血清淀粉样蛋白A（A-SAA），产生急性期炎症反应。A-SAA在炎症或感染急性期的48~72 h内迅速升高，并且在疾病的恢复期迅速下降，是机体防御系统重要的免疫效应因子。近年来的研究表明，A-SAA与肥胖、动脉粥样硬化、胰岛素抵抗、2型糖尿病等疾病有关[53]。

2.6 ACSL基因

外源及内源性的脂肪酸要进入其代谢途径必须进行活化，即催化合成脂酰CoA，这是哺乳动物利用脂肪酸的第一步反应，脂酰CoA合成酶（acyl-CoA synthetase，ACS）在CoA和ATP存在的情况下催化游离脂肪酸合成脂酰CoA。ACS在脂肪酸合成与分解代谢中起着关键作用，根据催化脂肪酸的碳链长度的特异性可将其分为超长链脂酰CoA合成酶（VACSL）、长链脂酰CoA合成酶（ACSL）和中链脂酰CoA合成酶（MACSL），分别作用于不同链长的脂肪酸[54]。

ACSL主要催化C：12—C：22之间的饱和脂肪酸合成脂酰CoA。Singh等人[55]已证实ACSL在甘油三酯、磷脂和胆固醇脂的合成和脂肪酸的氧化中起着关键作用。ACSL有5种同工酶，分别由ACSL1、ACSL3、ACSL4、ACSL5和ACSL6基因编码。5种ACSL在组织中的分布、细胞器位置、基因表达量、调节和催化底物方面都存在着差异[56]。

ACSL1基因位于4q35染色体，在能量代谢的主要组织表达，如脂肪组织、肝、肌肉等。在脂肪组织中，ACSL1受PPAR-γ的靶向调节，而在肝脏组织中，ACSL1受PPAR-α的靶向调节，这也揭示了ACSL1在不同组织中的功能[57]。Phillips等人[58]的研究表明，ACSL1基因rs9997745位点对患代谢综合征（Metabolic syndrome，MS）的风险有显著影响，尤其是对控制饱和脂肪酸摄入的受试者。其中，GG纯合型会提高空腹血糖水平和胰岛素浓度，增加MS的风险；而A等位基因可能与胰岛素抵抗增加有关。

ACSL家族另外一个同工酶——ACSL4主要在类固醇、神经元和平滑肌细胞等组织表达，其基因定位于染色体Xq22.3—q23[59]。2009年，Zeman等人[60]根据ACSL4基因SNP位点（rs1324805）C/T基因多态与抑郁症有关联性的研究报道进行了深入研究，发现该位点T等位基因携带者，与其他基因型携带者相比，有MS典型的脂肪酸代谢不利变化因素，包括更高的双高亚麻酸浓度、更低的花生四烯酸浓度、Δ5去饱和指数和不饱和指数，因此他们认为ACSL4基因rs1324805位点与MS患者血浆卵磷脂中脂肪酸成分的改变有关。

ACSL5位于10q25.1—25.2染色体区域，主要在子宫、脾脏等体内组织表达，当骨骼肌中ACSL5小幅增加时，对体内游离脂肪酸的利用有重要影响。Teng等人[61]对高加索人群女性肥胖者进行研究，发现携带位于ACSL5启动子区的SNP位点（rs2419621）的T等位基因的人在饮食控制引起的体重降低实验中，体重降低速度更快。Adamo等人[62]对该位点的研究也得到了相似结果。

2.7 IDH基因

IDH是TAC中的限速酶，催化异柠檬酸氧化脱羧生成α-酮戊二酸。IDH在生物体内以2种形式存在：NAD^+-依赖型异柠檬酸脱氢酶（IDH3/NAD^+-IDH）和NADP-依赖型异柠檬酸脱氢酶（IDH1和IDH2），包括2种亚类、5种亚型；前者存在于真核生物体的线粒体中，其四聚体结构由α、β、γ亚基以2∶1∶1的形式组成，其中催化亚基是α亚基，β和γ亚基则参与其活性调节，在生命活动过程中发挥着重要的作用；后者广泛存在于真核和原核细胞中，但不用于产能，不具有调节作用[63]。

在真核生物中，NAD-IDH是TAC的重要限速酶，催化异柠檬酸氧化脱羧成α-酮戊二酸并生成NADH。Cupp等人[64]在实验中发现，缺失NAD-IDH活性的酵母菌株不能利用乙酸作为碳源，而且在以乳酸或者甘油为碳源的培养基上，生长速度也比野生型的慢很多，这说明NAD^+-IDH确实在TAC中起着重要的作用。TAC作为能量代谢的重要途径，对生物体的生命活动起着重要的作用，能够提供比糖酵解大得多的能量；而且不仅仅是糖代谢的重要途径，也是脂质、蛋白质和核酸代谢最终氧化生成CO_2和水的重要途径。由于NAD-IDH是TAC的限速酶，因此NAD^+-IDH的活性对生物体的整个生命代谢都有很大影响[65]。

王丽艳等人[66]的研究表明，经过9周的跑台训练，有氧训练组大鼠血清IDH和腓肠肌IDH活性与对照组相比都有不同程度的增加，细胞线粒体IDH活性增强，使组织利用氧的能力提高，有利于骨骼肌的有氧代谢，保证了肌肉收缩时的能量供应，提高了肌肉的工作效率和运动持久能力。徐建方等人[63]的研究表明，4周低氧训练上调了肥胖大鼠比目鱼肌NAD^+-IDH3α mRNA表达，可在一定程度上提高机体的有氧代谢能力。

有研究报道，编码NAD^+-IDH β亚基的IDH3B基因，其rs6107100位点的SNP基因多态性，与非洲裔美国人吸烟者的1秒用力呼气量/用力肺活量（FEV1/FVC）有关联性。IDH3B基因位于20p13染色体，该SNP位点位于IDH3B基因第一内含子位置，这一实验结果提示，编码NAD^+-IDH等抗氧化酶基因的多态性可能与吸烟者肺功能敏感性有关[67]。

2.8 OGDH基因

TAC是在有氧条件下代谢物被充分氧化，最终汇聚的代谢途径，是三大营养素最终代谢的共同通路。柠檬酸合酶（Citrate Synthase，CS）、IDH和α-酮戊二酸脱氢酶（α-Oxoglutarate Dehydrogenase，α-OGDH）是糖有氧代谢的关键酶，在TAC代谢通路中起着重要的调节作用[66]。

α-酮戊二酸脱氢酶系是TAC中的第三个调节酶，受NADH、琥珀酰CoA、Ca^{2+}、ATP、马苷三磷酸（Guanosine triphosphate，GTP）抑制。α-酮戊二酸脱氢酶系为多酶复合物[68]。与丙酮酸脱氢酶复合物（Pyruvate Dehydrogenase Complex，PDC）相似，α-酮戊二酸脱氢酶系由3个组件形成1个复合物，分别是酮戊二酸脱氢酶（E1）、二氢硫辛酰琥珀酰转移酶（E2）和二氢硫辛酰脱氢酶（E3），分别由OGDH、DLST、DLD基因编码。

OGDH有2种同工酶：OGDH和OGDHL，二者功能和所在组织不同。OGDH位于绝大部分组织的线粒体基质中，而OGDHL主要存在于脑组织中，通过控制α-酮戊二酸二甲酯的分布来调节能量产生和神经递质谷氨酸的合成。

OGDH和OGDHL分别由不同的基因编码，二者基因分别位于7p14—p13和10q11.23。有研究认为，OGDHL基因多态性可能与血管粥样病变引起的心源性卒中有关[69]。

2.9 UCP2基因

线粒体氧化磷酸化合成ATP时，部分能量以热能的形式发散，对此研究者提出了呼吸链滑脱学说和质子泄漏学说。关于这一学说，近年来的一个重要进展是解偶联蛋白（UCP）的发现[70]，研究认为在正常情况下，线粒体内膜存在一定程度的质子泄漏，质子泄漏使线粒体内膜的跨膜电化学梯度（$\Delta\mu H^{+}$）减低，致使刺激线粒体呼吸的质子驱动力降低。线粒体氧化磷酸化解偶联，使ADP磷酸化为ATP 的量减少，能量以热的形式释放[71]。对肝细胞和骨骼肌线粒体进行的质子泄漏测量表明，后者具有部分解偶联作用，这可解释静息状态下肝细胞26%的能量消耗和大鼠骨骼肌静息耗能的50%[73]。目前发现，UCP有5种同系物[74]。UCP1是第一个被报道的解偶联蛋白，它只在棕色脂肪组织中表达；UCP3存在于人骨骼肌及大鼠骨骼肌和棕色脂肪组织；UCP4主要在脑组织中表达，参与脑细胞凋亡[75]；UCP5，也被称为脑线粒体载体蛋白（Brain Mitochondrial Carrier Protein-1，BMCP1），在脑内及睾丸中表达。而UCP2广泛存在于骨骼肌、心肌、胎盘、肝、胰腺、肾、肺、胃及小肠等组织[76]，尤其在白色脂肪组织中高表达。在对UCP2与解偶联关系的研究中发现，UCP2与肥胖、2型糖尿病、高胰岛素血症及BMI等有一定的相关性[77]，因此，其基因多态性是近几年的研究热点之一。

UCP2基因位于染色体11q13区域，全长8.7 kb，分子量为33 098 Da，编码308个氨基酸，由8个外显子和7个内含子组成。Astrup A[78]等人对UCP2的第4外显子多态基因座（Ala164Val）进行了研究，在60个健康人中对能量消耗（Eneray Expenditure，EE）和呼吸商（Resiratory Quotient，RQ）进行测定，得出的结论为Val/Val 型个体比Ala/Ala 型有更高的代谢效率。2001年，Buemann B等人[79]对UCP2与体能的关系进行了研究，他们的试验选择了8位Val/Val的个体与8位Ala/Ala的个体进行对比，用间接测热法测定两组在30%、40%和60%VO_2max的运动负荷下的EE，得出的结果为，在相同运动水平下，比起 Ala/Ala的个体，Val/Val个体的EE低，而运动效率高，以他们在40%VO_2max时的运动效率为例，Ala/Ala个体为13.5 ± 0.4%，而Val/Val个体为15.3 ± 0.6%。

由以上论述可以看出，ATP合成调控蛋白基因多态性与有氧运动能力的相关性报道很少，已有报道也存在不一致性，这可能与受试者的人种和运动项目的选择有关。此外，由于此类蛋白与能量代谢的调节关系密切，因此目前的研究主要集中在和代谢性疾病密切相关的一些蛋白上。鉴于ATP合成调控蛋白在能量代谢调节中的重要作用，相关研究还需进一步深入。

3 基因多态位点生物学功能的研究必要性

遗传对有氧耐力的影响反映在分子水平上，碱基变异引起了基因组DNA元件功能的变化。DNA模板与mRNA及蛋白质产物之间存在直接联系，这种联系会进一步影响蛋白质的功能，最终导致与蛋白质相关表型不同。有氧运动能力的发挥受能量供应特点、神经肌肉协调能力等多种因素的影响，是一个受多基因影响的复杂表型[83]，因此与有氧耐力相关的遗传学分子标记研究工作量很大。

关联性分析从遗传学角度提示了可能在相关表型的发生中起作用的分子遗传学标记。但对于多基因影响的复杂表型，表面上符合标准的结果也可能是一种假阳性。随着运动分子生物学的发展，发现的与运动能力相关联的位点越来越多，但可以稳定重复的研究却较少。例如，最早英国Montgomery研究小组[5]报道了ACE基因I/D多态性与杰出运动能力的关联性，之后各国学者也对此展开了一系列研究，但研究结果一直存在较大争议[84-85]。

如何进一步证实基因多态性对运动能力的影响，提高分子标记筛选的准确性，是目前研究面临的主要问题。分子标记是否会对表型产生影响，最有力的证据应该是对分子标记生物学功能的研究。随着分子生物学技术的发展，基因功能学的研究得以在体外进行，体外研究最大的优势就是可以将各种条件控制在相同的情况下，因此能更有力地说明单一遗传因素对实验结果的影响。从国外研究来看，这是运动能力关联性分析研究后的一个新的趋势[86]。2009年George等人[87]的研究报道了驱动蛋白重链（KIF5B）基因启动子区的多态位点及其单体型在20周训练前后与心输出量变化的关联性，并应用基因克隆、报告基因载体构建、细胞转染等分子生物学方法，证实一个启动子区的位点影响了心肌中该基因的表达，从而影响了心输出量。

体外研究可以将所研究的基因目的片段进行序列克隆，构建表达载体，然后转化入原核或真核细胞，在体外诱导蛋白表达，通过检测不同基因型所表达的蛋白活性差异，分析目的片段对基因表达的影响。这种方法可以避免同时影响某一蛋白表达量或活性的其他基因多态性因素，因此可以更加准确地说明所研究基因多态位点的生物学功能[144]。

体外研究目前应用较多的是双萤光素酶基因检测报告系统，这是一种比较快速、灵敏的基础研究方法，目的是检测不同基因型对基因功能的影响。通过这种方法，可以确定不同等位基因对报告基因表达活性的影响[88]，也可以进一步确定不同等位基因对报告基因表达的影响是发生在转录水平还是翻译水平[89-90]。

4 ATP合成调控相关蛋白与有氧运动能力相关的可能基因位点

杰出的有氧运动能力表现是多机能表型的综合表现，如VO_2max、毛细血管密度及肌纤维类型和比例等，这些不同的表型是不同的基因和环境因素交互作用的结果，而基因的效应又呈多样性，并且基因多态性的分布频率有显著的种族差异[31]。目前对于中国人群杰出运动能力遗传标记的相关研究尚处于探索阶段，这项研究不仅可以给运动员选材工作及制订个体特异性的运动处方开辟新的途径，而且可以在分子水平探讨人类运动能力的生理机制，进一步丰富运动生理学和运动遗传学的内容。

ATP合成调控的相关蛋白，涉及糖、脂肪、蛋白质三大供能系统的调节，大部分都是所在功能系统调节的关键酶，是能量代谢调节的重要部分；因此，研究其基因多态性与运动能力的关系，对基因选材候选指标的确定有重要意义。

本书中的研究严格控制实验条件，选择从事5 km以上长跑项目的健将或国际健将级运动员，他们具有优秀的有氧运动能力；选择民族为汉族且籍贯为中国北方地区的运动员与普通大学生作为受试者，避免由于种族和地区差异造成的误差。

根据文献报道，选择糖酵解代谢的关键酶——PYGM、HK、PK、LDH，脂肪酸β氧化的关键调节酶——ACSL，以及TAC的关键调节酶——IDH和OGDH，线粒体内膜载体蛋白——UCP2，分析这8个相关蛋白11个基因区的26个标签SNP（tagSNP）位点和1个Ins/Del多态位点在运动员和对照组之间的分布特征，探讨其作为优秀长跑运动员分子标记的可能性（表1–3）。

表1–3　ATP合成调控的相关蛋白基因拟研究位点

蛋白	功能	基因	位点
PYGM	糖酵解	PYGM	rs483962、rs490980、rs589691
HK	糖酵解	HK1	rs702268
		HK2	rs681900
		HK4	rs4607517、rs1799884、rs3757840、rs13239289、rs730497、rs2041547
PK	糖酵解	PKLR	rs2071053、rs1052176、rs3762272、rs8847
LDH	糖酵解	LDHA	rs2896526

续表

蛋白	功能	基因	位点
ACSL	脂肪酸β氧化	ACSL4	rs5943427、rs1324805、rs7887981
		ACSL5	rs2419621、rs11195938、rs8624
IDH	三羧酸循环	IDH3B	rs6107100、rs2073193、rs2325899
OGDH	三羧酸循环	OGDHL	rs1268722
UCP2	介导质子漏	UCP2	3'-UTR 45bp Ins/Del（UniSTS: 40437）

以往的研究主要集中在单一的基因多态性的研究上，由于实验方法比较复杂，且样本收集比较困难，因此对基因多态性功能的研究较少。本书为解决这一问题，将对所有研究位点与生理表型指标的关联性进行分析，进一步探讨基因多态性对有氧运动能力的影响。

本实验室前期研究结果显示，UCP2基因3’-UTR的Ins/Del多态位点可以作为优秀耐力运动员基因选材的分子标记，但至今未见其对有氧运动能力的影响机制的报道。UCP2是线粒体的内膜载体蛋白，是细胞自身结构对ATP调节的主要成分，其活性受到ATP的直接影响，在调节动物能量代谢、脂肪沉积及脂肪酸氧化等方面起着重要作用，是生理学和运动人体科学领域近年来研究的热点之一。基于该位点在基因中所处的位置及生物信息学分析的结果，本研究假设该位点是一个功能性多态位点，将通过对该位点的功能学研究，在基因表达的层次上对关联分析的结果进行深入探讨，以进一步阐明分子标记对有氧运动能力影响的分子机制。

综上所述，本书从ATP合成调控相关蛋白基因与有氧运动能力相关的基因多态性着手，筛选与有氧运动能力相关的分子标记；寻找ATP合成调控相关蛋白基因与长跑运动员生理表型的关联性，进一步探讨基因多态性对有氧运动能力的影响；研究UCP2基因位于3’-UTR的Ins/Del多态位点的生物学功能，探讨基因多态性对蛋白功能影响的分子机制，为阐明该位点多态性与有氧运动能力之间的关系提供依据。

第二章　ATP合成调控相关蛋白基因的有氧运动能力分子标记筛选

通过研究可能与有氧运动能力相关的基因多态位点在杰出有氧运动能力代表人群和普通人群对照组中的分布特点可以发现，影响有氧运动能力的分子标记，为耐力性项目运动员的基因选材提供理论依据。

本书以与能量代谢调节密切相关的ATP合成调控相关蛋白基因为研究对象，分析其基因多态性与有氧运动能力之间的关系。根据以往的研究报道，选择PYGM、HK、PK、LDH、ACSL、IDH、OGDH、UCP2这8个基因，对其26个SNP位点和1个Ins/Del位点的基因型和等位基因频率进行分析，寻找其在优秀耐力运动员和普通对照组之间的分布差异，筛选可能与有氧运动能力相关的分子标记。本实验室从2002年着手优秀运动能力相关的基因多态性方面的研究，经过几年的发展，先后建立了我国优秀长跑运动员和力量型项目运动员基因库、潜优势项目运动员基因库，以及分子生物学实验室等良好的研究基础平台。本书拟依托此研究平台，进行相关的研究工作。

1　研究对象和方法

1.1　研究对象

运动员组：我国优秀长跑运动员122人。

对照组：我国普通高校在校大学生125人。

1.1.1　运动员组条件

所属民族均为汉族。籍贯为黑龙江、辽宁、吉林、河北、河南、山东，以及内蒙古西部河套地区，专项为5 km、10 km或马拉松跑的运动员。运动等级均在国家健将级以上，国际健将级比例占34.4%。运动员组基本情况见表2-1。

表2-1　运动员组基本情况表

组别	人数/个	年龄/岁	身高/cm	体重/kg	运动等级		运动专项		
					国家健将	国际健将	5 km	10 km	马拉松
运动员	122	23.10 ± 5.10	169.29 ± 7.50	55.53 ± 7.45	80	42	62	31	29
男运动员	62	24.27 ± 11.87	174.95 ± 5.13	61.48 ± 4.77	51	11	31	17	14
女运动员	60	20.84 ± 5.30	163.53 ± 4.56	49.48 ± 3.97	29	31	31	14	15

1.1.2　对照组条件

所属民族均为汉族。籍贯黑龙江、吉林、辽宁、北京、天津、河北、山东，基本条件与运动员组一致。未经任何专业训练，且父母无运动经历，体育活动正常，体检合格。对照组基本情况见表2-2。

表2-2　对照组基本情况表

组别	人数/个	年龄/岁	身高/cm	体重/kg
对照组	125	21.50 ± 1.30	169.90 ± 8.00	64.00 ± 11.60
男对照组	69	19.81 ± 1.21	174.70 ± 5.89	68.44 ± 12.31
女对照组	56	20.94 ± 1.26	162.49 ± 5.04	56.82 ± 8.20

1.2　主要仪器和试剂

1.2.1　主要仪器

基质辅助激光解析/电离—飞行时间质谱仪（Microflex）、PCR仪（GeneAmp PCR System 9700，Applied Biosystems）、D-37520台式

离心机（Thermo）、MassARRAY TM Nanodispenser（Saquenom）、G384+10 Spectrochip TM（Sequenom）、MassARRAY compact System（Saquenom）、离心机（Eppendorf）、移液枪（Eppendorf）。

1.2.2 主要试剂

iPLEX TM Reagent Kit（包括1 U/μL SAP enzyme、10×SAP Buffer、iPlex Termination mix、10×iPlex Buffer、iPlex enzyme，Sequenom）、dNTP Mixture（TaKaRa）、HotStarTaq Polymerase（1000 U）（包括10×PCR Buffer、4×250 units HotStarTaq Polymerase、25 mmol/L $MgCl_2$，Qiagen）、Clean Resin（Sequenom）。

1.3 研究方法

取5 mL受试者静脉血，收集于抗凝管；使用基因组DNA提取试剂盒提取基因组DNA；保存于-70℃环境中。

1.3.1 基因多态性位点的选择及位点基本情况

本章选择了PYGM、HK、PK、LDH、ACSL、IDH、OGDH、UCP2这8个相关蛋白11个基因区的26个标签SNP（tagSNP）位点和1个Ins/Del多态位点，多态位点的选择应遵循以下原则：①有与能量代谢相关的阳性结果报道；②使用Haploview（http://sourceforge.net/projects/-haploview/）软件，选择tagSNP；③在HapMap的数据库中，该位点在中国北方汉族人群中杂合度高，且次等位基因频率（Minor Allele Frequency，MAF）>10%；④同一基因的不同位点不存在连锁不平衡（Linkage Disequilibrium，LD）现象。

1.3.1.1 PYGM基因多态位点的基本情况

PYGM基因位于染色体11q12—13.2，由2 523个碱基对组成，分为20个内含子和12个外显子。本章选取了位于基因5’-UTR启动子区域的rs483962和第4内含子、第5内含子内的rs490980、rs589691位点。这3个位点是位于不同的单体型模块的tagSNP，可以代表不同单体型模块的信息。

1.3.1.2 HK基因多态位点的基本情况

本章选取HK基因5个同工酶中的3个同工酶：HK1、HK2和HK4，这3个同工酶的编码基因，都有与能量代谢表型相关的阳性位点报道结果。HK1基因的rs702268位点与该基因第13内含子的rs2305198位点处于高度连锁不平衡状态，这与空腹血糖水平有关；HK2基因rs681900位点是1个tagSNP，位于该基因第1内含子，据报道，其与股骨颈几何结构和四肢瘦体重有关；HK4基因的6个多态位点是rs4607517、rs1799884、rs3757840、rs13239289、rs730497和rs2041547。HK4基因全长40 kb，含多个单体型模块，这6个位点是不同单体型模块的tagSNP，每个位点都与相应模块的多个位点处于连锁不平衡状态，具有代表性。其中rs13239289位点与血糖水平呈阳性相关，rs2041547位点与脂肪肝的发生有关联性。

1.3.1.3 PK基因多态位点的基本情况

PKLR是PK的同工酶，主要在肝、肾及红细胞内表达。PKLR基因的4个研究位点rs2071053、rs1052176、rs3762272、rs8847分别位于PKLR基因的第4内含子、第12外显子、第10内含子和3’-UTR末端，且都是该基因的tagSNP。其中，rs2071053、rs1052176及其连锁不平衡位点有与代谢性疾病相关的阳性报道。

1.3.1.4 LDH基因多态位点的基本情况

LDHA是LDH基因，主要在骨骼肌中表达，长约12 kb，位于11号染色体上，含有7个外显子。LDHA基因第3内含子的tagSNP位点rs2896526，与A-SAA水平调节有关，从而与多种代谢性疾病，如动脉粥样硬化、2型糖尿病等有相关性。

1.3.1.5 ACSL基因多态位点的基本情况

ACSL有5种同工酶，分别由ACSL1、ACSL3、ACSL4、ACSL5和ACSL6基因编码。本章选择ACSL4和ACSL5作为研究对象，理由如下。

ACSL4基因位于X染色体q22.3—q23区域，其位于第1内含子的SNP位点rs5943427和rs1324805是ACSL4基因第2单体型模块的tagSNP，分别与多个位点连锁不平衡，rs1324805位点与血液中脂肪酸成分的改变有关。本书选择ACSL4基因的rs7887981位点位于第12内含子，是ACSL4基因第1单体型模块的tagSNP位点。有研究报道，其基因多态性与空腹胰岛素和甘油三酯浓度有关。

ACSL5基因位于10q25.1—25.2染色体区域，本书选择的该基因rs2419621位于ACSL5基因5’-UTR位置，属于该基因的启动子区域，与多个位点连锁不平衡，且有研究表明其与节食导致的体重降低有关。第二个SNP位点rs11195938 位于第3内含子上，与rs12255316、rs4918748等8个位点连锁不平衡。第三个位点rs8624位于3’-UTR，该区域是影响mRNA水平的敏感区域，rs8624与该区域多个位点连锁不平衡，在中国北方汉族人群中MAF为0.363。

1.3.1.6 IDH基因多态位点的基本情况

本书选择的IDH3B基因编码IDH的NAD^+-IDHβ亚基，该基因位于20p13染色体。本书选择的3个研究位点rs6107100、rs2073193、rs2325899分别位于IDH3B基因的第1内含子、第2内含子和3’-UTR。rs6107100位点是所在单体型模块的tagSNP，与rs6037255等多个SNP位点连锁不平衡，有研究认为其基因多态性与吸烟者的肺功能有关；rs2073193位点也是tagSNP位点，在中国人群中的MAF为0.137；rs2325899位于IDH3B的最后一个内含子区，属于该基因3’-UTR，可能对该基因mRNA的表达有影响作用，且在中国人群中的MAF较高，为0.367。

1.3.1.7 OGDH基因多态位点的基本情况

OGDH有2种同工酶，即OGDH和OGDHL。本书选择OGDHL基因的理由是：该基因位于10号染色体q11.23区域，该区域是心源性卒中的敏感区域，其rs1268722位点可能与血脂代谢异常引起的血管粥样病变有关。rs1268722位于OGDHL基因第14内含子位置，在中国人群中的MAF为0.487。

1.3.1.8 UCP2基因多态位点的基本情况

UCP2基因位于染色体11q13区域，该基因是本实验室前期完成的科技部课题（课题号：2003BA904B04）的一部分。本实验室对UCP2基因的3个多态位点进行了研究，其中位于3’-UTR的45 bp Ins/Del多态位点（又称为第8外显子45 bp Ins/Del或UniSTS：40437）可以作为与优秀有氧运动能力相关的分子标记。选择理由不再赘述。

1.3.2 基因分型

本章采用基质辅助激光解析/电离—飞行时间质谱技术对SNP位点进行基因解析。该方法利用样品分子在电场中的飞行时间与分子的荷质比成正比的原理，通过检测样品分子的飞行时间，测得分子量，检测出SNP位点的基因型。该技术的灵敏度、准确性高，可分辨差异为1 Da的两个分子，而任意两个碱基至少相差9 Da。多态位点分型一般采用引物延伸法，步骤如下。

（1）扩增含待测位点的核苷酸片段；

（2）针对待测位点，设计单条特异性引物；

（3）单（双）碱基延伸SNP 位点；

（4）质谱检测，自动分型。引物延伸法原理如图2-1所示。

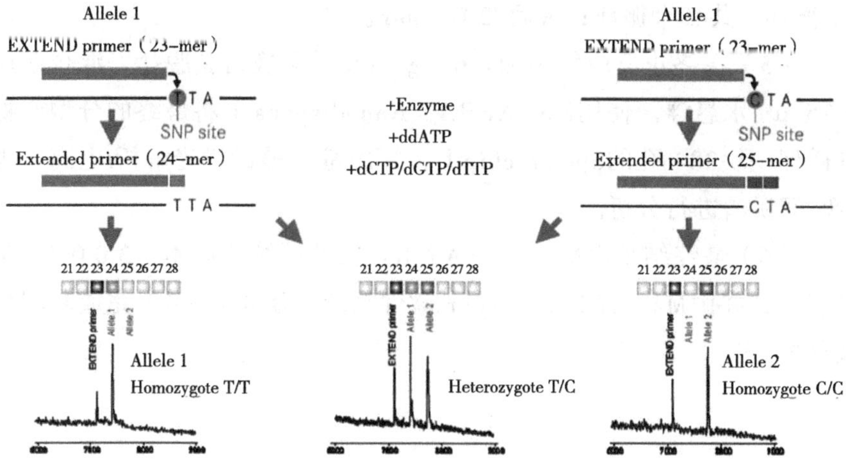

图2-1 引物延伸法原理

SNP位点分型由美国Sequenom公司的MassARRAY系统完成。PCR引物和单碱基延伸引物用Assay Designer（Sequenom）软件包设计。本书所选的26个位点的PCR引物和单碱基延伸引物见表2-3。飞行质谱测试后，随机抽取样本进行测序，以验证飞行质谱测试的准确性。飞行质谱分型方法如下。

（1）所有需要分型的DNA 样本都稀释到5 ng/μL。

（2）取1 μL DNA 样本，将其与0.95 μL水、0.625 μL PCR 缓冲液（含15 mmol/L $MgCl_2$）、1μL的2.5 mM dNTP、0.325 μL 的25 mmol/L $MgCl_2$、1 μL PCR引物及0.1μL HotStar Taq 酶混合在一起。PCR 反应在下列条件下进行：94℃ 15 min；94℃ 20 s，56℃ 30 s，72℃ 1 min，共45个循环；最终72 ℃ 3 min。

（3）PCR扩增后，剩余的dNTP 将被去磷酸消化掉，反应体系包括1.53 μL水、0.17 μLSAP缓冲液、0.3单位碱性磷酸酶。该反应在37℃进行40 min，然后85℃ 5 min使酶失活。

（4）碱性磷酸酶处理后，针对SNP的单碱基延伸引物在下列反应体系中进行：0.755 μL水、0.2 μL 10×iPlex 缓冲液、0.2 μL终止混合物、0.041 μL iPlex 酶，0.804 μL 10 μM 的延伸引物。单碱基延伸反应在下列条件下进行：94℃ 30 s，94℃ 5 s，52℃ 5 s，80℃ 5 s 5个循环，共40个循环；最后72℃ 3 min。

（5）在终止反应物中加入6 mg 阳离子交换树脂脱盐，混合后加入25 μL水悬浮。使用MassARRAY Nanodispenser 将最终的分型产物点样到一块384 孔的Spectrochip上，并用基质辅助激光解析/电离—飞行时间质谱进行分析。

（6）最终结果由MassARRAY RT 软件系统（版本号3.0.0.4）实时读取，并由MassARRAY Typer 软件系统（版本号3.4）完成基因分型分析。

1.3.3 数据统计方法

1.3.3.1 SNP位点数据统计方法

使用在线软件SHEsis（http://analysis.bio-x.cn/myanalysis.php）对各多态位点进行哈迪-温伯格平衡检验。单个SNP位点运动员组和对照组间等位基因频率和基因型频率比较用卡方检验。

1.3.3.2 单体型数据统计方法

（1）相邻 SNP 的等位位点倾向于以一个整体遗传给后代，位于染色体上某一区域的一组相关联的 SNP 等位位点被称作单体型。大多数染色体区域只有少数几个常见的单体型（每个具有至少 5%的频率），它们代表了一个群体中人与人之间的大部分多态性。一个染色体区域可以有很多 SNP 位点，但是只用少数几个tag SNP就能够提供该区域大多数的遗传多态模式。因此，对单体型进行分析为运用 SNP 信息探究遗传性状，尤其是复杂性状的遗传机制提供了一条更加便捷、更加有效的途径。

（2）连锁不平衡（LD）分析，SNP 间的 LD 分析用 SHEsis 软件进行，计算LD系数D与D'。D值代表观察到的单倍型频率与平衡状态下期望频率之间的偏差。D'和r^2值则是经标准化的D值，范围在0到1之间；当D'和r^2值为0时，连锁完全平衡；D'和r^2值为1时，连锁完全不平衡；当$D'>0$和$r^2<1$时，表示存在连锁不平衡。单体型间比较显著性水平为$P<0.05$。本章参考Nakajima[91]的文献标准，指定$r^2>0.1$且$D'>0.33$作为可用的LD的标准。

2 结 果

2.1 SNP位点检测基本情况

对122个运动员组试和125个对照组试基因组DNA的26个SNP位点进行分型检测，实际成功检测位点数情况见表2-4。随机抽取样本进行测序，证明飞行质谱测试结果准确。

表2-3　多态位点PCR引物及单碱基延伸引物

多态位点	PCR引物1	PCR引物2	单碱基延伸引物
rs483962	ACGTTGGATGGGTTGGATACAAGAAGGAGC	ACGTTGGATGGGTTCCTTTTGCCACAACAC	ggaGGGGAGCTGTCTGTC
rs490980	ACGTTGGATGACTTGGTGTAGGGTACACCG	ACGTTGGATGAGCAGTATCAGTACAGGCAC	AGGGTACACCGGCCCAC
rs589691	ACGTTGGATGAATACACTGGGTCCTGCTTC	ACGTTGGATGACACACAGGTGAGGATGAAG	gggaTTCTCTTCCCTCCCCTT
rs702268	ACGTTGGATGCTCAGAGGCTCACAAATTGG	ACGTTGGATGAGGAAGGCTCATGGACATAG	TTGGTTTCCGAGCCT
rs681900	ACGTTGGATGGCTTCCCTAGCCATTCAGTC	ACGTTGGATGAACAGGTAGCACAGTGTGTC	GGTTAGTGTCAGGAGAA
rs4607517	ACGTTGGATGTTGTGATGTGTCAGTGCTGG	ACGTTGGATGACCAAAAAGCAAGACCTGCC	cctccGGGACTGAATCCAAGTTG
rs1799884	ACGTTGGATGTCGGCATTTCCTGCTCCAG	ACGTTGGATGGTCACCATGACAACCACAGG	CCAGGGCTTACTGTG
rs3757840	ACGTTGGATGGTATTGCCTTTCTTTAGGAA	ACGTTGGATGTCTTTTATGTCCTTCAGGTG	ggTGTAACAAGAAATGTGTAAGAT
rs13239289	ACGTTGGATGTCAAAGTTGTCCCCAAGACG	ACGTTGGATGCCTCCAAAGCAACCAAAAGG	ttggCTCTGTGCAGACACC
rs730497	ACGTTGGATGAAGATGAAGAGCAGGAGAGG	ACGTTGGATGGCGCAAGGGTCAGTTTATTG	ccccaCACTGCAAGGCCCCC
rs2041547	ACGTTGGATGCCTTGAAGCTGGCCTTCAAT	ACGTTGGATGACAGGCTAGACCTATTCTGC	ccGTATTCACCCCATGGTATAGTC
rs2071053	ACGTTGGATGTGCCCACGCCTGGGCCCAA	ACGTTGGATGGCACTGGGATCCTGCAGGG	CCTGGGCCCAACCCTAC
rs1052176	ACGTTGGATGGGCGTCTCAGGATATGCTTA	ACGTTGGATGTGTTGGAGACCTGGTGATTG	tctcCTCAGGATATGCTTAGCACCC
rs3762272	ACGTTGGATGCACAGCTTGTTAGTGACACC	ACGTTGGATGAGAGAAGGTCAGCCCAGAAC	gcCAAAGATTCTCCTTTCCTC
rs8847	ACGTTGGATGTGCACCAACAGCAAACTCAG	ACGTTGGATGAGGAGGAGCCACATGAGAGA	aaaAAAACAAAACTCTAAAGGTAAAC
rs2896526	ACGTTGGATGTGGCCTGAAATGGACCTATG	ACGTTGGATGGGATAAATAGGTTTGTGCAG	TTGAGTTGCAACTATAAGGAT
rs5943427	ACGTTGGATGCTACACGTGATAACATTATG	ACGTTGGATGGCAATCCATCAACCTTACTC	gggagTGCAAATGACTGCATTAAAG
rs1324805	ACGTTGGATGGCGAGGAGTACAAAATAGGG	ACGTTGGATGAGCTTAAGAGTGACCCCTAC	ggACAAAATAGGGGAGTTGA
rs7887981	ACGTTGGATGCCACCTGCAAGTCACATTTC	ACGTTGGATGGTGAGAAAGGTTAGGAGAAG	TCACATTTCATAATGTTCTAGTTAATTC
rs2419621	ACGTTGGATGCTGTGGCATTCCATCCTCTG	ACGTTGGATGCTGAGTTCCTGAAACTAAGC	ccTCCTCTGGCTCATCTCAC
rs11195938	ACGTTGGATGAACTAGCGAGGAGAGTCTG	ACGTTGGATGGTGTGCATAGAAGCATGTTC	GGAAAGTTTGCAGTGTTCA
rs8624	ACGTTGGATGTGCTTTAAGAACAGCATTCC	ACGTTGGATGGTTAGATATCTGACTTGGGAG	CAGCATTCCTTTTGGACA
rs6107100	ACGTTGGATGCAGGGCAAAGTCAACTGTAG	ACGTTGGATGCTGCAACAGGGACACACAAG	GGTCTGGATGTCTCAAA
rs2073193	ACGTTGGATGCTTTACTTCTCCCCTCTTCC	ACGTTGGATGAAGCATGGTCACGGGAAAGG	CCCTCTTCCCCCAATT
rs2325899	ACGTTGGATGCATCAGCTTCACCTTCACGC	ACGTTGGATGAATAGAGACAAGACCAGGTG	ACGCCCCATCTCCTTTT
rs1268722	ACGTTGGATGTTGCCAAGTGGTACCTGCTC	ACGTTGGATGCTCCTCCAGCTGAGACAAG	gttACCCCTCCACAGGCT

表2–4　多态位点实验检测成功样本数

多态位点	运动员人数/个	对照组人数/个	多态位点	运动员人数/个	对照组人数/个	多态位点	运动员人数/个	对照组人数/个
rs483962	121	125	rs730497	121	125	rs7887981	122	124
rs490980	119	124	rs2041547	121	125	rs2419621	122	125
rs589691	122	125	rs2071053	121	122	rs11195938	122	125
rs702268	121	125	rs1052176	122	122	rs8624	122	125
rs681900	122	125	rs3762272	122	122	rs6107100	122	125
rs4607517	122	125	rs8847	122	121	rs2073193	122	125
rs1799884	122	125	rs2896526	122	125	rs2325899	122	125
rs3757840	121	121	rs5943427	120	123	rs1268722	122	125
rs13239289	121	125	rs1324805	122	125			

2.2　SNP多态位点基因分型分析结果

SHEsis软件统计分析26个多态位点单个位点的基因型和等位基因及单体型分布特征，并在组间进行总体和分层比较分析。总体比较分析时，对运动员组和对照组进行对比分析。分层比较分析时，先按性别比较男女对照组间的差异，如果性别间存在显著性差异，再按性别、项目类型、运动等级进行分层分析，即男马拉松组、男5 km组、男10 km组、男国际健将组分别与男对照组进行对比分析；女马拉松组、女5 km组、女10 km组、女国际健将组分别与女对照组进行对比分析。最后按照项目类型和运动等级进行分层比较分析，即马拉松组、5 km组、10 km组、国际健将组分别与对照组进行对比分析。

2.2.1 PYGM基因多态位点分布特征

2.2.1.1 PYGM基因单个位点分布特征

1. 哈迪-温伯格平衡检验

PYGM基因3个多态位点（rs483962、rs490980、rs589691）的对照组、男对照组、女对照组、运动员组、男运动员组、女运动员组、国际健将组、5 km组、10 km组均符合哈迪-温伯格平衡（数据略）。

2. 基因型和等位基因分布特征

经卡方检验，3个位点的基因型和等位基因分布频率，各组间均无显著性差异（表2-5至表2-7）。

表2-5 PYGM基因rs483962多态位点基因型和等位基因分布特征

组别	人数/个	基因型（分布频率）			等位基因（分布频率）	
		CC	CT	TT	C	T
对照组	125	19（0.152）	73（0.584）	33（0.264）	111（0.444）	139（0.556）
男对照组	69	8（0.116）	43（0.623）	18（0.261）	59（0.428）	79（0.572）
女对照组	56	11（0.196）	30（0.536）	15（0.268）	52（0.464）	60（0.536）
运动员组	121	17（0.140）	59（0.488）	45（0.372）	93（0.384）	149（0.616）
男运动员组	61	8（0.131）	31（0.508）	22（0.361）	47（0.385）	75（0.615）
女运动员组	60	9（0.150）	28（0.467）	23（0.383）	46（0.383）	74（0.617）
国际健将组	42	6（0.143）	20（0.476）	16（0.381）	32（0.381）	52（0.619）
国家健将组	79	11（0.139）	39（0.494）	29（0.367）	61（0.386）	97（0.614）
5 km 组	62	8（0.129）	30（0.484）	24（0.387）	46（0.371）	78（0.629）
10 km 组	30	4（0.133）	14（0.467）	12（0.400）	22（0.367）	38（0.633）
马拉松组	29	5（0.172）	15（0.517）	9（0.310）	25（0.431）	33（0.569）

表2-6 PYGM基因rs490980多态位点基因型和等位基因分布特征

组别	人数/个	基因型（分布频率）			等位基因（分布频率）	
		CC	CT	TT	C	T
对照组	124	9（0.073）	61（0.492）	54（0.435）	79（0.319）	169（0.681）
男对照组	69	5（0.072）	30（0.435）	34（0.493）	40（0.290）	98（0.710）
女对照组	55	4（0.073）	31（0.564）	20（0.364）	39（0.355）	71（0.645）
运动员组	119	11（0.092）	59（0.496）	49（0.412）	81（0.340）	157（0.660）
男运动员组	60	4（0.067）	33（0.550）	23（0.383）	41（0.342）	79（0.658）
女运动员组	59	7（0.119）	26（0.441）	26（0.441）	40（0.339）	78（0.661）
国际健将组	40	4（0.100）	18（0.450）	18（0.450）	26（0.325）	54（0.675）
健将组	79	7（0.089）	41（0.519）	31（0.392）	55（0.348）	103（0.652）
5 km组	61	6（0.098）	31（0.508）	24（0.393）	43（0.352）	79（0.648）
10 km组	31	3（0.097）	16（0.516）	12（0.387）	22（0.355）	40（0.645）
马拉松组	27	2（0.074）	12（0.444）	13（0.481）	16（0.296）	38（0.704）

表2-7 PYGM基因rs589691多态位点基因型和等位基因分布特征

组别	人数/个	基因型（分布频率）			等位基因（分布频率）	
		CC	CT	TT	C	T
对照组	125	20（0.160）	70（0.560）	35（0.280）	110（0.420）	140（0.580）
男对照组	69	10（0.145）	38（0.551）	21（0.304）	58（0.290）	80（0.710）
女对照组	56	10（0.179）	32（0.571）	14（0.250）	52（0.464）	60（0.536）
运动员组	120	15（0.125）	62（0.517）	43（0.358）	92（0.383）	148（0.617）
男运动员组	60	4（0.067）	33（0.550）	23（0.383）	41（0.342）	79（0.658）
女运动员组	60	11（0.183）	29（0.483）	20（0.333）	51（0.425）	69（0.575）
国际健将组	42	6（0.143）	21（0.500）	15（0.357）	33（0.393）	51（0.607）
健将组	80	13（0.163）	42（0.525）	25（0.312）	68（0.425）	92（0.575）

续表

组别	人数/个	基因型（分布频率）			等位基因（分布频率）	
		CC	CT	TT	C	T
5 km组	62	9（0.145）	32（0.516）	21（0.339）	50（0.403）	74（0.597）
10 km组	31	5（0.161）	16（0.516）	10（0.323）	26（0.419）	36（0.581）
马拉松组	29	5（0.172）	15（0.517）	9（0.310）	25（0.431）	33（0.569）

2.2.1.2 PYGM基因多态位点单体型分布特征

1. 多态位点间LD紧密程度

使用SHEsis软件分析3个多态位点LD紧密程度，3个位点两两间LD计算结果如表2–8所示。

表2–8 PYGM基因多态位点两两间*D*' /r^2值

	rs490980	rs589691
rs483962	0.903/0.566	0.929/0.821
rs490980	—	0.975/0.635

注：以125个对照组数据计算。

SHEsis软件LD计算分析如图2–2所示。

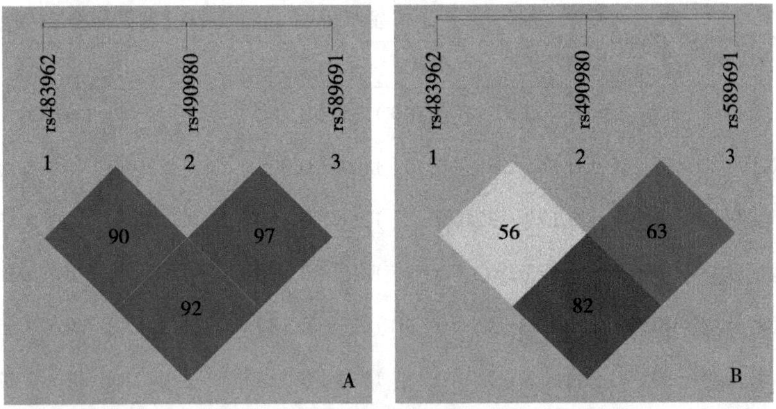

图2–2 PYGM基因多态位点间LD分析（A：*D*'，B：r^2）

2. 单体型分布特征

为了便于描述，将3个多态位点分别命名为1~3位点，即rs483962（1），rs490980（2），rs589691（3）。使用SHEsis软件进行单体型分析，最终得到2个位点组合：1-2-3位点和1-2位点在运动员组与对照组之间分布有显著性差异（$P<0.05$）。

（1）1-2-3位点组成的单体型的分布特征。

1-2-3 位点CTC单体型在5 km组中的分布频率显著低于对照组（表2-9，图2-3）。

表2-9 PYGM基因1-2-3位点组成的单体型在5 km组和对照组的分布特征

1-2-3	5 km组	对照组	X^2	P	OR	95%CI
CCC	39.80（0.326）	75.68（0.305）	0.228	0.633	1.122	（0.700~1.798）
CTC	4.15（0.034）	28.17（0.114）	6.414	0.011	0.276	（0.096~0.794）
TTT	70.87（0.581）	131.85（0.532）	1.059	0.304	1.270	（0.805~2.003）
Global X^{2}=6.422，d_f=2，P=0.040						

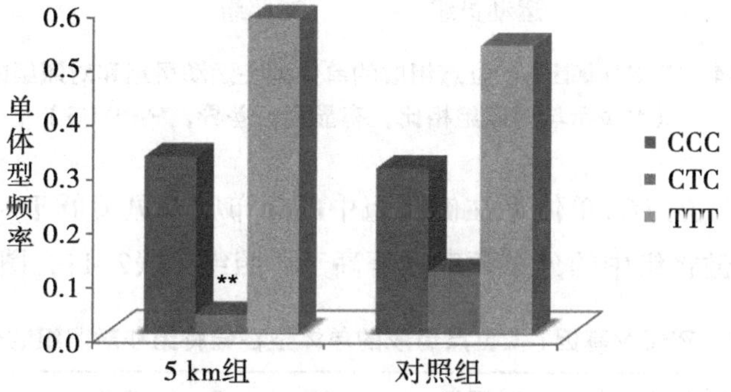

图2-3 PYGM基因1-2-3位点组成的单体型在5 km组和对照组的分布
（表示与对照组相比，有显著性差异，$P<0.05$）**

（2）1-2位点组成的单体型的分布特征。

1-2位点组成的单体型在运动员组和对照组、健将组与对照组、5 km组与对照组之间的分布均有显著性差异。

①1-2位CT单体型在运动员组的分布频率显著性低于对照组（表2-10，图2-4）。

表2-10　PYGM基因1-2位点组成的单体型在运动员组和对照组的分布特征

1-2	运动员组	对照组	X^2	P	OR	95%CI
CC	73.54（0.312）	76.58（0.309）	0.040	0.841	1.040	（0.706~1.532）
CT	15.46（0.066）	34.42（0.139）	6.692	0.001	0.443	（0.236~0.831）
TT	140.54（0.596）	134.58（0.543）	2.010	0.156	1.302	（0.904~1.877）
Global X^2=6.863，d_f=2，P=0.032						

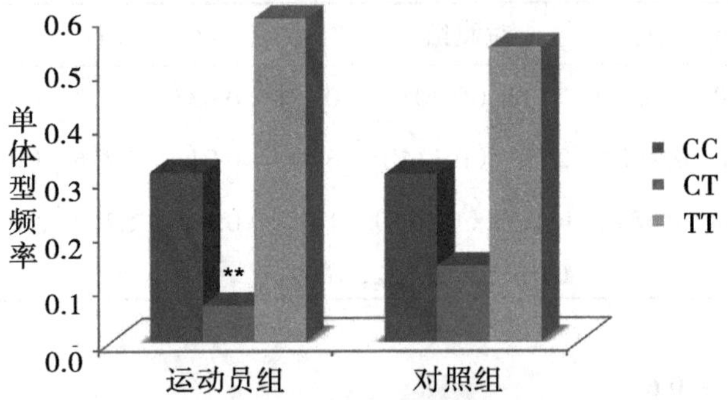

图2-4　PYGM基因1-2位点组成的单体型在运动员组和对照组的分布
（表示与对照组相比，有显著性差异，P<0.05）**

②1-2位点CT单体型在健将组中的分布频率显著低于对照组，TC单体型在健将组中的分布频率显著高于对照组（表2-11，图2-5）。

表2-11　PYGM基因1-2位点组成的单体型在健将组和对照组的分布特征

1-2	健将组	对照组	X^2	P	OR	95%CI
CC	47.46（0.304）	76.58（0.309）	0.009	0.923	0.979	（0.634~1.512）
CT	11.54（0.074）	34.42（0.139）	3.993	0.046	0.496	（0.246~0.997）
TC	6.54（0.042）	2.42（0.010）	4.567	0.033	4.442	（1.002~19.699）
TT	90.46（0.580）	134.58（0.543）	0.538	0.463	1.163	（0.776~1.743）
Global X^2=8.249，d_f=3，P=0.041						

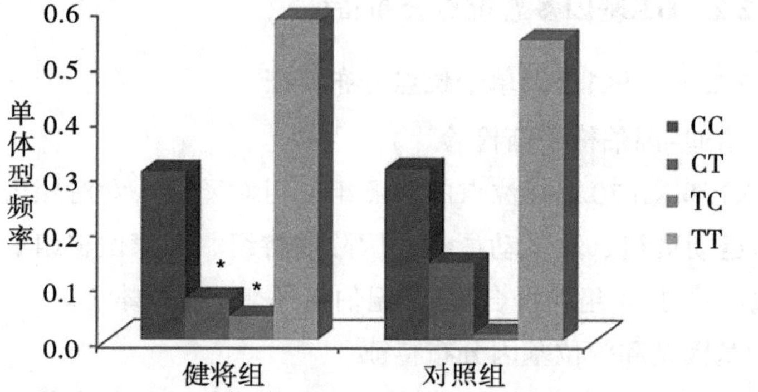

图2-5 PYGM1-2位点组成的单体型在健将组和对照组的分布
（*表示与对照组相比，有显著性差异，$P<0.05$）

③1-2位点CT单体型的分布频率5km组显著低于对照组（表2-12，图2-6）。

表2-12 PYGM基因1-2位点组成的单体型在5 km组和对照组的分布特征

1-2	5 km组	对照组	X^2	P	OR	95%CI
CC	39.86（0.327）	76.58（0.309）	0.203	0.652	1.113	（0.698~1.776）
CT	5.14（0.042）	34.42（0.139）	7.769	0.005	0.277	（0.107~0.720）
TT	73.86（0.605）	134.58（0.543）	1.762	0.184	1.354	（0.865~2.118）
Global X^2=7.818，d_f=2，P=0.020						

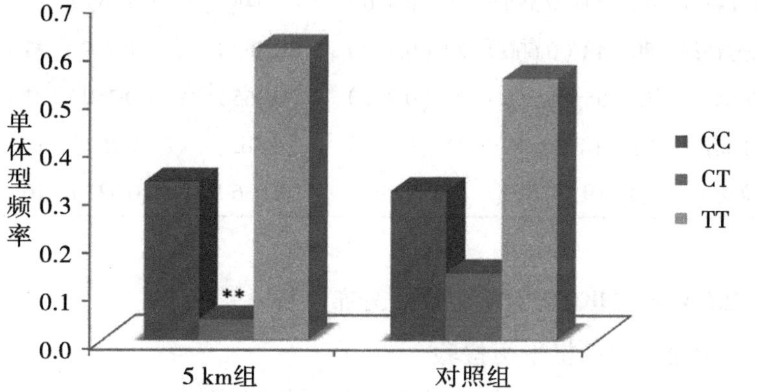

图2-6 PYGM基因1-2位点组成的单体型在5 km组和对照组的分布
（表示与对照组相比，有显著性差异，$P<0.05$）**

2.2.2 HK基因多态位点分布特征

2.2.2.1 HK1基因单个位点分布特征

1. 哈迪-温伯格平衡检验

HK1基因rs702268位点的对照组、男对照组、女对照组、运动员组、男运动员组、女运动员组、国际健将组、国家健将组、5 km组、10 km组、马拉松组均符合哈迪-温伯格平衡（数据略）。

2. 基因型和等位基因分布特征

经卡方检验，rs702268位点基因型和等位基因分布频率，各组间均无显著性差异（表2-13）。

表2-13 HK1基因rs702268多态位点基因型和等位基因分布特征

组别	人数/个	基因型（分布频率）			等位基因（分布频率）	
		CC	CT	TT	C	T
对照组	125	77（0.616）	42（0.336）	6（0.048）	196（0.784）	54（0.216）
男对照组	69	43（0.623）	22（0.319）	4（0.058）	108（0.783）	30（0.217）
女对照组	56	34（0.607）	20（0.357）	2（0.036）	88（0.786）	24（0.214）
运动员组	121	72（0.595）	42（0.347）	7（0.058）	186（0.769）	56（0.231）
男运动员组	61	35（0.574）	21（0.344）	5（0.082）	91（0.746）	31（0.254）
女运动员组	60	37（0.617）	21（0.350）	2（0.033）	95（0.792）	25（0.208）
国际健将组	41	24（0.585）	15（0.366）	2（0.049）	63（0.768）	19（0.232）
国家健将组	80	48（0.600）	27（0.338）	5（0.062）	123（0.769）	37（0.231）
5 km组	62	35（0.565）	23（0.371）	4（0.065）	93（0.750）	31（0.250）
10 km组	31	18（0.581）	11（0.355）	2（0.065）	47（0.758）	15（0.242）
马拉松组	28	19（0.679）	8（0.286）	1（0.036）	46（0.821）	10（0.179）

2.2.2.2 HK2基因单个位点分布特征

1. 哈迪-温伯格平衡检验

HK2基因rs681900位点的对照组、男对照组、女对照组、运动员组、男运动员组、女运动员组、国际健将组、健将组、5 km组、10 km

组、马拉松组均符合哈迪-温伯格平衡（数据略）。

2. 基因型和等位基因分布特征

经卡方检验，rs681900位点基因型和等位基因分布频率，在各组间均无显著性差异（表2-14）。

表2-14　HK2基因rs681900多态位点基因型和等位基因分布特征

组别	人数/个	基因型（分布频率）			等位基因（分布频率）	
		AA	AG	GG	A	G
对照组	125	99（0.792）	23（0.184）	3（0.024）	221（0.884）	29（0.116）
男对照组	69	56（0.812）	11（0.159）	2（0.029）	123（0.891）	15（0.109）
女对照组	56	43（0.768）	12（0.214）	1（0.018）	98（0.875）	14（0.125）
运动员组	122	92（0.754）	26（0.213）	4（0.033）	210（0.861）	34（0.139）
男运动员组	62	56（0.812）	11（0.159）	2（0.029）	123（0.891）	15（0.109）
女运动员组	60	47（0.783）	13（0.217）	0（0.000）	107（0.892）	13（0.108）
国际健将组	42	31（0.738）	11（0.262）	0（0.000）	73（0.869）	11（0.131）
国家健将组	80	61（0.762）	15（0.188）	4（0.050）	137（0.856）	23（0.144）
5 km组	62	52（0.839）	8（0.129）	2（0.032）	112（0.903）	12（0.097）
10 km组	31	22（0.710）	7（0.226）	2（0.065）	51（0.823）	11（0.177）
马拉松组	29	18（0.621）	11（0.379）	0（0.000）	47（0.810）	11（0.190）

2.2.2.3　HK4基因单个位点分布特征

1. 哈迪-温伯格平衡检验

HK4基因6个多态位点（rs4607517，rs1799884，rs3757840，rs13239289，rs730497，rs2041547）的对照组、男对照组、女对照组、运动员组、男运动员组、女运动员组、国际健将组、健将组、5 km组、10 km组、马拉松组均符合哈迪-温伯格平衡（数据略）。

2. 基因型和等位基因分布特征

（1）经卡方检验，rs4607517位点A等位基因在马拉松组中的分布频率显著高于对照组（图2-7）；基因型和等位基因分布频率，在其余各组间均无显著性差异（表2–15）。

表2–15 HK4基因rs4607517多态位点基因型和等位基因分布特征

组别	人数/个	基因型（分布频率）			等位基因（分布频率）	
		AA	AG	GG	A	G
对照组	125	6（0.048）	52（0.416）	67（0.536）	64（0.256）	186（0.744）*
男对照组	69	5（0.072）	25（0.362）	39（0.565）	35（0.254）	103（0.746）
女对照组	56	1（0.018）	27（0.482）	28（0.500）	29（0.259）	83（0.741）
运动员组	122	12（0.098）	50（0.410）	60（0.492）	74（0.303）	170（0.697）
男运动员组	62	9（0.145）	21（0.339）	32（0.516）	39（0.315）	85（0.685）
女运动员组	60	3（0.050）	29（0.483）	28（0.467）	35（0.292）	85（0.708）
国际健将组	42	2（0.048）	18（0.429）	22（0.524）	22（0.262）	62（0.738）
国家健将组	80	10（0.125）	32（0.400）	38（0.475）	52（0.325）	108（0.675）
5 km组	62	8（0.129）	23（0.371）	31（0.500）	39（0.315）	85（0.685）
10 km组	31	0（0.000）	13（0.419）	18（0.581）	13（0.210）	49（0.790）
马拉松组	31	4（0.133）	15（0.500）	11（0.367）	23（0.383）	37（0.617）*

注：*表示马拉松组与对照组之间等位基因分布频率有显著性差异（X^2= 3.886，d_f=1，P=0.049）

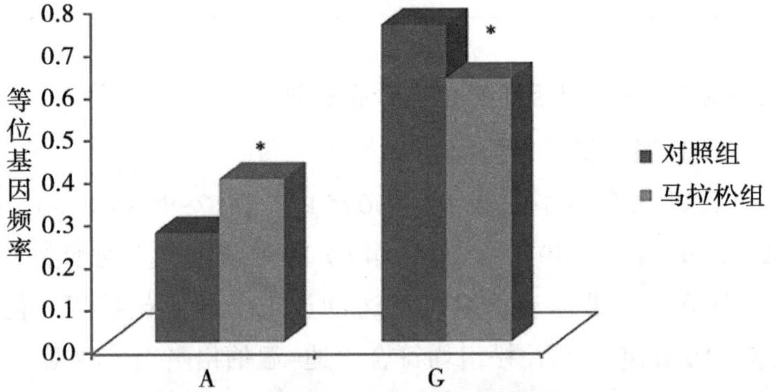

图2–7 HK4基因rs4607517位点等位基因在对照组和马拉松组中的分布
（*表示与对照组相比，有显著性差异，P<0.05）

（2）经卡方检验，rs1799884位点基因型和等位基因分布频率，各组间均无显著性差异（表2-16）。

表2-16 HK4基因rs1799884多态位点基因型和等位基因分布特征

组别	人数/个	基因型（分布频率）			等位基因（分布频率）	
		AA	AG	GG	A	G
对照组	125	5（0.040）	52（0.416）	68（0.544）	62（0.248）	188（0.752）
男对照组	69	4（0.058）	26（0.377）	39（0.565）	34（0.246）	104（0.754）
女对照组	56	1（0.018）	26（0.464）	29（0.518）	28（0.250）	84（0.750）
运动员组	122	9（0.074）	51（0.418）	62（0.508）	69（0.283）	175（0.717）
男运动员组	62	6（0.097）	23（0.371）	33（0.532）	35（0.282）	89（0.718）
女运动员组	60	3（0.050）	28（0.467）	29（0.483）	34（0.283）	86（0.717）
国际健将组	42	2（0.048）	17（0.405）	23（0.548）	21（0.250）	63（0.750）
国家健将组	80	7（0.087）	34（0.425）	39（0.487）	48（0.300）	112（0.700）
5 km组	62	7（0.113）	23（0.371）	32（0.516）	37（0.298）	87（0.702）
10 km组	31	0（0.000）	13（0.419）	18（0.581）	13（0.210）	49（0.790）
马拉松组	30	2（0.067）	16（0.533）	12（0.400）	20（0.333）	40（0.667）

（3）经卡方检验，rs3757840位点A等位基因的分布频率男运动员组显著性高于男对照组（图2-8）；基因型和等位基因分布频率在其余各组间均无显著性差异（表2-17）。

表2-17 HK4基因rs3757840多态位点基因型和等位基因分布特征

组别	人数/个	基因型（分布频率）			等位基因（分布频率）	
		AA	AC	CC	A	C
对照组	121	38（0.314）	56（0.463）	27（0.223）	132（0.545）	110（0.455）
男对照组	68	20（0.294）	31（0.456）	17（0.250）	71（0.522）	65（0.478）*
女对照组	53	18（0.340）	25（0.472）	10（0.189）	61（0.575）	45（0.425）

续表

组别	人数/个	基因型（分布频率）			等位基因（分布频率）	
		AA	AC	CC	A	C
运动员组	121	41（0.339）	59（0.488）	21（0.174）	141（0.583）	101（0.417）
男运动员组	61	28（0.459）	24（0.393）	9（0.148）	80（0.656）	42（0.344）*
女运动员组	60	13（0.217）	35（0.583）	12（0.200）	61（0.508）	59（0.492）
国际健将组	41	10（0.244）	23（0.561）	8（0.195）	43（0.524）	39（0.476）
国家健将组	80	31（0.388）	36（0.450）	13（0.163）	98（0.613）	62（0.388）
5 km组	61	23（0.377）	30（0.492）	8（0.131）	76（0.623）	46（0.377）
10 km组	31	7（0.226）	15（0.484）	9（0.290）	29（0.468）	33（0.532）
马拉松组	30	12（0.400）	14（0.467）	4（0.133）	38（0.633）	22（0.367）

注：*表示男运动员组与男对照组之间等位基因分布频率有显著性差异（X^2=4.735，df=1，P=0.030）

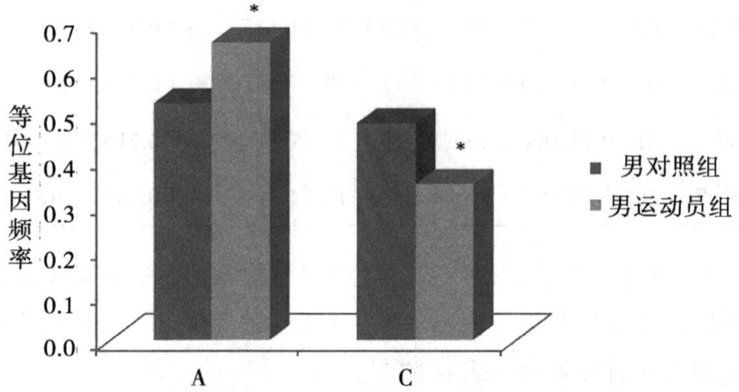

图2-8　HK4基因rs3757840位点等位基因在男对照组和男运动员组中的分布（*表示与对照组相比，有显著性差异，$P<0.05$）

（4）经卡方检验，rs13239289位点GG基因型和G等位基因分布频率10 km组显著高于对照组（图2-9、图2-10）。基因型和等位基因分布频率在其余各组间均无显著性差异（表2-18）。

表2-18　HK4基因rs13239289多态位点基因型和等位基因分布特征

组别	人数/个	基因型（分布频率）			等位基因（分布频率）	
		CC	CG	GG	C	G
对照组	125	98（0.784）	26（0.208）	1（0.008）*	222（0.888）	28（0.112）**
男对照组	69	54（0.783）	14（0.203）	1（0.014）	122（0.884）	16（0.116）
女对照组	56	44（0.786）	12（0.214）	0（0.000）	100（0.893）	12（0.107）
运动员组	121	94（0.777）	21（0.174）	6（0.050）	209（0.864）	33（0.136）
男运动员组	61	49（0.803）	9（0.148）	3（0.049）	107（0.877）	15（0.123）
女运动员组	60	45（0.750）	12（0.200）	3（0.050）	102（0.850）	18（0.150）
国际健将组	42	32（0.762）	8（0.190）	2（0.048）	72（0.857）	12（0.143）
国家健将组	79	62（0.785）	13（0.165）	4（0.051）	137（0.867）	21（0.133）
5 km组	61	53（0.869）	6（0.098）	2（0.033）	112（0.918）	10（0.082）
10 km组	31	17（0.548）	10（0.323）	4（0.129）*	44（0.710）	18（0.290）**
马拉松组	30	25（0.833）	5（0.167）	0（0.000）	55（0.917）	5（0.083）

注：*表示10 km组与对照组之间基因型分布频率有显著性差异（X^2=14.636，df=2，*P*=0.001），**表示10 km组与对照组之间等位基因分布频率有显著性差异（X^2=12.568，df=1，*P*=0.000）。

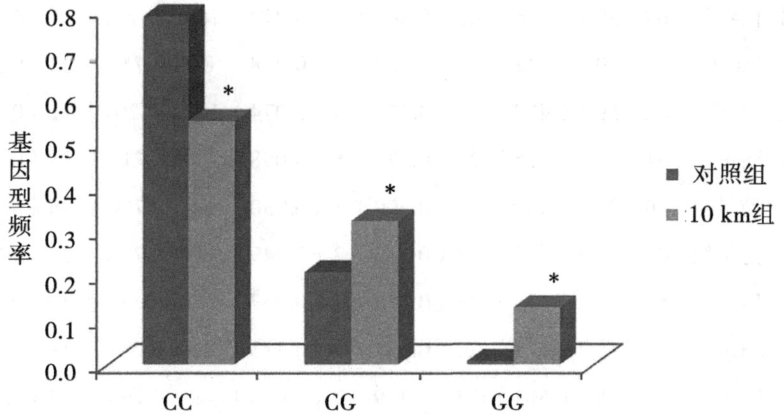

图2-9　HK4基因rs13239289位点基因型在对照组和10 km组的分布

（*表示与对照组相比，有显著性差异，*P*<0.05）

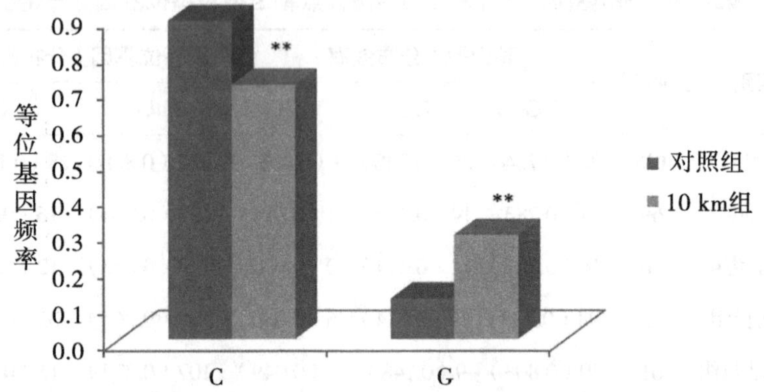

图2-10　HK4基因rs13239289位点等位基因在对照组和10 km组的分布
（表示与对照组相比，有显著性差异，*P*<0.05）**

（5）经卡方检验，rs730497位点基因型和等位基因分布频率各组间均无显著性差异（表2-19）。

表2-19　HK4基因rs730497多态位点基因型和等位基因分布特征

组别	人数/个	基因型（分布频率）			等位基因（分布频率）	
		CC	CT	TT	C	T
对照组	125	68（0.544）	51（0.408）	6（0.048）	187（0.748）	63（0.252）
男对照组	69	39（0.565）	25（0.362）	5（0.072）	103（0.746）	35（0.254）
女对照组	56	29（0.518）	26（0.464）	1（0.018）	84（0.750）	28（0.250）
运动员组	121	59（0.488）	53（0.438）	9（0.074）	171（0.707）	71（0.293）
男运动员组	61	32（0.525）	23（0.377）	6（0.098）	87（0.713）	35（0.287）
女运动员组	60	27（0.450）	30（0.500）	3（0.050）	84（0.700）	36（0.300）
国际健将组	41	21（0.512）	18（0.439）	2（0.049）	60（0.732）	22（0.268）
国家健将组	80	38（0.475）	35（0.438）	7（0.087）	111（0.694）	49（0.306）
5 km组	62	31（0.500）	24（0.387）	7（0.113）	86（0.694）	38（0.306）
10 km组	31	18（0.581）	13（0.419）	0（0.000）	49（0.790）	13（0.210）
马拉松组	29	10（0.345）	17（0.586）	2（0.069）	37（0.638）	21（0.362）

（6）经卡方检验，rs2041547位点基因型和等位基因分布频率，各组间均无显著性差异（表2–20）。

表2–20 HK4基因rs2041547多态位点基因型和等位基因分布特征

组别	人数/个	基因型（分布频率）			等位基因（分布频率）	
		AA	AG	GG	A	G
对照组	125	14（0.112）	67（0.536）	44（0.352）	95（0.380）	155（0.620）
男对照组	69	7（0.101）	33（0.478）	29（0.420）	47（0.341）	91（0.659）
女对照组	56	7（0.125）	34（0.607）	15（0.268）	48（0.429）	64（0.571）
运动员组	121	10（0.083）	61（0.504）	50（0.413）	81（0.335）	161（0.665）
男运动员组	62	6（0.097）	31（0.500）	25（0.403）	43（0.347）	81（0.653）
女运动员组	59	4（0.068）	30（0.508）	25（0.424）	38（0.322）	80（0.678）
国际健将组	41	3（0.073）	24（0.585）	14（0.341）	30（0.366）	52（0.634）
国家健将组	80	7（0.087）	37（0.463）	36（0.450）	51（0.319）	109（0.681）
5 km组	62	3（0.048）	33（0.532）	26（0.419）	39（0.315）	85（0.685）
10 km组	31	5（0.161）	12（0.387）	14（0.452）	22（0.355）	40（0.645）
马拉松组	29	2（0.069）	17（0.586）	10（0.345）	21（0.362）	37（0.638）

2.2.2.4 HK4基因多态位点单体型分布特征

1. 多态位点间LD紧密程度

使用SHEsis软件分析6个多态位点LD紧密程度，6个位点两两间LD计算结果如表2–21所示。

表2–21 HK4基因多态位点两两间D'/r^2值

	rs1799884	rs3757840	rs13239289	rs730497	rs2041547
rs4607517	1.000/0.931	1.000/0.302	0.999/0.055	0.990/0.950	0.027/0.001
rs1799884	–	1.000/0.281	0.999/0.051	1.000/0.959	0.074/0.004

续表

	rs1799884	rs3757840	rs13239289	rs730497	rs2041547
rs3757840	–	–	1.000/0.183	1.000/0.294	0.141/0.014
rs13239289	–	–	–	0.998/0.053	0.584/0.027
rs730497	–	–	–	–	0.056/0.002

注：以125个对照组数据计算。

SHEsis软件LD计算分析如图2–11所示。

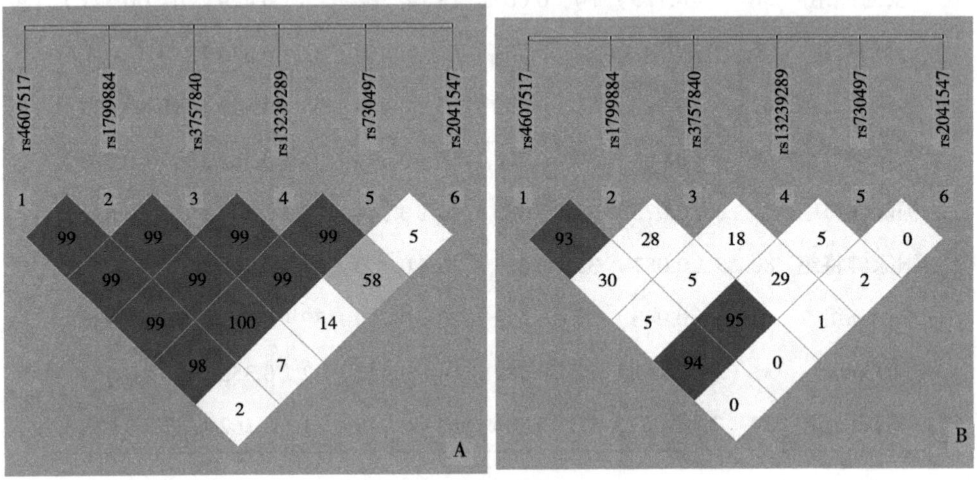

图2–11　HK4基因多态位点间LD分析（A：*D′*，B：r^2）

2. 单体型分布特征

为了便于描述，将6个多态位点分别命名为1～6位点，即rs4607517（1），rs1799884（2），rs3757840（3），rs13239289（4），rs730497（5），rs2041547（6）。使用SHEsis软件进行单体型分析，将有显著性差异的统计结果（即Global $P<0.05$）进行合并处理，最终得到以下5个位点组合在各组件有分布差异：1–2–5位点、3–4–5位点、1–2位点、1–5位点、2–5位点、3–4位点。

（1）1–2–5位点组成单体型的分布特征。

1–2–5位点AGC单体型在马拉松组的分布频率显著高于对照组

（表2–22，图2–12）。

表2–22 HK4基因1–2–5位点组成的单体型在马拉松组和对照组的分布特征

1–2–5	马拉松组	对照组	X^2	P	OR	95%CI
AAT	19.00（0.328）	62.00（0.248）	1.911	0.167	1.549	（0.830~2.889）
AGC	2.06（0.036）	1.00（0.004）	4.953	0.026	9.484	（0.855~105.214）
GGC	34.94（0.602）	186.00（0.744）	3.470	0.063	0.562	（0.305~1.036）
Global X^2=7.263，d_f=2，P=0.027						

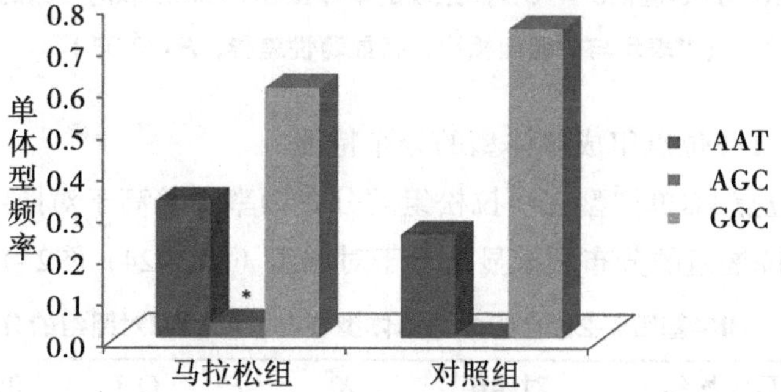

图2–12 HK4基因1–2–5位点组成的单体型在马拉松组和对照组的分布

（*表示与对照组相比，有显著性差异，P<0.05）

（2）3–4–5位点组成单体型的分布特征。

3–4–5 位点CGC单体型在10 km组的分布频率显著高于对照组（表2–23，图2–13）。

表2–23 HK4基因3–4–5位点组成的单体型在10 km组和对照组的分布特征

3–4–5	10 km组	对照组	X^2	P	OR	95%CI
ACC	18.00（0.265）	71.00（0.293）	0.213	0.644	0.867	（0.473~1.589）
ACT	14.00（0.206）	60.99（0.252）	0.617	0.432	0.769	（0.399~1.482）
CCC	18.00（0.265）	83.01（0.343）	1.481	0.224	0.690	（0.378~1.257）
CGC	18.00（0.265）	26.99（0.112）	10.035	0.002	2.867	（1.466~5.610）
Global X^2=10.197，d_f=3，P=0.017						

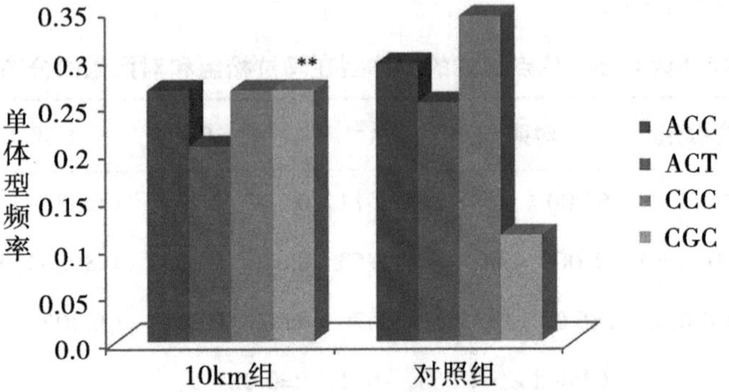

图2-13 HK4基因3-4-5位点组成的单体型在10 km组和对照组的分布
（表示与对照组相比，有显著性差异，$P<0.05$）**

（3）1-2位点组成单体型的分布特征。

1-2位点AG单体型在马拉松组的分布频率显著高于对照组；GG单体型在马拉松组的分布频率显著低于对照组（表2-24，图2-14）。

表2-24 HK4基因1-2位点组成的单体型在马拉松组和对照组的分布特征

1-2	马拉松组	对照组	X^2	P	OR	95%CI
AA	20.00（0.333）	62.00（0.248）	1.811	0.178	1.516	（0.825~2.787）
AG	3.00（0.050）	2.00（0.008）	5.379	0.020	6.526	（1.066~39.969）
GG	37.00（0.617）	186.00（0.744）	3.886	0.049	0.554	（0.306~1.001）
Global X^2=7.715，d_f=2，P=0.021						

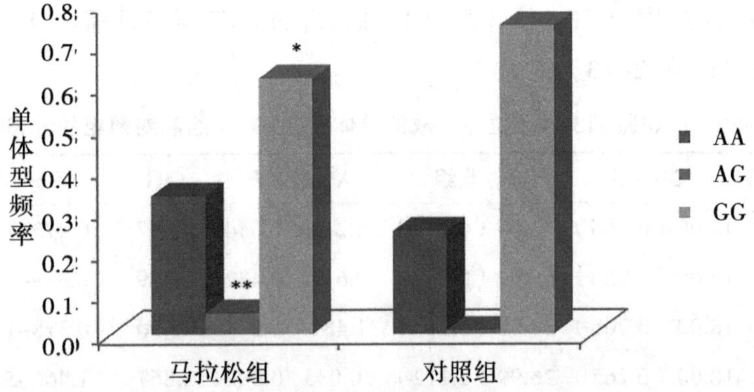

图2-14 HK4基因1-2位点组成的单体型在马拉松组和对照组的分布
（表示与对照组相比，有显著性差异，$P<0.05$；**
***表示与对照组相比，有显著性差异，$P<0.05$）**

（4）1-5位点组成单体型的分布特征。

1-5位点AC单体型在马拉松组的分布频率显著高于对照组；GC单体型显著低于对照组（表2-25，图2-15）。

表2-25　HK4基因1-5位点组成的单体型在马拉松组和对照组的分布特征

1-5	马拉松组	对照组	X^2	P	OR	95%CI
AC	2.04（0.035）	1.00（0.004）	4.799	0.029	9.262	（0.832~103.116）
AT	19.96（0.344）	63.00（0.252）	2.277	0.131	1.601	（0.866~2.960）
GC	34.96（0.603）	186.00（0.744）	3.903	0.048	0.547	（0.299~1.001）

Global X^2=7.506，d_f=2，P=0.024

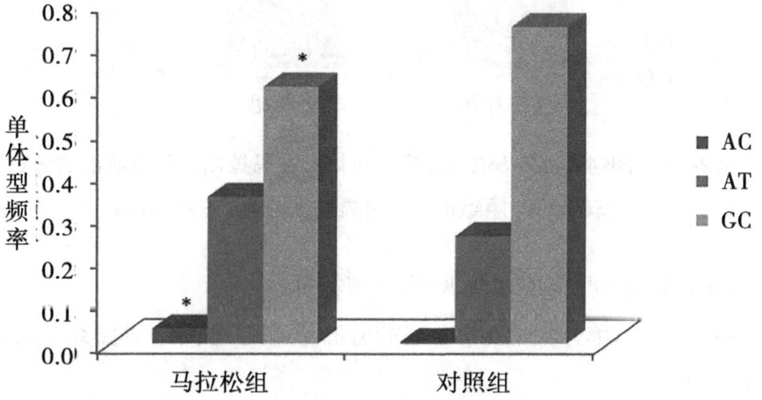

图2-15　HK4基因1-5位点组成的单体型在马拉松组和对照组的分布

（*表示与对照组相比，有显著性差异，P<0.05）

（5）2-5位点组成单体型的分布特征。

2-5位点GT单体型在马拉松组的分布频率显著高于对照组（表2-26，图2-16）。

表2-26　HK4基因2-5位点组成的单体型在马拉松组和对照组的分布特征

2-5	马拉松组	对照组	X^2	P	OR	95%CI
AT	19.00（0.328）	62.00（0.248）	1.538	0.215	1.477	（0.796~2.743）
GC	37.00（0.638）	187.00（0.748）	2.876	0.090	0.594	（0.324~1.089）
GT	2.00（0.034）	1.00（0.004）	4.535	0.033	8.893	（0.792~99.802）
Global X^2=6.409，d_f=2，P=0.041						

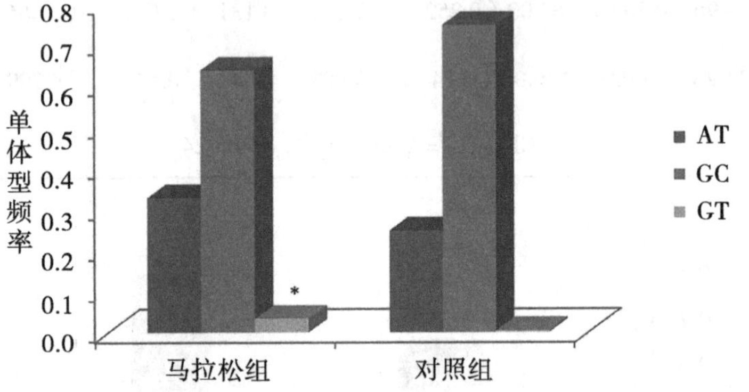

图2-16　HK4基因2-5位点组成的单体型在马拉松组和对照组的分布
（*表示与对照组相比，有显著性差异，P<0.05）

（6）3-4位点组成单体型的分布特征。

3-4位点CG单体型在10 km组的分布频率显著高于对照组（表2-27，图2-17）。

表2-27　HK4基因3-4位点组成的单体型在10 km组和对照组的分布特征

3-4	10 km组	对照组	X^2	P	OR	95%CI
AC	29.00（0.468）	132.00（0.545）	1.196	0.274	0.732	（0.419~1.281）
CC	15.00（0.242）	83.00（0.343）	2.307	0.129	0.611	（0.323~1.158）
CG	18.00（0.290）	27.00（0.112）	12.507	0.000	3.258	（1.652~6.424）
Global X^2=12.782，d_f=2，P=0.002						

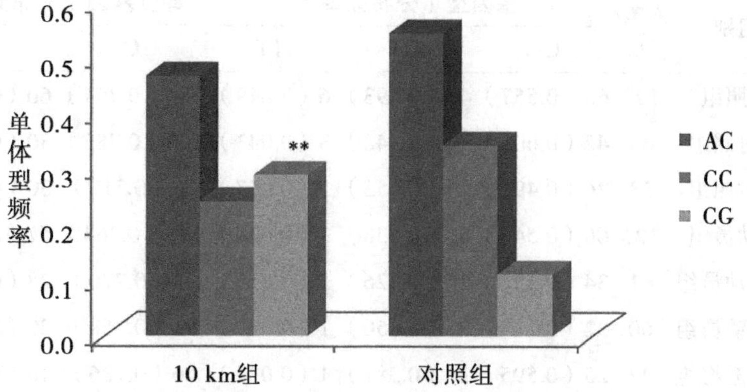

图2-17 HK4基因3-4位点组成的单体型在10 km组和对照组的分布
（**表示与对照组相比，有显著性差异，$P<0.05$）

2.2.3 PK基因多态位点分布特征

2.2.3.1 PK基因单个位点分布特征

1. 哈迪-温伯格平衡检验

PK基因4个多态位点（rs2071053、rs1052176、rs3762272、rs8847）的对照组、男对照组、女对照组、男运动员组、女运动员组、国际健将组、5 km组、10 km组、马拉松组均符合哈迪-温伯格平衡（数据略），该4个多态位点在运动员组和健将组不符合哈迪-温伯格平衡，但由于这两个群体都属于特殊群体，因此不具有群体代表性属于正常现象。

2. 基因型和等位基因分布特征

经卡方检验，4个位点基因型和等位基因分布频率，各组间均无显著性差异（表2-28至表2-31）。

表2-28 PK基因rs2071053多态位点基因型和等位基因分布特征

组别	人数/个	基因型（分布频率）			等位基因（分布频率）	
		CC	CT	TT	C	T
对照组	122	68（0.557）	48（0.393）	6（0.049）	184（0.754）	60（0.246）
男对照组	69	42（0.609）	24（0.348）	3（0.043）	108（0.783）	30（0.217）
女对照组	53	26（0.491）	24（0.453）	3（0.057）	76（0.717）	30（0.283）
运动员组	121	66（0.545）	53（0.438）	2（0.017）	185（0.764）	57（0.236）
男运动员组	61	34（0.557）	26（0.426）	1（0.016）	94（0.770）	28（0.230）
女运动员组	60	32（0.533）	27（0.450）	1（0.017）	91（0.758）	29（0.242）
国际健将组	42	25（0.595）	16（0.381）	1（0.024）	66（0.786）	18（0.214）
国家健将组	79	41（0.519）	37（0.468）	1（0.013）	119（0.753）	39（0.247）
5 km组	61	28（0.459）	31（0.508）	2（0.033）	87（0.713）	35（0.287）
10 km组	31	19（0.613）	12（0.387）	0（0.000）	50（0.806）	12（0.194）
马拉松组	30	20（0.667）	10（0.333）	0（0.000）	50（0.833）	10（0.167）

表2-29 PK基因rs1052176多态位点基因型和等位基因分布特征

组别	人数/个	基因型（分布频率）			等位基因（分布频率）	
		AA	AC	CC	A	C
对照组	122	68（0.557）	48（0.393）	6（0.049）	184（0.754）	60（0.246）
男对照组	69	42（0.609）	24（0.348）	3（0.043）	108（0.783）	30（0.217）
女对照组	53	26（0.491）	24（0.453）	3（0.057）	76（0.717）	30（0.283）
运动员组	122	67（0.549）	53（0.434）	2（0.016）	187（0.766）	57（0.234）
男运动员组	62	35（0.565）	26（0.419）	1（0.016）	96（0.774）	28（0.226）
女运动员组	60	32（0.533）	27（0.450）	1（0.017）	91（0.758）	29（0.242）
国际健将组	42	25（0.595）	16（0.381）	1（0.024）	66（0.786）	18（0.214）
国家健将组	80	42（0.525）	37（0.463）	1（0.013）	121（0.756）	39（0.244）
5 km组	62	29（0.468）	31（0.500）	2（0.032）	89（0.718）	35（0.282）
10 km组	31	19（0.613）	12（0.387）	0（0.000）	50（0.806）	12（0.194）
马拉松组	30	20（0.667）	10（0.333）	0（0.000）	50（0.833）	10（0.167）

表2-30　PK基因rs3762272多态位点基因型和等位基因分布特征

组别	人数/个	基因型（分布频率）			等位基因（分布频率）	
		AA	AG	GG	A	G
对照组	122	64（0.525）	51（0.418）	7（0.057）	179（0.734）	65（0.266）
男对照组	69	39（0.565）	27（0.391）	3（0.043）	105（0.761）	33（0.239）
女对照组	53	25（0.472）	24（0.453）	4（0.075）	74（0.698）	32（0.302）
运动员组	122	64（0.525）	56（0.459）	2（0.016）	184（0.754）	60（0.246）
男运动员组	62	33（0.532）	28（0.452）	1（0.016）	94（0.758）	30（0.242）
女运动员组	60	31（0.517）	28（0.467）	1（0.017）	90（0.750）	30（0.250）
国际健将组	42	24（0.571）	17（0.405）	1（0.024）	65（0.774）	19（0.226）
国家健将组	80	40（0.500）	39（0.487）	1（0.013）	119（0.744）	41（0.256）
5 km组	62	26（0.419）	34（0.548）	2（0.032）	86（0.694）	38（0.306）
10 km组	31	19（0.613）	12（0.387）	0（0.000）	50（0.806）	12（0.194）
马拉松组	30	20（0.667）	10（0.333）	0（0.000）	50（0.833）	10（0.167）

表2-31　PK基因rs8847多态位点基因型和等位基因分布特征

组别	人数/个	基因型（分布频率）			等位基因（分布频率）	
		AA	AG	GG	A	G
对照组	121	68（0.562）	47（0.388）	6（0.050）	183（0.756）	59（0.244）
男对照组	69	42（0.609）	24（0.348）	3（0.043）	108（0.783）	30（0.217）
女对照组	52	26（0.500）	23（0.442）	3（0.058）	75（0.721）	29（0.279）
运动员组	122	67（0.549）	53（0.434）	2（0.016）	187（0.766）	57（0.234）
男运动员组	62	35（0.565）	26（0.419）	1（0.016）	96（0.774）	28（0.226）
女运动员组	60	32（0.533）	27（0.450）	1（0.017）	91（0.758）	29（0.242）
国际健将组	42	25（0.595）	16（0.381）	1（0.024）	66（0.786）	18（0.214）
国家健将组	80	42（0.525）	37（0.463）	1（0.013）	121（0.756）	39（0.244）
5 km组	62	29（0.468）	31（0.500）	2（0.032）	89（0.718）	35（0.282）
10 km组	31	19（0.613）	12（0.387）	0（0.000）	50（0.806）	12（0.194）
马拉松组	30	20（0.667）	10（0.333）	0（0.000）	50（0.833）	10（0.167）

2.2.3.2 PK基因多态位点单体型分布特征

1. 多态位点间LD紧密程度

使用SHEsis软件分析4个多态位点LD紧密程度，4个位点两两间LD计算结果见表2-32。结果显示，rs2071053、rs1052176、rs8847 这3个位点两两之间的D' =1，且r^2=1。从基因型和等位基因分布的频率可以看出，rs2071053（CC）、rs1052176（AA）、rs8847（AA）的基因型频率均为58.2%；rs2071053（CT）、rs1052176（AC）、rs8847（AG）的基因型频率均为38.0%；rs2071053（TT）、rs1052176（CC）、rs8847（GG）的基因型频率均为3.8%，即这3个位点的基因型和等位基因分布完全一致，处于完全连锁不平衡状态。此外，rs3762272与以上3个位点处于高度连锁不平衡状态（D' =1，且r^2=0.900）。

表2-32 PK基因多态位点两两间D' /r^2值

	rs1052176	rs3762272	rs8847
rs2071053	1.000/1.000	1.000/0.916	1.000/1.000
rs1052176	–	1.000/0.916	1.000/1.000
rs3762272			1.000/0.915

注：以125个对照组数据计算。

SHEsis软件LD计算分析如图2-18所示。

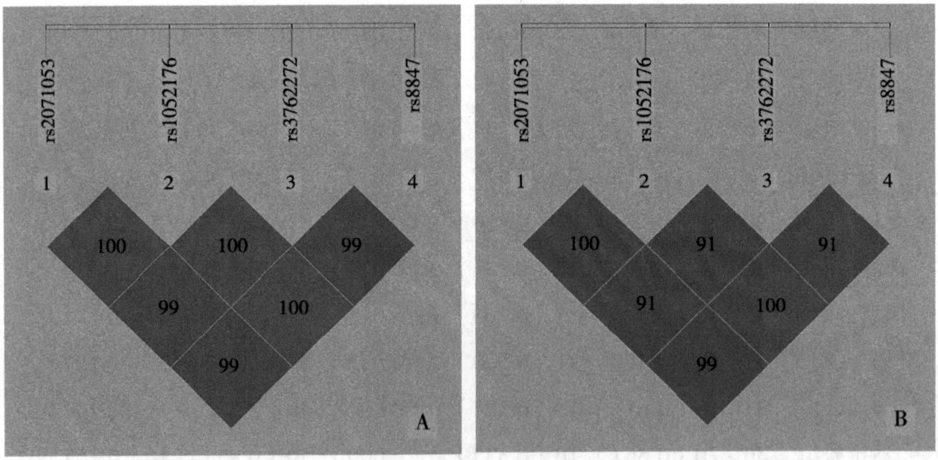

图2-18 PK基因多态位点间连锁不平衡分析（A：D′，B：r2）

2. 单体型分布特征

4个位点组成的各单体型，在各组间均无显著性差异。

2.2.4　LDH基因单个位点分布特征

2.2.4.1　哈迪-温伯格平衡检验

LDH基因rs2896526位点的对照组、男对照组、女对照组、运动员组、男运动员组、女运动员组、国际健将组、健将组、5 km组、10 km组、马拉松组均符合哈迪-温伯格平衡（数据略）。

2.2.4.2　基因型和等位基因分布特征

经卡方检验，rs2896526位点基因型和等位基因分布频率，各组间均无显著性差异（表2-33）。

表2-33　rs2896526多态位点基因型和等位基因分布特征

组别	人数/个	基因型（分布频率）			等位基因（分布频率）	
		AA	AG	GG	A	G
对照组	125	118（0.944）	6（0.048）	1（0.008）	242（0.968）	8（0.032）
男对照组	69	66（0.957）	2（0.029）	1（0.014）	134（0.971）	4（0.029）
女对照组	56	52（0.929）	4（0.071）	0（0.000）	108（0.964）	4（0.036）
运动员组	122	112（0.918）	10（0.082）	0（0.000）	234（0.959）	10（0.041）
男运动员组	62	58（0.935）	4（0.065）	0（0.000）	120（0.968）	4（0.032）
女运动员组	60	54（0.900）	6（0.100）	0（0.000）	114（0.950）	6（0.050）
国际健将组	42	37（0.881）	5（0.119）	0（0.000）	79（0.940）	5（0.060）
国家健将组	80	75（0.938）	5（0.062）	0（0.000）	155（0.969）	5（0.031）
5 km组	62	56（0.903）	6（0.097）	0（0.000）	118（0.952）	6（0.048）
10 km组	31	29（0.935）	2（0.065）	0（0.000）	60（0.968）	2（0.032）
马拉松组	29	27（0.931）	2（0.069）	0（0.000）	56（0.966）	2（0.034）

2.2.5 ACSL基因多态位点分布特征

2.2.5.1 ACSL4基因多态位点分布特征

1. ACSL4基因单个位点分布特征

（1）哈迪–温伯格平衡检验。

ACSL4基因3个多态位点的对照组、男对照组、女对照组、运动员组、男运动员组、女运动员组、国际健将组、健将组、5 km组、10 km组、马拉松组均符合哈迪–温伯格平衡（数据略）。

（2）基因型和等位基因分布特征。

①经卡方检验，rs5943427位点G等位基因分布频率运动员组显著高于对照组。对运动员和对照组按性别分层分析，基因型和等位基因在男女对照组中的分布频率有显著性差异；基因型和等位基因在男运动员组和男对照组中的分布频率有显著性差异；GG基因型和G等位基因分布频率男运动员组显著高于男对照组。对运动员组分层分析，G等位基因在健将组中的分布频率显著高于对照组；G等位基因在10 km组中的分布频率显著高于对照组；其余各组间无显著性差异（表2–34，图2–19至图2–21）。

表2–34 ACSL4基因rs5943427多态位点基因型和等位基因分布特征

组别	人数/个	基因型（分布频率）			等位基因（分布频率）	
		CC	CG	GG	C	G
对照组	123	17（0.138）	10（0.081）	96（0.780）	44（0.179）	202（0.821）*
男对照组	68	16（0.235）	0（0.000）	52（0.765）*	32（0.235）	104（0.765）*
女对照组	55	1（0.018）	10（0.182）	44（0.800）*	12（0.109）	98（0.891）*
运动员组	120	5（0.042）	15（0.125）	100（0.833）	25（0.104）	215（0.896）*
男运动员组	61	5（0.082）	0（0.000）	56（0.918）*	10（0.082）	112（0.918）*
女运动员组	59	0（0.000）	15（0.254）	44（0.746）	15（0.127）	103（0.873）

续表

组别	人数/个	基因型（分布频率）			等位基因（分布频率）	
		CC	CG	GG	C	G
国际健将组	40	0（0.000）	9（0.225）	31（0.775）	9（0.113）	71（0.887）
国家健将组	80	5（0.062）	6（0.075）	69（0.863）	16（0.100）	144（0.900）*
5 km组	62	3（0.048）	8（0.129）	51（0.823）	14（0.113）	110（0.887）
10 km组	30	0（0.000）	1（0.033）	29（0.967）	1（0.017）	59（0.983）*
马拉松组	28	2（0.071）	6（0.214）	20（0.714）	10（0.179）	46（0.821）

注：*表示运动员组与对照组之间等位基因分布频率有显著性差异（X^2= 5.564，d_f=1，P=0.018）；男对照组与女对照组之间等位基因分布频率有显著性差异（X^2= 6.595，d_f=1，P=0.010）；基因型分布频率有显著性差异（X^2=22.782，d_f=2，P=0.000）；男运动员组与男对照组之间等位基因分布频率有显著性差异（X^2= 11.093，d_f=1，P=0.001）；基因型分布频率有显著性差异（X^2=5.547，d_f=1，P=0.019）；健将组与对照组之间等位基因分布频率有显著性差异（X^2=4.787，d_f=1，P=0.029）；10 km组与对照组之间等位基因分布频率有显著性差异（X^2=10.117，d_f=1，P=0.001）。

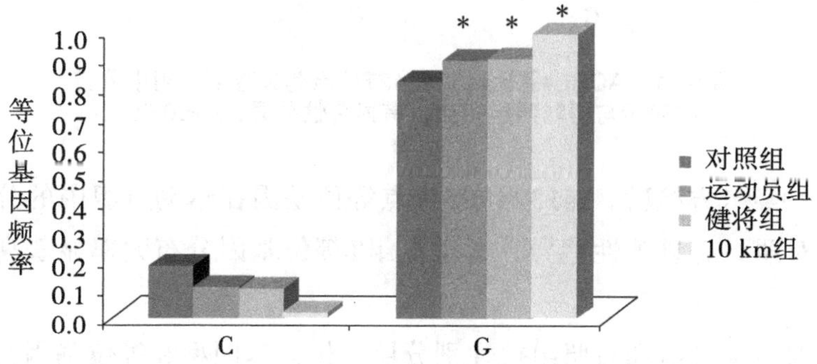

图2-19　ACSL4基因rs5943427位点等位基因在组中分布

（*表示与对照组相比，有显著性差异，P＜0.05）

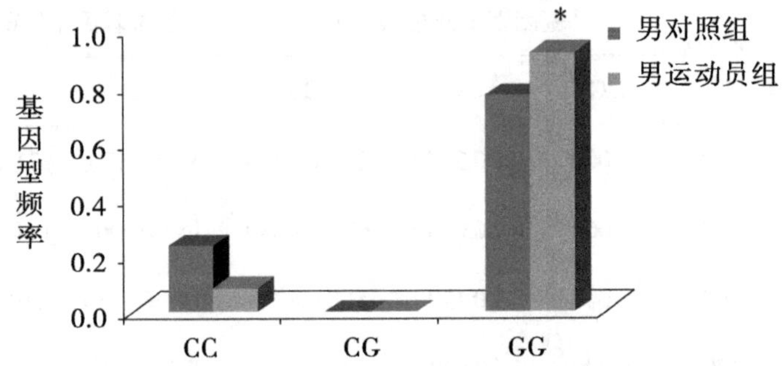

图2-20　ACSL4基因rs5943427位点基因型在组中分布
（*表示与男对照组相比，有显著性差异，$P<0.05$）

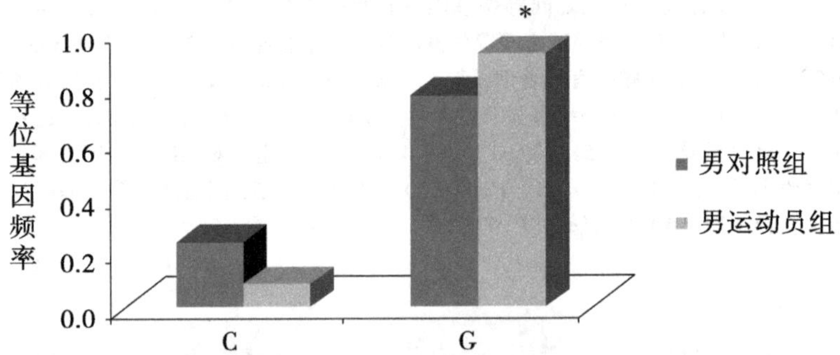

图2-21　ACSL4基因rs5943427位点等位基因在组中分布
（*表示与男对照组相比，有显著性差异，$P<0.05$）

②经卡方检验，rs1324805位点等位基因在运动员组中的分布频率与对照组有显著性差异，运动员组T等位基因分布频率显著高于对照组。

对运动员组和对照组按性别分层分析，基因型和等位基因在男女对照组中的分布频率有显著性差异。基因型和等位基因在男运动员组中的分布频率与男对照组相比有显著性差异，男运动员组TT基因型和T等位基因分布频率显著高于男对照组。

对运动员组分层分析，基因型和等位基因在健将组中的分布频率与对照组有显著性差异，健将组TT基因型和T等位基因分布频率显著高于对照组；5 km组和10 km组T等位基因分布频率显著高于对照组；其余各组间均没有显著性差异（表2-35，图2-22至图2-25）。

表2-35　ACSL4基因rs1324805多态位点基因型和等位基因分布特征

组别	人数/个	基因型（分布频率）			等位基因（分布频率）	
		CC	CT	TT	C	T
对照组	125	11（0.088）	5（0.040）	109（0.872）	27（0.108）	223（0.892）*
男对照组	69	10（0.145）	0（0.000）	59（0.855）*	20（0.145）	118（0.855）*
女对照组	56	1（0.018）	5（0.089）	50（0.893）*	7（0.062）	105（0.938）*
运动员组	122	1（0.008）	5（0.041）	116（0.951）	7（0.029）	237（0.971）*
男运动员组	62	1（0.016）	0（0.000）	61（0.984）*	2（0.016）	122（0.984）*
女运动员组	60	0（0.000）	5（0.083）	55（0.917）	5（0.042）	115（0.958）
国际健将组	42	0（0.000）	4（0.095）	38（0.905）	4（0.048）	80（0.952）
国家健将组	80	1（0.013）	1（0.013）	78（0.975）*	3（0.019）	157（0.981）*
5km组	62	1（0.016）	2（0.032）	59（0.952）	4（0.032）	120（0.968）*
10km组	31	0（0.000）	1（0.032）	30（0.968）	1（0.016）	61（0.984）*
马拉松组	29	0（0.000）	2（0.069）	27（0.931）	2（0.034）	56（0.966）

注：*表示运动员组与对照组之间等位基因分布频率有显著性差异（X^2=12.120，d_f=1，P=0.001）；男对照组与女对照组之间基因型分布频率有显著性差异（X^2=11.883，d_f=2，P=0.003）；男对照组与女对照组之间等位基因分布频率有显著性差异（X^2=4.360，d_f=1，P=0.037）；男运动员组与男对照组之间基因型分布频率有显著性差异（X^2=7.043，d_f=1，P=0.008）；等位基因分布频率有显著性差异（X^2=14.086，d_f=1，P=0.000）；健将组与对照组之间基因型分布频率有显著性差异（X^2= 6.578，d_f=2，P=0.037）；等位基因分布频率有显著性差异（X^2=11.459，d_f=1，P=0.001）；5 km组与对照组之间等位基因分布频率有显著性差异（X^2=6.255，d_f=1，P=0.012）；10 km组与对照组之间等位基因分布频率有显著性差异（X^2=5.133，d_f=1，P=0.024）。

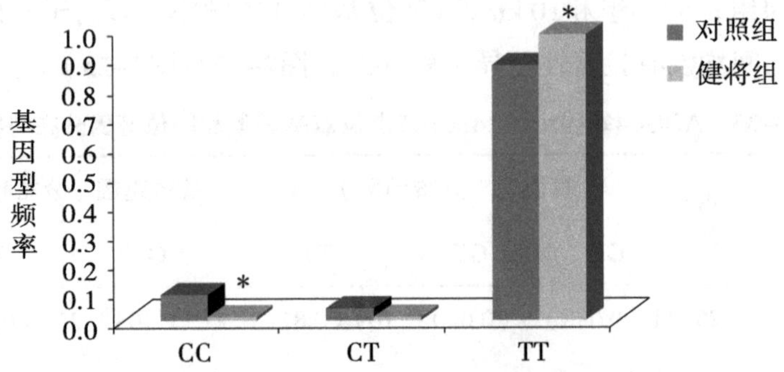

图2-22　ACSL4基因rs1324805位点基因型在组中的分布
（*表示与对照组相比，有显著性差异，$P<0.05$）

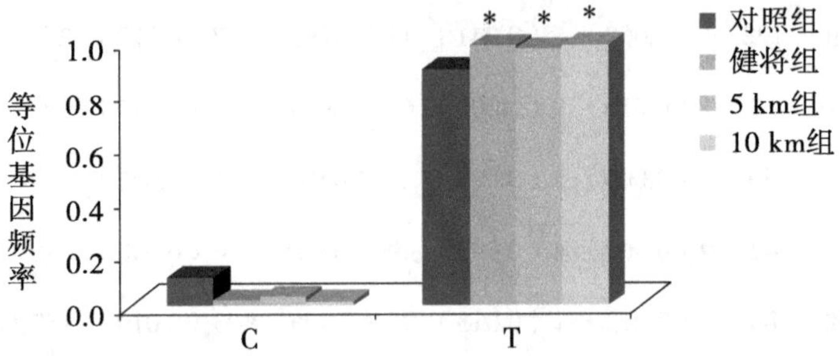

图2-23　ACSL4基因rs1324805位点等位基因在各组中的分布
（*表示与对照组相比，有显著性差异，$P<0.05$）

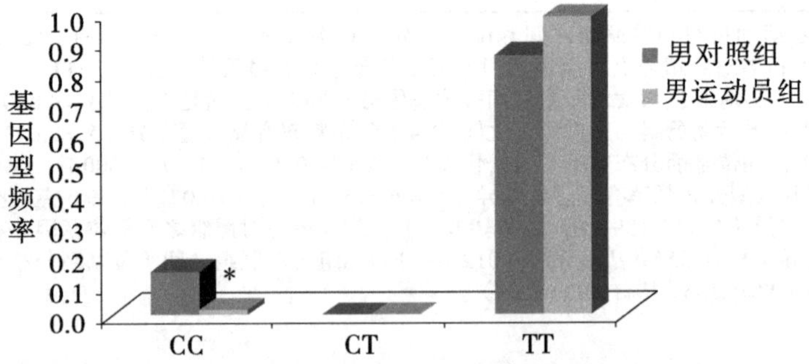

图2-24　ACSL4基因rs1324805位点基因型在组中的分布
（*表示与男对照组相比，有显著性差异，$P<0.05$）

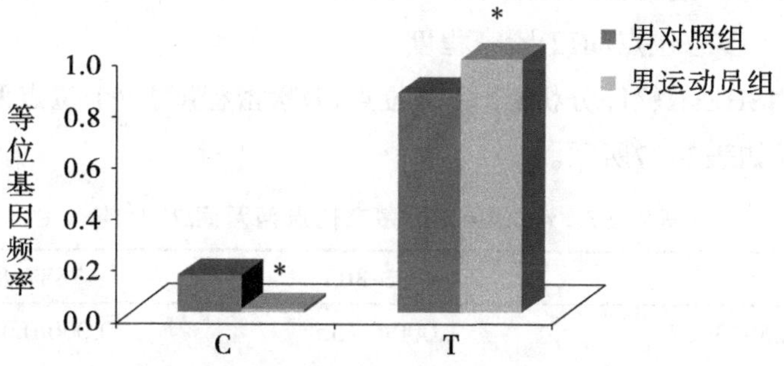

图2-25　ACSL4基因rs1324805位点等位基因在各组中的分布
（*表示与男对照组相比，有显著性差异，$P<0.05$）

③经统计，rs7887981位点基因型所有组别只有TT型，各组间均无显著性差异（表2-36）。

表2-36　ACSL4基因rs7887981多态位点基因型和等位基因分布特征

组别	人数/个	基因型（分布频率）	等位基因（分布频率）
		TT	T
对照组	124	124（1.000）	248（1.000）
男对照组	68	68（1.000）	136（1.000）
女对照组	56	56（1.000）	112（1.000）
运动员组	122	122（1.000）	244（1.000）
男运动员组	62	62（1.000）	124（1.000）
女运动员组	60	60（1.000）	120（1.000）
国际健将组	42	42（1.000）	84（1.000）
国家健将组	80	80（1.000）	160（1.000）
5 km组	62	62（1.000）	124（1.000）
10 km组	31	31（1.000）	62（1.000）
马拉松组	29	29（1.000）	58（1.000）

2. ACSL4基因多态位点单体型分布特征

（1）多态位点间LD紧密程度。

使用SHEsis软件分析3个多态位点LD紧密程度，3个位点两两间LD计算结果如表2–37所示。

表2–37　ACSL4基因多态位点两两间D' /r^2值

	rs1324805	rs7887981
rs5943427	1.000/0.455	0.000/0.000
rs1324805	—	0.000/0.000

注：以125个对照组数据计算。

SHEsis软件LD计算分析如图2–26所示。

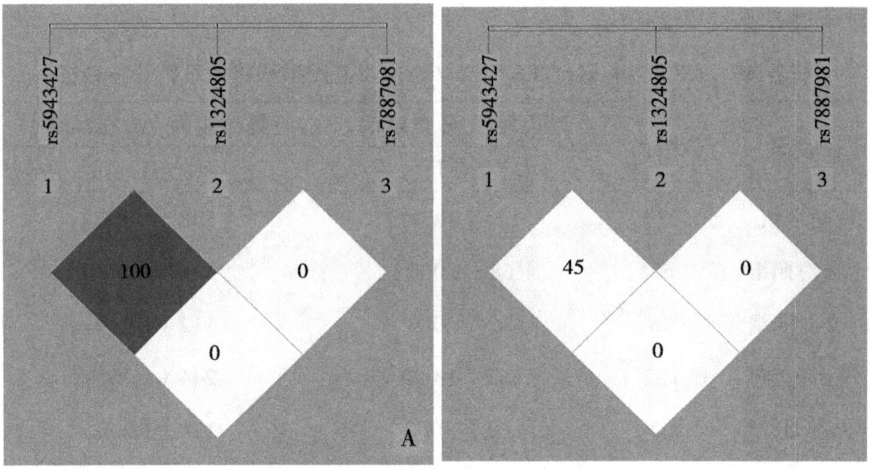

图2–26　ACSL4基因多态位点间LD分析（A：D'，B：r^2）

（2）单体型分布特征。

为了便于描述，将3个多态位点分别命名为1~3位点。即rs5943427（1），rs1324805（2），rs7887981（3）。使用SHEsis软件进行单体型分析。ACSL4基因3个多态位点，只有1种单体型，即1–2位点组合的单体型。经统计，1–2位点组成的单体型在组间有分布差异，其分布特征如下。

①1-2位点单体型，运动员组GT单体型的分布频率显著高于对照组，CC单体型频率显著低于对照组（表2-38，图2-27）。

表2-38 ACSL4基因1-2位点组成的单体型在运动员组和对照组的分布特征

1-2	运动员组	对照组	X^2	P	OR	95%CI
CC	7.00（0.029）	27.00（0.110）	12.126	0.001	0.244	（0.104~0.571）
CT	18.00（0.075）	17.00（0.069）	0.063	0.802	1.092	（0.549~2.173）
GT	215.00（0.896）	202.00（0.821）	5.564	0.018	1.873	（1.106~3.173）
Global X^2=12.127，d_f=2，P=0.002						

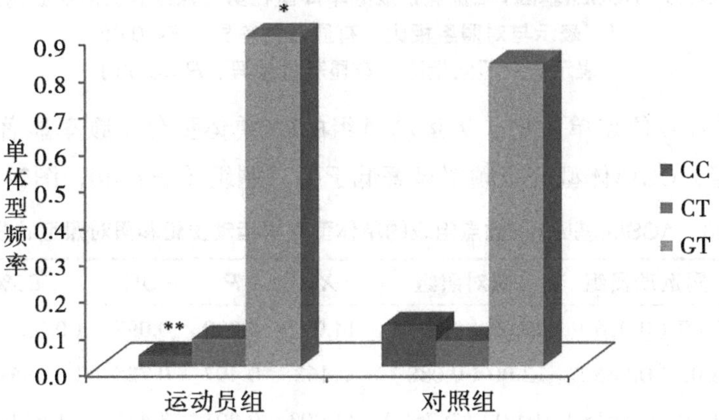

图2-27 ACSL4基因1-2位点组成的单体型在运动员组和对照组的分布
（表示与对照组相比，有显著性差异，P<0.05；**
***表示与对照组相比，有显著性差异，P<0.05）**

②1-2位点单体型，男对照组和女对照组间的分布有显著性差异（表2-39，图2-28）。

表2-39 ACSL4基因1-2位点组成的单体型在男对照组和女对照组的分布特征

1-2	男对照组	女对照组	X^2	P	OR	95%CI
CC	20.00（0.147）	7.00（0.064）	4.331	0.037	2.537	（1.031~6.244）
CT	12.00（0.088）	5.00（0.045）	1.730	0.188	2.032	（0.693~5.955）
GT	104.00（0.765）	98.00（0.891）	6.595	0.010	0.398	（0.194~0.816）
Global X^2=6.646，d_f=2，P=0.036						

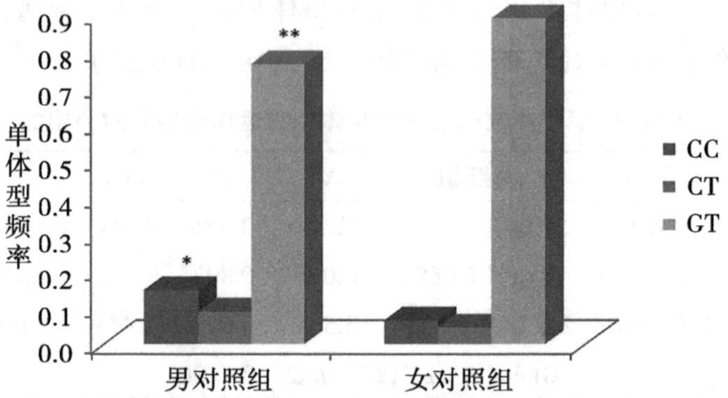

图2-28　ACSL4基因1-2位点组成的单体型在男对照组和女对照组的分布
（表示与对照组相比，有显著性差异，$P<0.05$；**
***表示与对照组相比，有显著性差异，$P<0.05$）**

③1-2位点单体型，男运动员组的GT单体型分布频率显著高于男对照组，CC单体型分布频率显著低于男对照组（表2-40，图2-29）。

表2-40　ACSL4基因1-2位点组成的单体型在男运动员组和男对照组的分布特征

1-2	男运动员组	男对照组	X^2	P	OR	95%CI
CC	2.00（0.016）	20.00（0.147）	14.077	0.000	0.097	（0.022~0.423）
CT	8.00（0.066）	12.00（0.088）	0.462	0.497	0.725	（0.286~1.838）
GT	112.00（0.918）	104.00（0.765）	11.093	0.001	3.446	（1.614~7.358）
Global X^2=15.108，d_f=2，P=0.001						

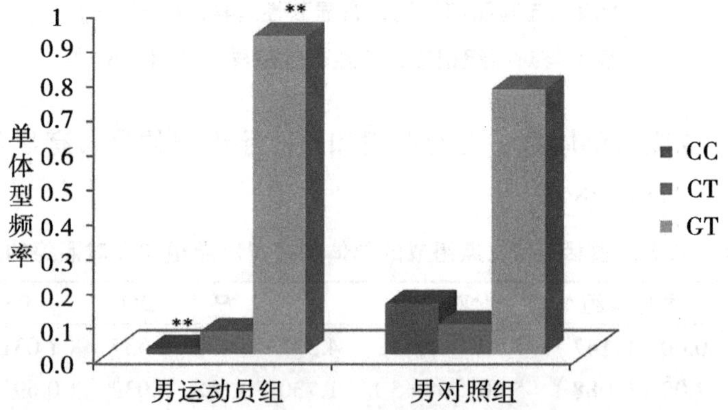

图2-29　ACSL4基因1-2位点组成的单体型在男运动员组和男对照组的分布
（表示与对照组相比，有显著性差异，$P<0.05$）**

④1-2位点单体型，健将组GT单体型分布频率显著高于对照组，CC单体型分布频率显著低于对照组（表2-41，图2-30）。

表2-41 ACSL4基因1-2位点组成的单体型在健将组和对照组的分布特征

1-2	健将组	对照组	X^2	P	OR	95%CI
CC	3.00（0.019）	27.00（0.110）	11.733	0.001	0.155	（0.046~0.520）
CT	13.00（0.081）	17.00（0.069）	0.209	0.648	1.191	（0.562~2.525）
GT	144.00（0.900）	202.00（0.821）	4.787	0.029	1.960	（1.064~3.611）
Global X^2=11.767，d_f=2，P=0.003						

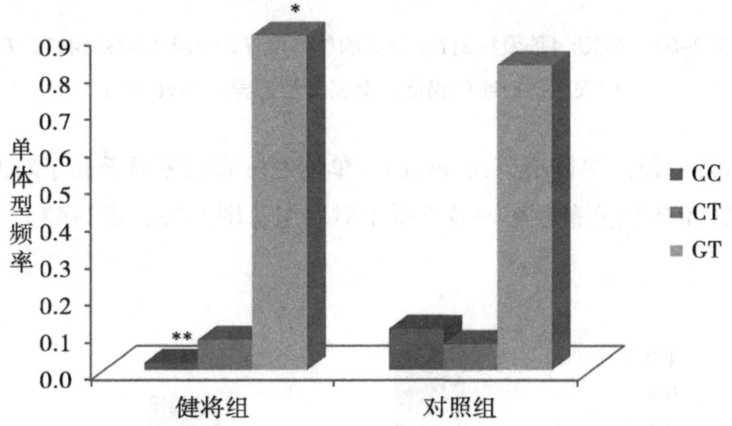

图2-30 ACSL4基因1-2位点组成的单体型在健将组和对照组的分布

（**表示与对照组相比，有显著性差异，$P<0.05$；

*表示与对照组相比，有显著性差异，$P<0.05$）

⑤1-2位点单体型，5 km组CC单体型分布频率显著低于对照组（表2-42，图2-31）。

表2-42 ACSL4基因1-2位点组成的单体型在5 km组和对照组的分布特征

1-2	5 km组	对照组	X^2	P	OR	95%CI
CC	4.00（0.032）	27.00（0.110）	6.450	0.011	0.270	（0.092~0.791）
CT	10.00（0.081）	17.00（0.069）	0.162	0.687	1.182	（0.524~2.664）
GT	110.00（0.887）	202.00（0.821）	2.713	0.100	1.711	（0.898~3.261）
Global X^2=11.767，d_f=2，P=0.003						

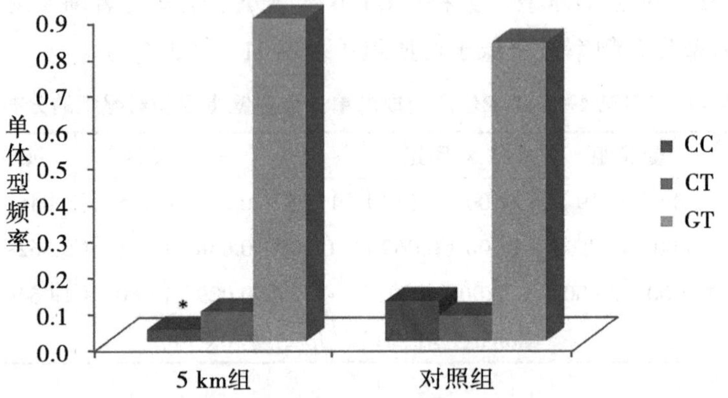

图2-31　ACSL4基因1-2位点组成的单体型在5 km组和对照组的分布

（*表示与对照组相比，有显著性差异，$P<0.05$）

⑥1-2位点单体型，10 km组GT单体型分布频率显著高于对照组，CT、CC单体型分布频率均显著低于对照组（图2-32，表2-43）。

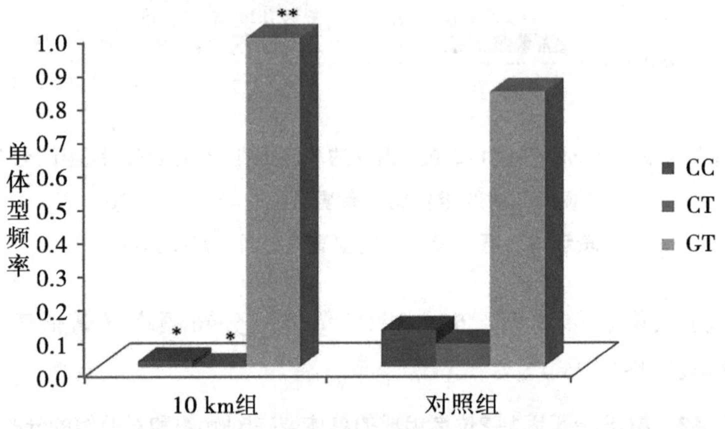

图2-32　ACSL4基因1-2位点组成的单体型在10 km组和对照组的分布

（表示与对照组相比，有显著性差异，$P<0.05$；**

***表示与对照组相比，有显著性差异，$P<0.05$）**

表2-43　ACSL4基因1-2位点组成的单体型在10 km组和对照组的分布特征

1-2	10 km组	对照组	X^2	P	OR	95%CI
CC	1.00（0.017）	27.00（0.110）	5.028	0.025	0.137	（0.018~1.033）
CT	0.00（0.000）	17.00（0.069）	4.390	0.036	—	—
GT	59.00（0.983）	202.00（0.821）	10.116	0.001	12.851	（1.734~95.267）
Global X^2=10.202，d_f=2，P=0.006						

2.2.5.2　ACSL5基因多态位点分布特征

1. ACSL5基因单个位点分布特征

（1）哈迪-温伯格平衡检验。

ACSL5基因3个多态位点的对照组、男对照组、女对照组、运动员组、男运动员组、女运动员组、国际健将组、健将组、5 km组、10 km组、马拉松组均符合哈迪-温伯格平衡（数据略）。

（2）基因型和等位基因分布特征。

①经卡方检验，rs2419621位点基因型和等位基因分布频率，各组间均无显著性差异（表2-44）。

表2-44　ACSL5基因rs2419621多态位点基因型和等位基因分布特征

组别	人数/个	基因型（分布频率）			等位基因（分布频率）	
		CC	CT	TT	C	T
对照组	125	72（0.576）	50（0.400）	3（0.024）	194（0.776）	56（0.224）
男对照组	69	42（0.609）	25（0.362）	2（0.029）	109（0.790）	29（0.210）
女对照组	56	30（0.536）	25（0.446）	1（0.018）	85（0.759）	27（0.241）
运动员组	122	79（0.648）	39（0.320）	4（0.033）	197（0.807）	47（0.193）
男运动员组	62	40（0.645）	19（0.306）	3（0.048）	99（0.798）	25（0.202）
女运动员组	60	39（0.650）	20（0.333）	1（0.017）	98（0.817）	22（0.183）
国际健将组	42	27（0.643）	13（0.310）	2（0.048）	67（0.798）	17（0.202）
国家健将组	80	52（0.650）	26（0.325）	2（0.025）	130（0.812）	30（0.188）
5 km组	62	38（0.613）	20（0.323）	4（0.065）	96（0.774）	28（0.226）
10 km组	31	22（0.710）	9（0.290）	0（0.000）	53（0.855）	9（0.145）
马拉松组	30	20（0.667）	10（0.333）	0（0.000）	50（0.833）	10（0.167）

②经卡方检验，rs11195938位点基因型和等位基因分布频率，各组间均无显著性差异（表2–45）。

表2–45　ACSL5基因rs11195938多态位点基因型和等位基因分布特征

组别	人数/个	基因型（分布频率）			等位基因（分布频率）	
		CC	CT	TT	C	T
对照组	125	30（0.240）	65（0.520）	30（0.240）	125（0.500）	125（0.500）
男对照组	69	18（0.261）	31（0.449）	20（0.290）	67（0.486）	71（0.514）
女对照组	56	12（0.214）	34（0.607）	10（0.179）	58（0.518）	54（0.482）
运动员组	122	27（0.221）	72（0.590）	23（0.189）	126（0.516）	118（0.484）
男运动员组	62	16（0.258）	37（0.597）	9（0.145）	69（0.556）	55（0.444）
女运动员组	60	11（0.183）	35（0.583）	14（0.233）	57（0.475）	63（0.525）
国际健将组	42	11（0.262）	24（0.571）	7（0.167）	46（0.548）	38（0.452）
国家健将组	80	16（0.200）	48（0.600）	16（0.200）	80（0.500）	80（0.500）
5 km组	62	14（0.226）	35（0.565）	13（0.210）	63（0.508）	61（0.492）
10 km组	31	8（0.258）	19（0.613）	4（0.129）	35（0.565）	27（0.435）
马拉松组	30	5（0.167）	19（0.633）	6（0.200）	29（0.483）	31（0.517）

③经卡方检验，rs8624位点基因型和等位基因分布频率，各组间均无显著性差异（表2–46）。

表2–46　ACSL5基因rs8624多态位点基因型和等位基因分布特征

组别	人数/个	基因型（分布频率）			等位基因（分布频率）	
		CC	CT	TT	C	T
对照组	125	8（0.064）	57（0.456）	60（0.480）	73（0.292）	177（0.708）
男对照组	69	3（0.043）	28（0.406）	38（0.551）	34（0.246）	104（0.754）
女对照组	56	5（0.089）	29（0.518）	22（0.393）	39（0.348）	73（0.652）

续表

组别	人数/个	基因型（分布频率）			等位基因（分布频率）	
		CC	CT	TT	C	T
运动员组	122	8（0.066）	53（0.434）	61（0.500）	69（0.283）	175（0.717）
男运动员组	62	4（0.065）	27（0.435）	31（0.500）	35（0.282）	89（0.718）
女运动员组	60	4（0.067）	26（0.433）	30（0.500）	34（0.283）	86（0.717）
国际健将组	42	1（0.024）	22（0.524）	19（0.452）	24（0.286）	60（0.714）
国家健将组	80	7（0.087）	31（0.388）	42（0.525）	45（0.281）	115（0.719）
5 km组	62	6（0.097）	22（0.355）	34（0.548）	34（0.274）	90（0.726）
10 km组	31	1（0.032）	16（0.516）	14（0.452）	18（0.290）	44（0.710）
马拉松组	30	1（0.033）	15（0.500）	14（0.467）	17（0.283）	43（0.717）

2.ACSL5基因多态位点单体型分布特征

（1）多态位点间LD紧密程度。

使用SHEsis软件分析3个多态位点LD紧密程度，3个位点两两间LD计算结果如表2-47所示。

表2-47　ACSL5基因多态位点两两间D'/r^2值

	rs11195938	rs8624
rs2419621	1.000/0.272	0.924/0.558
rs11195938	–	0.926/0.358

注：以125个对照组数据计算。

SHEsis软件LD计算分析如图2-33所示。

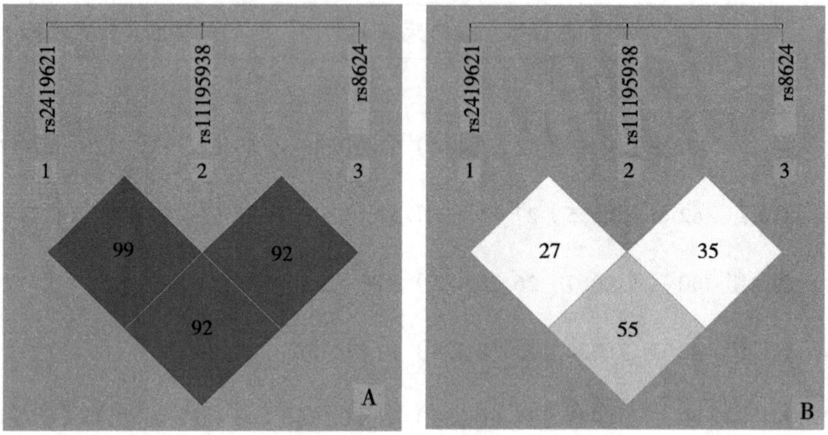

图2-33　ACSL5基因多态位点间LD分析（A：D'，B：r^2）

3个位点中，将所有符合$D'>0.33$ 且 $r^2>0.1$的位点，组合成可能的单体型，并计算单体型频率（频率小于0.03 的单体型被忽略），进行单体型分析。

（2）单体型分布特征。

3个位点组成的各单体型在各组间均无显著性差异（数据略）。

2.2.6　IDH基因多态位点分布特征

2.2.6.1　IDH基因单个位点分布特征

1. 哈迪-温伯格平衡检验

IDH基因3个多态位点的对照组、男对照组、女对照组、运动员组、男运动员组、女运动员组、国际健将组、健将组、5 km组、10 km组、马拉松组均符合哈迪-温伯格平衡（数据略）。

2. 基因型和等位基因分布特征

（1）经卡方检验，rs6107100位点基因型和等位基因分布频率，各组间均无显著性差异（表2-48）。

表2-48 IDH基因rs6107100多态位点基因型和等位基因分布特征

组别	人数/个	基因型（分布频率）			等位基因（分布频率）	
		AA	AC	CC	A	C
对照组	125	9（0.072）	46（0.368）	70（0.560）	64（0.256）	186（0.744）
男对照组	69	5（0.072）	26（0.377）	38（0.551）	36（0.261）	102（0.739）
女对照组	56	4（0.071）	20（0.357）	32（0.571）	28（0.250）	84（0.750）
运动员组	122	6（0.049）	42（0.344）	74（0.607）	54（0.221）	190（0.779）
男运动员组	62	1（0.016）	27（0.435）	34（0.548）	29（0.234）	95（0.766）
女运动员组	60	5（0.083）	15（0.250）	40（0.667）	25（0.208）	95（0.792）
国际健将组	42	4（0.095）	10（0.238）	28（0.667）	18（0.214）	66（0.786）
国家健将组	80	2（0.025）	32（0.400）	46（0.575）	36（0.225）	124（0.775）
5 km组	62	3（0.048）	23（0.371）	36（0.581）	29（0.234）	95（0.766）
10 km组	31	0（0.000）	9（0.290）	22（0.710）	9（0.145）	53（0.855）
马拉松组	30	3（0.100）	11（0.367）	16（0.533）	17（0.283）	43（0.717）

（2）经卡方检验，rs2073193位点10 km组等位基因分布频率与对照组有显著性差异，10 km组C等位基因频率显著高于对照组；基因型和等位基因频率在其余各组间均无显著性差异（表2-49，图2-34）。

表2-49 IDH基因rs2073193多态位点基因型和等位基因分布特征

组别	人数/个	基因型（分布频率）			等位基因（分布频率）	
		CC	CG	GG	C	G
对照组	125	42（0.336）	63（0.504）	20（0.160）	147（0.588）	103（0.412）
男对照组	69	23（0.333）	35（0.507）	11（0.159）	81（0.587）	57（0.413）
女对照组	56	19（0.339）	28（0.500）	9（0.161）	66（0.589）	46（0.411）
运动员组	122	54（0.443）	50（0.410）	18（0.148）	158（0.648）	86（0.352）
男运动员组	62	25（0.403）	27（0.435）	10（0.161）	77（0.621）	47（0.379）
女运动员组	60	29（0.483）	23（0.383）	8（0.133）	81（0.675）	39（0.325）
国际健将组	42	22（0.524）	13（0.310）	7（0.167）	57（0.679）	27（0.321）
国家健将组	80	32（0.400）	37（0.463）	11（0.138）	101（0.631）	59（0.369）
5 km组	62	25（0.403）	25（0.403）	12（0.194）	75（0.605）	49（0.395）
10 km组	31	16（0.516）	13（0.419）	2（0.065）	45（0.726）	17（0.274）*
马拉松组	30	13（0.433）	13（0.433）	4（0.133）	39（0.650）	21（0.350）

注：*表示10 km组与对照组之间等位基因分布频率有显著性差异（X^2= 3.986，d_f=1，P=0.046）。

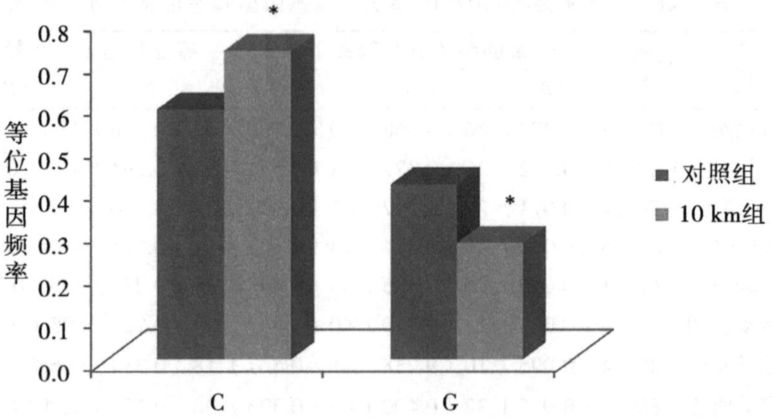

图2-34　IDH基因rs2073193位点等位基因在对照组和10 km组的分布
（*表示与对照组相比，有显著性差异，$P<0.05$）

（3）经卡方检验，rs2325899位点健将组GG基因型和G等位基因分布频率显著低于对照组，但由于该位点GG基因型在两组中均为高分布频率基因型，因此该结果无理论意义；基因型和等位基因频率在其余各组间均无显著性差异（表2-50，图2-35、图2-36）。

表2-50　IDH基因rs2325899多态位点基因型和等位基因分布特征

组别	人数/个	基因型（分布频率）			等位基因（分布频率）	
		AA	AG	GG	A	G
对照组	125	2（0.016）	6（0.048）	117（0.936）	10（0.040）	240（0.960）
男对照组	69	1（0.014）	4（0.058）	64（0.928）	6（0.043）	132（0.957）
女对照组	56	1（0.018）	2（0.036）	53（0.946）	4（0.036）	108（0.964）
运动员组	122	1（0.008）	15（0.123）	106（0.869）	17（0.070）	227（0.930）
男运动员组	62	1（0.016）	7（0.113）	54（0.871）	9（0.073）	115（0.927）
女运动员组	60	0（0.000）	8（0.133）	52（0.867）	8（0.067）	112（0.933）
国际健将组	42	0（0.000）	3（0.071）	39（0.929）	3（0.036）	81（0.964）
国家健将组	80	1（0.013）	12（0.150）	67（0.838）*	14（0.087）	146（0.912）*
5 km组	62	1（0.016）	7（0.113）	54（0.871）	9（0.073）	115（0.927）
10 km组	31	0（0.000）	5（0.161）	26（0.839）	5（0.081）	57（0.919）
马拉松组	30	0（0.000）	3（0.100）	27（0.900）	3（0.050）	57（0.950）

注：*表示健将组与对照组之间等位基因分布频率有显著性差异（$X^2=3.994$，$d_f=1$，$P=0.046$），基因型分布频率有显著性差异（$X^2=6.348$，$d_f=2$，$P=0.0412$）。

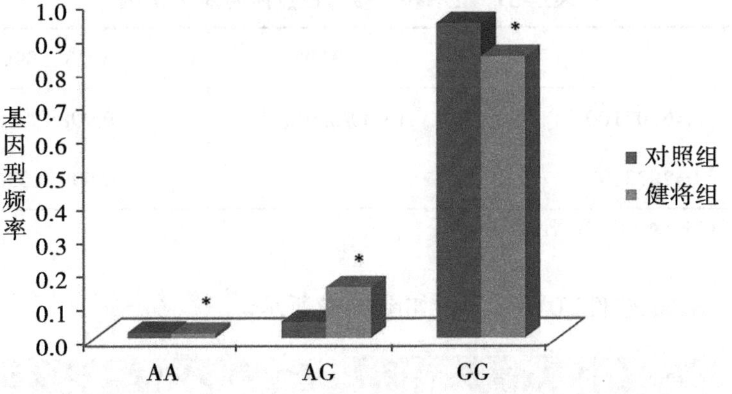

图2-35 IDH基因rs2325899位点基因型在对照组和健将组中的分布
（*表示与对照组相比，有显著性差异，$P<0.05$）

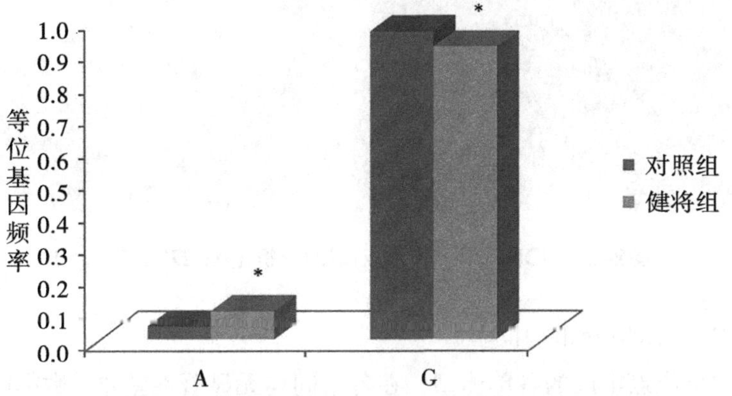

图2-36 IDH基因rs2325899位点等位基因在对照组和健将组中的分布
（*表示与对照组相比，有显著性差异，$P<0.05$）

2.2.6.2 IDH基因多态位点单体型分布特征

1. 多态位点间LD紧密程度

使用SHEsis软件分析3个多态位点LD紧密程度，3个位点两两间LD计算结果如表2-51所示。

表2-51　IDH基因多态位点两两间D'/r^2值

	rs2073193	rs2325899
rs6107100	1.000/0.506	0.998/0.018
rs2073193	—	0.999/0.036

注：以125个对照组数据计算。

SHEsis软件LD计算分析如图2-37所示。

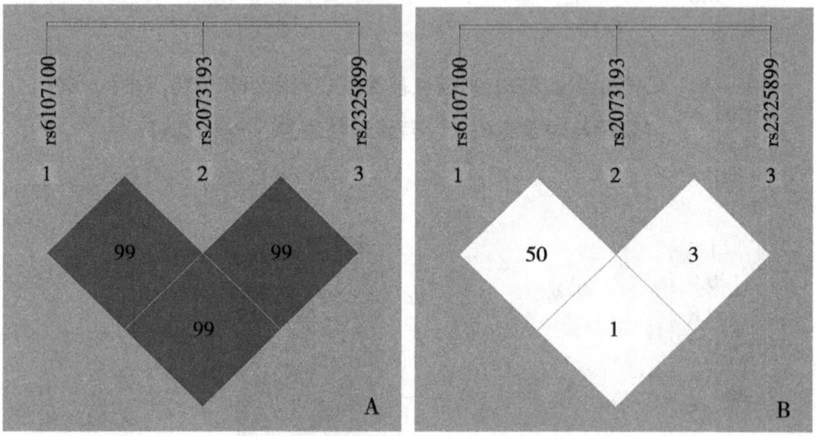

图2-37　IDH基因多态位点间LD分析（A：D'，B：r^2）

2. 单体型分布特征

3个位点组成的各单体型，在各组间均无显著性差异（数据略）。

2.2.7　OGDH基因单个位点分布特征

2.2.7.1　哈迪-温伯格平衡检验

OGDHL基因rs1268722位点的对照组、男对照组、女对照组、运动员组、男运动员组、女运动员组、国际健将组、健将组、5 km组、10 km组、马拉松组均符合哈迪-温伯格平衡（数据略）。

2.2.7.2　基因型和等位基因分布特征

经卡方检验，rs1268722位点运动员组A等位基因的分布频率显著高于对照组；女运动员组的A等位基因频率显著高于女对照组；健将组A等位基因的分布频率显著高于对照组；马拉松组AA基因型和A等位基因频率显著高于对照组；基因型和等位基因分布频率在其余各组间均无显著性差异（表2-52，图2-38至图2-40）。

表2-52 OGDHL基因rs1268722多态位点基因型和等位基因分布特征

组别	人数/个	基因型（分布频率）			等位基因（分布频率）	
		AA	AG	GG	A	G
对照组	125	92（0.736）	31（0.248）	2（0.016）*	215（0.860）	35（0.140）*
男对照组	69	40（0.714）	16（0.286）	0（0.000）	119（0.862）	19（0.138）
女对照组	56	52（0.754）	15（0.217）	2（0.029）	96（0.857）	16（0.143）*
运动员组	122	104（0.852）	17（0.139）	1（0.008）	225（0.922）	19（0.078）*
男运动员组	62	52（0.839）	9（0.145）	1（0.016）	113（0.911）	11（0.089）
女运动员组	60	52（0.867）	8（0.133）	0（0.000）	112（0.933）	8（0.067）*
国际健将组	42	36（0.857）	5（0.119）	1（0.024）	77（0.917）	7（0.083）
国家健将组	80	68（0.850）	12（0.150）	0（0.000）	148（0.925）	12（0.075）*
5 km组	62	50（0.806）	12（0.194）	0（0.000）	112（0.903）	12（0.097）
10 km组	31	26（0.839）	4（0.129）	1（0.032）	56（0.903）	6（0.097）
马拉松组	29	28（0.966）	1（0.034）	0（0.000）*	57（0.983）	1（0.017）*

注：*表示运动员组与对照组之间等位基因分布频率有显著性差异（X^2= 4.896，d_f=1，P=0.027）；女运动员和女对照组之间等位基因有显著性差异（X^2=4.099，d_f=1，P=0.043）；健将组与对照组之间等位基因有显著性差异（X^2=4.061，d_f=1，P=0.044）；马拉松组与对照组之间基因型分布频率有显著性差异（X^2= 7.220，d_f=2，P=0.027）；马拉松组与对照组之间等位基因分布频率有显著性差异（X^2= 6.873，d_f=1，P=0.009）。

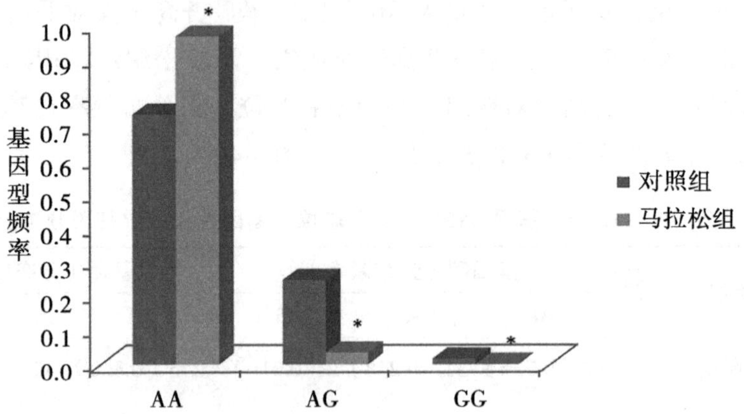

图2-38　OGDHL基因rs1268722位点基因型在各组中的分布
（*表示与对照组相比，有显著性差异，*P*<0.05）

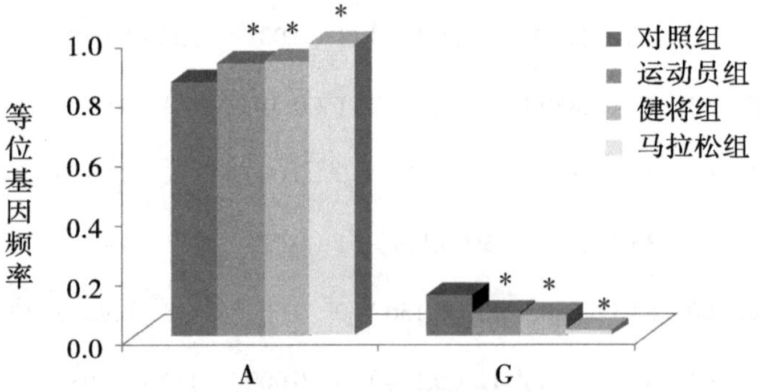

图2-39　OGDHL基因rs1268722位点等位基因在各组中的分布
（*表示与对照组相比，有显著性差异，*P*<0.05）

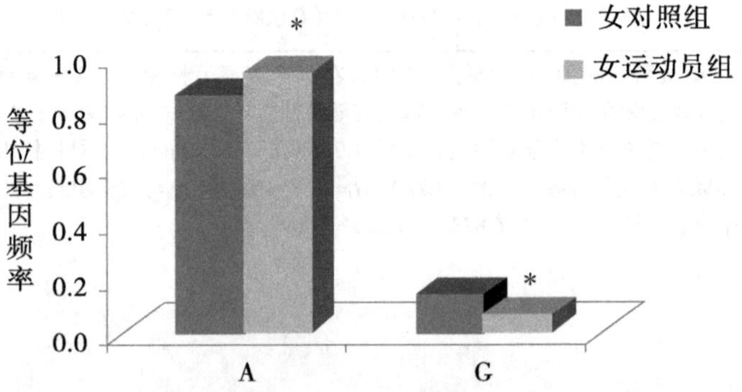

图2-40　OGDHL基因rs1268722位点等位基因在各组中的分布
（*表示与女对照组相比，有显著性差异，*P*<0.05）

2.2.8 UCP2基因单个位点分布特征

UCP2基因3’-UTR 45 bp Ins/Del多态位点是本实验室的前期研究成果，各组均符合哈迪-温伯格平衡。经卡方检验，运动员组与对照组的基因型和等位基因频率有显著性差异；女运动员组与女对照组的基因型和等位基因频率有显著性差异；5 km组、10 km组与对照组的基因型和等位基因频率有显著性差异；其余各组间均无显著性差异（表2-53，图2-41至图2-44）。

表2-53 UCP2基因45 bp Ins/Del多态性基因型和等位基因分布特征

组别	人数/个	基因型（分布频率）			等位基因（分布频率）	
		DD	ID	II	D	I
对照组	206	162（0.79）	42（0.20）	2（0.01）*	366（0.89）	46（0.11）*
男对照组	118	93（0.79）	24（0.20）	1（0.01）	210（0.89）	26（0.11）
女对照组	88	69（0.78）	18（0.20）	1（0.01）*	156（0.89）	20（0.11）*
运动员组	123	108（0.88）	15（0.12）	0（0.00）*	231（0.94）	15（0.06）*
男运动员组	62	52（0.84）	10（0.16）	0（0.00）	114（0.92）	10（0.08）
女运动员组	61	56（0.92）	5（0.08）	0（0.00）*	117（0.96）	5（0.04）*
国际健将组	43	38（0.87）	5（0.13）	0（0.00）	81（0.93）	5（0.07）
国家健将组	80	68（0.85）	12（0.15）	0（0.00）	148（0.93）	12（0.08）
马拉松组	31	26（0.84）	5（0.16）	0（0.00）	57（0.92）	5（0.08）
5 km、10 km组	92	82（0.89）	10（0.11）	0（0.00）*	174（0.95）	10（0.05）*

注：*表示运动员组与对照组的基因型频率有显著性差异（X^2=4.935，d_f=1，P<0.05）；等位基因频率有显著性差异（X^2=4.70，d_f=1，P<0.05）；女运动员组与女对照组的基因型频率有显著性差异（X^2=5.310，d_f=1，P<0.05）；等位基因频率有显著性差异（X^2=4.95，d_f=1，P<0.05）；5km、10km运动员组与对照组的基因型频率有显著性差异（X^2=4.340，d_f=1，P<0.05）；等位基因频率有显著性差异（X^2=4.91，d_f=1，P<0.05）。

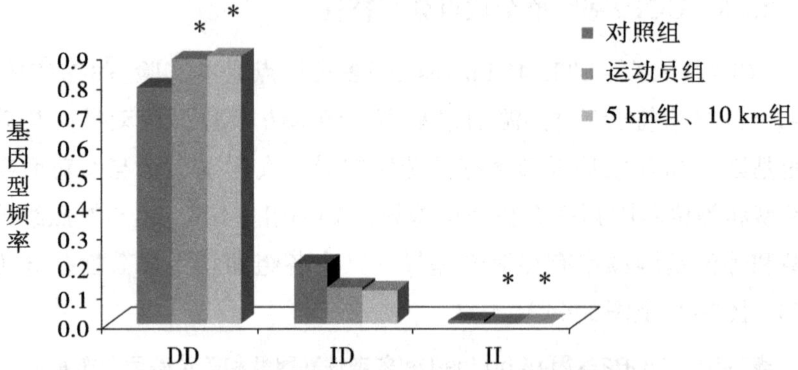

图2-41　UCP2基因45 bp Ins/Del基因型在组中的分布
（*表示与对照组显著性差异，$P<0.05$）

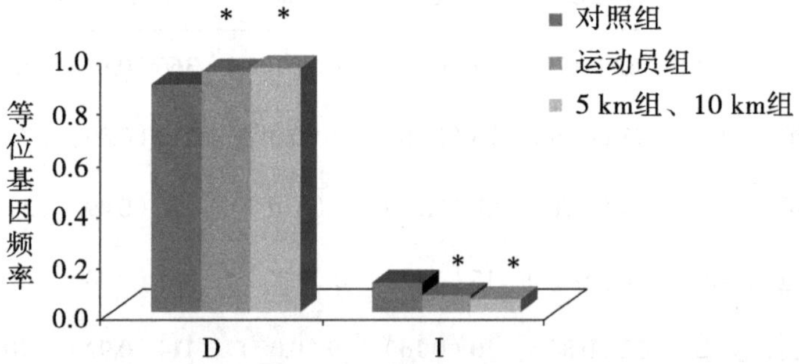

图2-42　UCP2基因45 bp Ins/Del等位基因在组中的分布
（*表示与对照组有显著性差异，$P<0.05$）

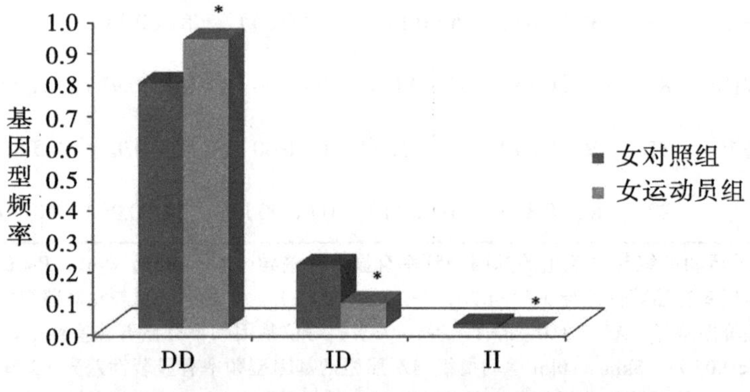

图2-43　UCP2基因45 bp Ins/Del基因型在组中的分布
（*表示与女对照组有显著性差异，$P<0.05$）

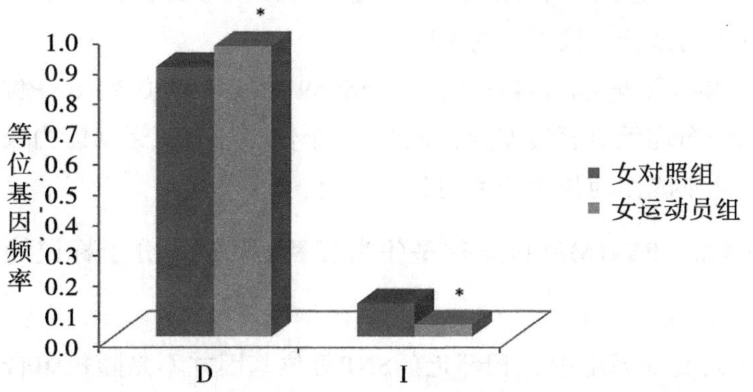

图2-44 UCP2基因45 bp Ins/Del等位基因在组中的分布
（*表示与女对照组有显著性差异，$P<0.05$）

3 讨 论

3.1 PYGM基因多态位点作为有氧运动能力分子标记的可行性分析

3.1.1 PYGM基因单个多态位点作为有氧运动能力分子标记的可行性分析

PYGM是糖原代谢过程中的限速酶，使糖原分解释放出葡糖-1-磷酸，为肌肉收缩提供能量。该基因的遗传性缺失可引发一种典型的代谢性肌病——麦卡德尔氏病，肌磷酸化酶缺乏，造成糖原代谢障碍，使糖原沉积在肌肉内，不能产生乳酸。临床表现为运动不耐受、疲劳、肌痛及运动时肌肉痉挛，严重影响运动能力。该病的基因编码区和接合位点上有多种不同突变，但至今未发现明显的基因型-表型的相关性[92]。

本章选择PYGM基因多态位点3个，全部位于基因的UTR。其中，rs483962位于5’-UTR，属于该基因的启动子区域，可能对蛋白表达产生影响；rs589691是PYGM基因唯一的tagSNP位点，与rs569602等8个

SNP位点处于连锁不平衡（LD）状态；rs490980位于第4内含子，在中国人群中的杂合度较高，为0.351。

实验结果表明，rs483962 、rs589691和rs490980 3个SNP位点在各组中的分布均无显著性差异，说明这3个位点与有氧运动能力没有关联性，因此不能作为长跑能力的分子标记。

3.1.2 PYGM基因单体型作为有氧运动能力分子标记的可行性分析

在人类基因组中，相邻近的SNP等位基因并不是随机组合的，而是倾向于以一个整体遗传给后代，染色体上一系列紧密连锁并共同遗传的遗传标记称为单体型[93-94]。如果一个单体型有n个变异位点，理论上就可能有$2n$种可能的单体型。但实际上，大多数染色体区域只有少数几个常见的单体型，它们的模式变化较少且有种族特异性，同种族个体中有80%~90%的单体型是一致的，因此代表了一个群体中的大部分多态性。由于单体型内部紧密连锁且变化较少，因此可以通过tagSNP代表绝大多数常见的单体型，从而大大降低SNP分析的数量[95]。

应用tagSNP构建单体型可以有效地覆盖影响表型的常见单体型。复杂表型一般与多个位点的变异有关，同一个基因上特定等位基因的不同组合对蛋白合成转录水平有不同的影响，因此单体型分析十分重要。利用LD分析、tagSNP和单体型进行关联研究可以减少检测位点以节约成本，根据已检测的位点可以推测其存在LD位点与表型的关系。HapMap数据库在线免费提供了不同人群约500万个SNP和LD模式，可以提供较权威的单体型分析[96-97]。单体型和LD分析的方法在医学领域遗传疾病的相关研究中已经被大量应用，也在逐步被引入运动分子生物学的研究中。

PYGM基因单体型分析的结果显示，由3个位点组成的4种单体型组合中，有2个单体型组合，在组间有显著性差异。

（1）1-2-3位点组成的单体型在5 km组和对照组间的分布有显著性差异，其中，CTC单体型在5 km组中的分布频率显著低于对照组。

（2）1–2位点组成的单体型在运动员组与对照组、健将组与对照组、5 km组与对照组之间的分布均有显著性差异。进一步研究发现，CT单体型在运动员组、健将组、5 km组的分布频率均显著低于对照组。

但是，上述2种单体型在各运动员组和对照组中的分布频率都很低，因此，不能作为有氧运动能力的分子标记。

3.2　HK基因多态位点作为有氧运动能力分子标记的可行性分析

3.2.1　HK基因单个多态位点作为有氧运动能力分子标记的可行性分析

HK是糖酵解途径中的第一个限速酶，主要功能是在ATP的参与下将葡萄糖转化为葡糖–6–磷酸。本章选择了HK的3种同工酶——HK1、HK2和HK4的编码基因进行分析，理由是有大量关于这3种同工酶基因的多态性与代谢性疾病的关联性报道。

HK1基因rs702268位点是2型糖尿病的候选基因，该位点与血糖水平和2型糖尿病的相关性是糖尿病遗传研究的热点之一。大量文献报道了rs702268位点及其连锁位点rs2305198与2型糖尿病的关联性。

本研究对rs702268位点基因型和等位基因分布频率在各组间进行了对比分析，但各组间均无显著性差异。rs702268位于HK1基因内含子位置，至今仍没有其基因多态性与表型关联性的确切报道。以往的假设分析认为，rs702268和rs2305198与血糖水平的关联性，可能是由于基因多态性影响了红细胞中HK的浓度或活性，而红细胞内的葡萄糖浓度是血糖水平的决定因素之一。本章的研究结果表明，rs702268位点与有氧运动能力没有相关性，可能是由于该位点的基因多态性对血糖水平的影响只限于血糖调节异常的人群，且由于至今未见该位点在中国人群中的研究报道，也无法确定范围点是否具有种族差异性。因此基于上述结果，HK1基因rs702268不能作为优秀有氧运动能力的分子标记。

HK2基因是骨骼肌己糖激酶的编码基因，HK2是调节肌肉组织葡萄糖代谢的关键酶。葡萄糖代谢是最基础的细胞生物化学反应之一，为基本的细胞生命活动（如蛋白质代谢、细胞生长和增殖等）提供能量和原料。该基因是骨骼肌生长的基础，影响人类的瘦体重[98]。此外，HK2表达减少与非胰岛素抵抗型糖尿病有关，该疾病会导致骨质疏松症和瘦体重降低。因此，HK2在肌肉和骨骼代谢中有重要作用。rs681900位点位于HK2基因内含子处，有研究发现，其与股骨颈几何结构和四肢瘦体重有关[100]。本章对该位点在各组中的基因型和等位基因频率都进行了统计分析，但各组间均未见显著性差异。由于以往的报道中未见到该位点基因多态性对血糖水平和代谢性疾病影响的相关报道，因此无法直接解释该位点与HK2功能的关系。实验结果表明，该位点与有氧运动能力没有关联性，不能作为优秀有氧运动能力的分子标记。

HK4与其他同工酶不同，其活性不受产物葡糖-6-磷酸的抑制，因此细胞内HK4活性可随血葡萄糖浓度升降而变化，使转入细胞内的葡萄糖充分转变为葡糖-6-磷酸[42]。由于与葡萄糖亲和力低，它能在葡萄糖处于生理浓度时，改变肝脏和胰岛组织的葡萄糖磷酸化的速度，是机体调节葡萄糖代谢的重要途径。血浆葡萄糖浓度升降影响胰岛β细胞HK4活性，通过细胞内糖代谢水平的增减，调节胰岛素释放量。因此，HK4对β细胞释放胰岛素起葡萄糖感受器作用。β细胞HK4活性降低15%，会使胰岛素释放的血糖阈值由5 mmol/L增至6 mmol/L[101]。肝细胞HK4活性则受体液胰岛素水平影响[102]，HK4活性降低会使肝内葡萄糖代谢发生障碍。近年来，很多学者在研究HK4基因结构、表达、生理作用及与糖尿病的关系方面，取得了突破性进展，大量文献表明，HK4基因多态性与糖尿病，尤其是2型糖尿病有关。

本章选择了HK4基因的6个SNP多态位点，其中，rs3757840、rs4607517和rs1799884均位于HK4基因5’端附近，这一区域是HK4基因和其他几个基因的功能调节活跃区域，这3个位点不存在LD状态，且rs1799884位点位于该基因的启动子区域。已有多篇文献报道了这3个位点与空腹血糖水平有关。

本章对rs3757840的统计分析显示，等位基因在男运动员中的分布频率与男对照组相比有显著性差异，男运动员组A等位基因的分布频率显著性高于男对照组。rs3757840基因型和等位基因频率在男女对照组间和男女运动员组间没有显著性差异，说明该位点多态性不存在性别差异，但是等位基因分布频率在男运动员和男对照组中有显著性差异，这可能是由于样本量造成的，男运动员组的A等位基因频率高主要是由于该组中AA等位基因型偏高，但男对照组的结果却与此相反。因此，rs3757840不能作为优秀有氧运动能力的分子标记。

研究结果显示，rs4607517位点在马拉松组与对照组之间等位基因分布频率有显著性差异，A等位基因的分布频率在马拉松组为38.3%，显著性高于对照组（25.6%）。但是由于A等位基因在两组的分布均为少数，因此rs4607517不能作为优秀有氧运动能力的分子标记。rs1799884的统计结果也未显示其与有氧运动能力的关联性。

有研究表明，rs3757840位点基因多态性与正常人的空腹血糖水平有极其显著的相关性（P=0.00 008）[103]。Rasmussen-Torvik 等人[104]的研究显示，rs4607517与正常人的空腹血糖水平显著相关；Renström等人[105]的十年跟踪研究认为，rs4607517位点与空腹血糖受损（Impaired fasting Glucose，IFG）有关，因此其多态性与葡萄糖调控衰退导致的2型糖尿病和心血管疾病易感性相关；对rs1799884的研究也得到了相似结果。本书对rs3757840、rs4607517和rs1799884的统计结果未表明三者与有氧运动能力的关联性。究其原因，可能是种族差异造成的。虽然二者在中国北方汉族人群中的杂合度较高，但由于未见这两个位点在中国北方汉族人群中与表型的相关报道，因此不能判断其对中国北方汉族人群的HK4是否存在与欧美人种相同的影响。

另外3个位点rs13239289、rs730497和rs2041547均位于第1内含子，HK4基因的第1内含子是该基因最长的内含子，其长度是26 kb，接近该基因其他内含子总和的2倍，含有大量SNP位点，且与5’-UTR紧密相连，因此笔者判断第1内含子是HK4基因表达调控的活跃区域。

本章对rs13239289的统计结果发现，该位点基因型和等位基因在10 km组中的分布频率与对照组相比，有显著性差异。GG基因型在10 km组中的分布频率都显著高于对照组；G等位基因在10 km组中的分布频率显著高于对照组。但由于CC、CG基因型在两组中均为低比例基因型，等位基因频率同样如此；因此，不能作为有氧运动能力的分子标记。

rs730497和rs2041547在各组间均没有显著性差异。以往的研究报道，HK4基因的这两个位点均与血糖水平有关，其中rs2041547还和糖尿病患者的肝脂肪含量有关。但是，本研究并没有发现rs730497和rs2041547位点与优秀有氧运动能力的相关性，可能是由于此前报道的受试者均为糖尿病病人或有糖尿病倾向的易感人群。

3.2.2 HK基因单体型作为有氧运动能力分子标记的可行性分析

对HK4基因的6个多态位点进行单体型分析的结果显示，由5个位点组成的6种单体型与对照组相比，有显著性差异。本章根据统计结果，对单体型分析结果进行了合并处理。6种单体型可以分为以下三组。

第一组：1-2-5位点（AGC）、1-2位点（AG）、1-5位点（AC）。这3个单体型组合均在马拉松组与对照组间有显著性差异。进一步分析发现，这3个单体型组合在1-2-5位点的等位基因均为AGC，而且该单体型在马拉松组的分布频率均高于对照组。因此，将其归为一组，即1-2-5单体型代表了其余两个单体型的信息。

第二组：2-5位点（GT）组成的单体型。这个单体型在马拉松组的分布频率高于对照组。从以上两组单体型频率可以看出，这些单体型在马拉松组中出现的频率很低，均小于4%；从数量上看，在29个马拉松运动员中只有1例。由此分析得出，以上两组单体型的分布虽然在马拉松组运动员和对照组间有显著性差异，但其分布频率太低，不能作为马拉松运动员的分子标记。

第三组：3-4-5位点（CGC）、3-4位点（CG）。进一步分析发现，这两个单体型组合在3-4-5位点的等位基因均为CGC，而且这两个单体型在10 km组的分布频率均高于对照组。因此，将其归为一组，即3-4-5单体型代表了3-4单体型的信息。这两个单体型组合在10 km组与对照组间有显著性差异，两个单体型在10 km组中的出现频率为26.5%和29%，在对照组中的频率均为11.2%。因此，3-4-5位点CGC单体型和3-4位点CG单体型可以作为10 km运动员的分子标记。

3.3 PK基因多态位点作为有氧运动能力分子标记的可行性分析

3.3.1 PK基因单个多态位点作为有氧运动能力分子标记的可行性分析

PK的功能是使PEP和ADP变为丙酮酸和ATP，是糖酵解过程中的主要限速酶之一。本章对PK两种同工酶之一的PKLR的编码基因频率进行了分析。选择的rs2071053、rs1052176、rs3762272和rs8847这4个位点，分别位于PKLR基因的第4内含子、第12外显子、第10内含子和3’-UTR区域，且这4个位点在中国北方汉族人群中的杂合度都很高。其中，rs2071053和rs1052176位点有与2型糖尿病相关的基因多态性阳性报道[106-107]；而rs3762272和rs8847是PKLR基因区域仅有的2个tagSNP，与其周围多个基因处于高度连锁不平衡状态。研究结果表明，这4个位点的基因型和等位基因分布频率，在各组间均无显著性差异。之前关于PKLR多态性的报道均在欧洲人群中进行，由于基因型存在很大的种族差异，其对表型的影响在不同种族间也有所不同，且未见相关位点基因多态性在中国人群或其他亚洲人群中的报道，因此不能证明以上4个位点在中国北方汉族人群中对PKLR功能的影响。rs2071053、rs1052176、rs3762272和rs8847这4个位点不能作为有氧运动能力的分子标记。

3.3.2　PK基因单体型作为有氧运动能力分子标记的可行性分析

研究结果显示，以上4个多态位点在对照组和运动员组中分布均完全一致，说明这4个位点位于完全连锁不平衡状态。这一结果与HapMap提供的数据库中的中国北方汉族人群分布特征差别很大。究其原因，可能与选择的人群不同有关。在群体关联分析研究中，由于种族间基因多态分布特征存在巨大的差异，因此研究群体的选择可能对数据分析的结果有很大影响。本研究选择的受试者，是典型的中国北方汉族人群，在人群选择上可能与HapMap计划中所选的受试者有所不同，因此造成了基因型频率和等位基因频率分布的较大差异。

由于这4个多态位点处于完全连锁不平衡状态，因此1-2-3-4位点组成的单体型可以代表其他所有单体型组合。研究结果表明，1-2-3-4单体型在各组间的分布频率均没有显著性差异，不能作为有氧运动能力的分子标记。

3.4　LDH基因多态位点作为有氧运动能力分子标记的可行性分析

LDHA基因是LDH亚基B的编码基因，主要在骨骼肌中表达。本章所选择的rs2896526位点位于LDHA基因的第3内含子内，是该基因唯一单体型模块的tagSNP。LDHA基因位于11号p15.4区域，该区域是SAA水平调节的敏感区域。研究表明，rs2896526位点的基因多态性与A-SAA水平的调节有关，而A-SAA与肥胖、动脉粥样硬化、胰岛素抵抗、2型糖尿病等有关联性，由此推测，rs2896526可能与代谢性疾病有相关性。

但研究结果显示，rs2896526在各组间均无显著性差异，因此，不能作为有氧运动能力的分子标记。

3.5 ACSL基因多态位点作为有氧运动能力分子标记的可行性分析

3.5.1 ACSL基因单个多态位点作为有氧运动能力分子标记的可行性分析

ACSL主要催化C：12—C：22之间的饱和脂肪酸合成脂酰CoA。外源及内源性的脂肪酸要进入其代谢途径必须进行活化，即催化合成脂酰CoA，这是哺乳动物利用脂肪酸的第一步反应。ACSL在CoA和ATP同时存在的情况下催化游离脂肪酸合成脂酰CoA，在脂肪酸合成与分解代谢中起着关键作用。根据文献报道，本研究选择了ACSL4和ACSL5这两种同工酶进行分析。

3.5.1.1 ACSL4基因单个多态位点作为有氧运动能力分子标记的可行性分析

rs5943427和rs1324805均位于ACSL4基因第1内含子区域，ACSL4基因包含2个单体型模块，rs5943427是第2单体型模块的tagSNP，与多个位点连锁不平衡；rs1324805也位于第2单体型模块，与第1、2两个模块的11个SNP位点连锁不平衡。有研究报道，rs1324805与血液中脂肪酸成分的改变有关。本章选择的rs7887981位点位于第12内含子区域，是ACSL4基因第1单体型模块的tagSNP位点。有研究报道，其基因多态性与空腹胰岛素和甘油三酯浓度有关。

本章的研究结果显示，rs5943427运动员组G等位基因分布频率显著高于对照组；男对照组与女对照组之间基因型和等位基因分布频率有显著性差异；男运动员组GG基因型和G等位基因的分布频率显著高于男对照组；健将组、10 km组G等位基因分布频率显著高于对照组。由此可见，G等位基因可能与有氧运动能力有关联性。

ACSL4基因位于X染色体q22.3—q23，由于男性只有1条X染色体，因此基因多态性在男女之间的分布有差异，这从rs5943427的统计结果中也可以证明，男性组中没有杂合型，且男女对照组的基因型和等位基因频率都有显著性差异。笔者对运动员组、健将组和10 km组与对照组之间的等位基因频率的显著性差异，继续进行了分性别统计，发现结果一致，即运动员组、健将组和10 km的男性运动员与男性对照组之间的等位基因频率有显著性差异，女性运动员与女性对照组之间没有显著性差异；因此认为，运动员组、健将组和10 km组与对照组之间的等位基因频率差异主要是由于男性运动员与男性对照组之间的差异造成的。由于男性只有1条X染色体，而女性有两条；因此，男性更易表现出X染色体上的遗传性状。由此认为，rs5943427位点GG基因型可以作为男子长跑运动员的有氧运动能力分子标记，G等位基因可以作为男子长跑运动员，特别是10 km项目男子长跑运动员的有氧运动能力分子标记。

研究结果显示，rs1324805位点在运动员组的T等位基因分布频率显著高于对照组；男运动员组TT基因型和T等位基因的分布频率显著高于男对照组；健将组TT基因型和T等位基因的分布频率显著高于对照组；运动员组、5 km组和10 km组的T等位基因分布频率显著高于对照组。继续进行分性别统计，发现运动员组中5 km组和10 km组的男性运动员与对照组之间的等位基因频率有显著性差异，女性运动员与女性对照组之间没有显著性差异。其原因可能与上面分析的rs5943427位点一致，是性染色体遗传性状特点造成的。此外，研究报道，ACSL4基因rs1324805（C/T）多态性可以影响代谢综合征患者的脂肪酸代谢，改变脂肪酸代谢中主要成分的含量，如花生四烯酸、双高-亚麻酸和二十二碳六烯酸，从而干扰代谢结果。内含子的功能是参与mRNA的转录和翻译调控及组织特异性表达[108]，因此该位点的基因多态性可能对ACSL4的功能产生了影响，从而改变了磷脂层多不饱和脂肪酸（Polyunsaturated Fatly Acid，PUFA）的数量，使细胞膜的流动性和排列顺序发生了变化，引起了细胞代谢异常[109]。由此认为，rs1324805位点TT基因型可以作为男子长跑运动员的有氧运动能力分子标记，T等位基因可以作为男子长跑运动员，特别是5 km、10 km项目男子长跑运动员的有氧运动能力分子标记。

rs7887981的分析结果显示，该位点在各组所有受试者的基因型中均为TT纯合型，这与NCBI报道的分布频率有很大差异，这可能是受试者本身的地区或民族差异造成的，因此不能作为有氧运动能力的分子标记。

3.5.1.2 ACSL5基因单个多态位点作为有氧运动能力分子标记的可行性分析

ACSL5位于10q25.1—25.2染色体区域，骨骼肌中ACSL5的小幅增加会对体内游离脂肪酸的利用有重要影响。本章选择了该基因的3个SNP位点，即rs2419621、rs11195938、rs8624，分别位于启动子、第3内含子和3’-UTR区域，这3个区域都是可能对基因表达起重要影响的敏感区域。ACSL5基因有1个单体型模块，这3个SNP位点均位于这一模块中，并各自与多个不同SNP位点处于连锁不平衡状态，且在中国人群中的杂合度较高。有研究显示，rs2419621位点与节食导致的体重降低有极其显著的相关性[62]，T等位基因的野生型纯合个体的节食效应性ACSL5 mRNA表达增加量显著高于突变型。

但是本章的研究并没有发现ACSL5基因rs2419621、rs11195938 、rs8624位点在各组间分布的差异性，因此，上述3个位点不能作为有氧运动能力的分子标记。

3.5.2 ACSL基因单体型作为有氧运动能力分子标记的可行性分析

3.5.2.1 ACSL4基因单体型作为有氧运动能力分子标记的可行性分析

ACSL4基因单体型分析的结果显示，3个位点组成的单体型组合只有1种，即1–2位点组成的单体型组合，该单体型组合在组间有显著性差异。

研究结果表明，1–2位点GT单体型在运动员组、健将组、5 km组和10 km组的分布频率均显著高于对照组，CC单体型在运动员组、健将组、5 km组和10 km组的分布频率均显著低于对照组；此外，1–2位点GT单体型在男运动员组的分布频率显著高于男对照组，CC单体型在男运动员组的分布频率显著低于对照组。

ACSL4基因位于X染色体，因此，其基因多态性受性别影响很大，本章的研究结果，即男女对照组间的单体型分布频率有显著性差异也对此进行了证实。对单体型的分布继续进行研究，结果与ACSL4基因单个位点的研究结果一致，即所有组别的男性运动员与男性对照组之间的单体型频率有显著性差异，女性运动员与女性对照组之间没有显著性差异，其原因与ACSL4基因单个位点与有氧运动能力的相关性分析原因相同，即男性更易表现出X染色体上的遗传性状。因此运动员组、健将组、5 km组和10 km组与对照组单体型分布的差异可能也是男运动员与对照组的差异造成的，因此，ACSL4基因1-2位点GT单体型可以作为男子长跑运动员，尤其是5 km、10 km项目男子长跑运动员的有氧运动能力分子标记。

3.5.2.2 ACSL5基因单体型作为有氧运动能力分子标记的可行性分析

ACSL5基因单体型分析的结果显示，该基因3个位点组成的4种单体型组合在各组间均无显著性差异，因此，不能作为优秀有氧运动能力的分子标记。

3.6 IDH基因多态位点作为有氧运动能力分子标记的可行性分析

3.6.1 IDH基因单个多态位点作为有氧运动能力分子标记的可行性分析

IDH是三羧酸循环（TAC）路径中的限速酶，负责催化异柠檬酸氧化脱羧成α-酮戊二酸。在生物体内有2种存在形式，分别为 NAD^+-依赖型异柠檬酸脱氢酶（IDH3/NAD^+-IDH）和NADP-依赖型异柠檬酸脱氢酶（IDH1和IDH2），在真核生物中，NAD^+-IDH是TAC的重要限速酶；因此，本章选择了负责其活性调节的β亚基编码基因IDH3B进行研究。

本章选择了IDH3B基因的3个SNP位点进行研究，分别是rs6107100、rs2325899、rs2073193。3个位点分别位于IDH3B基因的第1内含子、第2内含子和第12内含子区域，在中国北方汉族人群中的杂合度分别为0.211、0.137和0.367。IDH3B包含2个单体型模块，rs2325899位于第一模块，rs6107100和rs2073193位于第二模块，各自分别与多个SNP位点连锁不平衡。

Bentley等人[67]的研究报道显示，rs6107100位点的SNP基因多态性，与非洲裔美国人吸烟者的1秒用力呼气量/用力肺活量（FEV1/FVC）有关联性，该位点与吸烟者的肺功能有影响。但本章的研究没有发现rs6107100位点的多态分布频率在各组间的差异性，由此认为该位点与有氧运动能力没有相关性，不能作为有氧运动能力的分子标记。

研究结果显示，rs2325899位点健将组AG基因型分布频率显著高于对照组，但该基因型在两组中均属于少数基因型，因此该位点基因型在两组间的差异无明显意义。此外，健将组中G等位基因分布频率显著高于对照组，但由于G等位基因在两组中也均属于少数基因型，因此这一结果对本研究也无明显意义。所以，rs2325899位点不能作为有氧运动能力的分子标记。

对rs2073193位点的研究结果显示，10 km组的C等位分布基因频率显著高于对照组。IDH是TAC路径中的限速酶，TAC作为能量代谢的重要途径，对生物体的生命活动起着重要的作用，能够提供远比糖酵解大得多的能量；TAC也是脂质、蛋白质和核酸代谢最终氧化成二氧化碳和水的重要途径。研究表明，IDH活性增强，组织氧利用能力提高，有利于骨骼肌的有氧代谢，可保证肌组织收缩时的能量供应，提高肌肉的工作效率和运动持久能力[66]。由于未见国内外关于此位点的报道，不能解释rs2073193位点对IDH3B的功能的影响，但笔者推测，rs2073193位点位于IDH3B基因最后一个内含子处，且靠近3’-UTR，该区域对IDH3B mRNA的表达可能有重要作用。10 km长跑运动是典型的有氧运动，有氧氧化功能是其主要的功能形式，rs2073193位点基因多态性可能会影响组织中IDH的活性，从而提高肌肉的有氧工作能力。

3.6.2 IDH基因单体型作为有氧运动能力分子标记的可行性分析

IDH3B基因单体型分析的结果显示，该基因3个位点只能组成1种单体型组合，且该组合在各组间均无显著性差异，因此，不能作为优秀有氧运动能力的分子标记。

3.7 OGDH基因多态位点作为有氧运动能力分子标记的可行性分析

α-酮戊二酸脱氢酶系是TAC中的第三个调节酶，是一个多酶复合物。与丙酮酸脱氢酶复合物（PDC）相似，α-酮戊二酸脱氢酶系由3个组件形成1个复合体，分别是E1、E2和E3，分别是OGDH、DLST、DLD基因编码。其中，E1是其主要限速酶。本章选取了其中一个同工酶——OGDHL基因的rs1268722位点进行研究。该位点位于OGDHL基因第14内含子区域，该区域是心源性卒中的敏感区域。有研究显示，rs1268722位点可能与血脂代谢异常引起的血管粥样病变有关[69]，在中国人群中的MAF为0.487。

本章的研究结果表明，运动员组和健将组A等位基因分布频率显著高于对照组。女运动员组A等位基因分布频率显著高于女对照组；马拉松组AA基因型和A等位基因频率显著高于对照组。故OGDHL基因rs1268722位点AA基因型可以作为马拉松专项长跑运动员的有氧运动能力分子标记。

OGDH是TAC的关键酶和限速酶，其活性降低可以使NADH的生成减少。OGDH的酶活性如果受到抑制，会导致线粒体功能障碍和能量减少[110]，必然影响运动能力。此外，OGDHL主要存在于脑组织中，可以通过控制α-酮戊二酸二甲酯的分布来调节能量产生和神经递质谷氨酸的合成。研究表明，OGDHL的活性受到抑制后，会导致脑部能量代谢障碍[110]，由此推测，OGDHL的活性可能与中枢神经疲劳的发生有一定关系，从而影响运动能力。笔者认为，rs1268722位点对OGDHL的酶活性存在一定的影响，影响运动能力，但由于未见该位点对蛋白功能影响的直接研究报道，因此只是一种推测，还需进一步研究。

3.8 UCP2基因多态位点作为有氧运动能力分子标记的可行性分析

UCP2基因3’-UTR 45 bp Ins/Del多态位点是本实验室的前期研究成果。结果显示，运动员组与对照组的基因型和等位基因频率有显著性差异；女运动员组与女对照组的基因型和等位基因频率有显著性差异；5 km、10 km运动员组与对照组的基因型和等位基因频率有显著性差异。由此认为，UCP2基因3’-UTR 45 bp Ins/Del多态位点DD基因型可以作为有氧运动能力的分子标记，尤其是女子长跑运动员和5 km、10 km长跑项目运动员的有氧运动能力分子标记。

4 结 论

本章从PYGM、HK、PK、LDH、ACSL、IDH、OGDH和UCP2这8个基因区域的26个tagSNP位点和1个Ins/Del多态位点，通过关联性研究方法，筛选出了可以作为有氧运动能力的分子标记，结论如下。

（1）可以作为有氧运动能力分子标记的基因标记：UCP2基因3’-UTR 45 bp Ins/Del多态位点DD基因型。

（2）可以作为男子长跑运动员有氧运动能力分子标记的基因标记：ACSL4基因rs5943427位点GG基因型、rs1324805位点TT基因型、1-2位点GT单体型。

（3）可以作为超长跑项目运动员有氧运动能力分子标记的基因标记：HK4基因3-4-5位点CGC单体型和3-4位点CG单体型、OGDHL基因rs1268722位点AA基因型。

（4）PYGM基因（rs483962 、rs589691、rs490980）、HK1基因（rs702268）、HK2基因（rs681900）、HK4基因（rs3757840、rs4607517、 rs1799884、rs13239289、rs730497、rs2041547）、PKLR基因（rs2071053、rs1052176、rs3762272、rs8847）、LDHA

基因（rs2896526）、ACSL4基因（rs7887981）、ACSL5基因（rs2419621、rs11195938 、rs8624）、IDH3B基因（rs6107100、rs2073193、rs2325899）及这些位点可能组成的单体型在运动员组间与对照组间的分布无显著性差异，不能作为长跑能力的分子标记。

第三章　ATP合成调控相关蛋白基因与长跑运动员生理表型的关联性研究

以往关于基因多态性与运动能力的相关性研究主要集中在单一的基因多态性的研究上，由于实验实施比较复杂，且数据收集比较困难；因此，对基因多态性功能的研究较少。本章为解决这一问题，将对所有研究位点与生理表型指标的关联性进行分析，进一步探讨基因多态性对有氧运动能力的影响。

本章根据以往的研究报道，选择PYGM、HK、PK，LDH、ACSL、IDH、OGDH、UCP2这8个基因的26个tagSNP位点和1个Ins/Del位点（所选位点与第二章相同），与长跑运动员的生理表型指标进行关联性分析，进一步阐明基因多态性对有氧运动能力的影响。

1　研究对象和方法

1.1　研究对象

我国备战2012年伦敦奥运会的国家集训队女子长跑运动员共有79人，年龄20.3 ± 2.8岁，身高165.0 ± 5.1 cm，体重50.6 ± 4.0 kg，训练年限5.0 ± 2.6年。其中国际运动健将19人、运动健将22人、一级运动员38人，分别来自山东、河北、河南、内蒙古和北京共5个省（市）自治区专业队，北京体育大学和北京航空航天大学长跑队，北京远中田径俱乐部女子长跑队。

研究对象数据由本实验室前期“十一五”科技部支撑计划课题组采集，研究对象总人数占2010年我国长跑项目注册运动员总人数的

83%，集中了我国目前女子长跑项目成年与青年运动员群体。2010年全国田径锦标赛上获得长跑各单项前8名的运动员中有92%被纳入本研究，基本覆盖了长跑项目全部优秀运动员。

1.2 主要仪器和试剂

1.2.1 飞行质谱技术检测

主要仪器和试剂同第二章1.2部分。

1.2.2 PCR-RFLP技术检测

1.2.2.1 主要仪器

立式自动电热压力蒸汽灭菌器（上海申安医疗器械厂）、PCR扩增仪（美国PE-Cetu）、电泳仪及稳压电源（北京六一仪器厂）、紫外与可见光分析装置（日本SGUNADZU）、DNA测序仪（美国PE-Cetu）、纯水器（上海）。

1.2.2.2 主要试剂

Primer（上海生工生物工程有限公司）、Taq DNA Polymerase、$MgCl_2$、dNTP、10×buffer、Marker、溴酚蓝（日本TaKaRa）、Agarose（Spain）。

1.3 研究方法

1.3.1 表型指标的测定

本研究所有指标在我实验室前期课题研究中均已采集，按照指标所反映的功能，共分为以下几类。

肺功能相关指标：肺活量（Vital Capacity，VC，单位：mL）、用力肺活量（Forced Vital Capacity，FVC，单位：mL）、1秒用力呼气量（Forced Expiratory Volume in the first second，FEV1，单位：mL）、用力肺活量/肺活量（FVC/VC）、1秒用力呼气量/用力肺活量（FEV1/FVC）、每分钟通气量（Minute Ventilation volume，MV，单位：mL）、肺活量最大通气量（Maximal Voluntary Ventilation，MVV，单位：mL）。

有氧运动能力相关指标：无氧阈摄氧量（Oxygen Uptake at Anaerobic Threshold，VO_2AT，单位：mL）、相对无氧阈速度（VO_2AT/weight，VO_2AT/W，单位：mL）、无氧阈心率（Heart Rate at Anaerobic Threshold，HRAT，单位：mL）、无氧阈速度（Velocity at Anaerobic Threshold，VAT，单位：mL）、最大摄氧量（maximal oxygen uptake，VO_2max，单位：mL）、相对最大摄氧量（VO_2max/weight，VO_2max/W，单位：mL）、无氧阈摄氧量/最大摄氧量（VO_2AT/VO_2max）、最大心率（maximum heart rate，HRmax，单位：mL）、最大跑速（velocity at maximal oxygen uptake，VVO_2max，单位：mL）。

身体成分相关指标：体脂百分比（Body Fat percentage，BF%）、身高/体重百分比（Height Weight percentage，$H/W\times100$）、克托莱指数（$W/H\times1\ 000$）、体格指数（Body build Index，BI）、身体质量指数（Body Mass Index，BMI，单位：kg/m^2）、腰臀比指数（Weight-to-Hip Ratio，WHR）、皮褶厚度总和（Total Skinfold Thickness，TST，单位：mm）、肱三头肌处皮褶（Triceps Skinfold，TS1，单位：mm）、肩胛下角处皮褶（subscapular skinfold，TS2，单位：mm）、腹部皮褶（abdominal skinfold，TS3，单位：mm）、髂嵴处皮褶（suprailiac skinfold，TS4，单位：mm）、小腿三头肌处皮褶（calf skinfold，TS5，单位：mm）。

1.3.2　建立受试者基因组DNA数据库

抽取受试者静脉血5 mL，抗凝管收集。用Promaga公司基因组DNA提取试剂盒提取基因组DNA，在-70 ℃环境中保存。

1.3.3　基因多态位点的选择

位点选择理由及位点基本情况同第二章1.3.1部分。

1.3.4　基因分型

1.3.4.1　飞行质谱解析单个多态位点基因型

方法同第二章的基因分型方法。

1.3.4.2 聚合酶链反应-限制性片段长度多态性分析方法（PCR-RFLP）

检测受试对象UCP2基因3’-UTR 45 bp碱基的Ins/Del多态性

1. 引物设计

上游引物：5’-acctatgagcagctgaaacga-3’；

下游引物：5’-ctccaccagcactgagacaat-3’。

2. PCR扩增

反应体系：双蒸水7.2 μL，10×PCR缓冲液 2 μL，dNTP 0.4 μL，25mmol/L，Mg^{2+} 1.2 μL，上游引物 2 μL，下游引物 2 μL，Taq Polymerase 0.2 μL，DNA模板 0.5 μL。

3. PCR产物检测及分型

反应条件如下。

PCR：95 ℃ 2 min激活酶；94 ℃ 40 s变性；63℃~58 ℃退火，每循环一次递减0.5 ℃，反应60 s；72 ℃ 30 s延伸；以上共进行10 个循环。

在此后的30个循环中，退火温度固定为58 ℃，退火时间40 s，72 ℃延伸30 s，终末延伸72 ℃ 10 min。

1.3.5 数据统计方法

使用SHEsis软件对各多态位点进行哈迪-温伯格平衡检验。单个SNP位点不同基因型之间各生理表型指标的差异以表型指标为变量进行单因素方差分析。统计分析由SPSS软件完成，显著性水平定为$P<0.05$。

SHEsis软件计算同一基因不同位点间的D' 和r^2，以度量对应位点间的LD紧密程度，并计算单体型频率。多个位点的单体型分析采用R-平台下的haplo.stat软件，以生理表型指标为变量进行单因素方差分析，统计分析不同单体型与各指标的关联性。统计分析由SPSS软件完成，显著性水平定为$P<0.05$。人数过低的单体型与相近单体型组进行合并，3种以下单体型的统计分析使用独立样本t检验。

2 结 果

本章的实验分为两部分，采用了不同的实验方法，实验结果的基本情况如下。

1. 飞行质谱解析单个多态位点基因型结果

对79个长跑运动员基因组DNA的PYGM、HK、PK、LDH、ACSL、IDH、OGDH 7个基因的26个SNP位点分型检测并进行哈迪-温伯格平衡检验，各位点基因型分布均符合哈迪-温伯格平衡（$P>0.05$）。

受实验条件和样本质量等客观因素所限，个别样品的个别位点结果缺失。各个位点实际成功检测位点数及基因型分布、哈迪-温伯格平衡检测结果见表3-1。

表3-1　多态位点检测基本情况

基因	多态位点	人数/个	基因型			哈温检验（P）
			AA	AB	BB	
PYGM	rs483962	79	CC/8（0.101）	CT/39（0.494）	TT/32（0.405）	0.436
	rs490980	79	CC/8（0.101）	CT/35（0.443）	TT/36（0.456）	0.905
	rs589691	79	CC/10（0.127）	CT/42（0.532）	TT/27（0.342）	0.307
HK1	rs702268	79	CC/41（0.519）	CT/32（0.405）	TT/6（0.076）	0.943
HK2	rs681900	79	AA/57（0.722）	AG/21（0.266）	GG/1（0.013）	0.542
HK4	rs4607517	79	AA/3（0.038）	AG/31（0.392）	GG/45（0.570）	0.403
	rs1799884	79	AA/3（0.038）	AG/30（0.380）	GG/46（0.582）	0.481
HK	rs3757840	72	AA/21（0.292）	AC/41（0.569）	CC/10（0.139）	0.159
	rs13239289	79	CC/54（0.684）	CG/25（0.316）	GG/0（0.000）	0.095
	rs730497	79	CC/46（0.582）	CT/30（0.380）	TT/3（0.038）	0.481
	rs2041547	79	AA/15（0.190）	AG/35（0.443）	GG/29（0.367）	0.449
PK	rs2071053	79	CC/46（0.582）	CT/30（0.380）	TT/3（0.038）	0.481
	rs1052176	79	AA/46（0.582）	AC/30（0.380）	CC/3（0.038）	0.481

续表

基因	多态位点	人数/个	基因型 AA	基因型 AB	基因型 BB	哈温检验（P）
	rs3762272	79	AA/44（0.557）	AG/32（0.405）	GG/3（0.038）	0.334
	rs8847	79	AA/46（0.582）	AG/30（0.380）	GG/3（0.038）	0.481
LDH	rs2896526	79	AA/67（0.848）	AG/12（0.152）	GG/0（0.000）	0.465
ACSL4	rs5943427	78	CC/1（0.013）	CG/19（0.244）	GG/58（0.744）	0.688
	rs1324805	79	CC/0（0.000）	CT/12（0.152）	TT/67（0.848）	0.465
	rs7887981	79	CC/0（0.000）	CT/2（0.025）	TT/77（0.975）	0.909
ACSL ACSL5	rs2419621	79	CC/47（0.595）	CT/30（0.380）	TT/2（0.025）	0.269
	rs11195938	79	CC/21（0.266）	CT/35（0.443）	TT/23（0.291）	0.314
	rs8624	79	CC/7（0.089）	CT/35（0.443）	TT/37（0.468）	0.753
IDH	rs6107100	79	AA/3（0.038）	AC/27（0.342）	CC/49（0.620）	0.761
	rs2073193	79	CC/31（0.392）	CG/39（0.494）	GG/9（0.114）	0.532
	rs2325899	79	AA/0（0.000）	AG/8（0.101）	GG/71（0.899）	0.635
OGDH	rs1268722	79	AA/62（0.785）	AG/17（0.215）	GG/0（0.000）	0.284

2. PCR-RFLP分析结果

使用PCR-RFLP对UCP2基因3’-UTR 45 bp Ins/Del多态性进行分析，扩增片段经电泳分型结果如图3-1所示，Marker片段长度由上至下分别为：500 bp、400 bp、300 bp、200 bp、100 bp。根据PCR产物片段长度分为DD、ID两种基因型，图3-1中3、5、6、7为DD型，为210 bp一条带；1、2、4为ID型，为210 bp和255 bp两条带；未出现II基因型。经测序检测，实验结果分型准确，全部分型结果见表3-2。

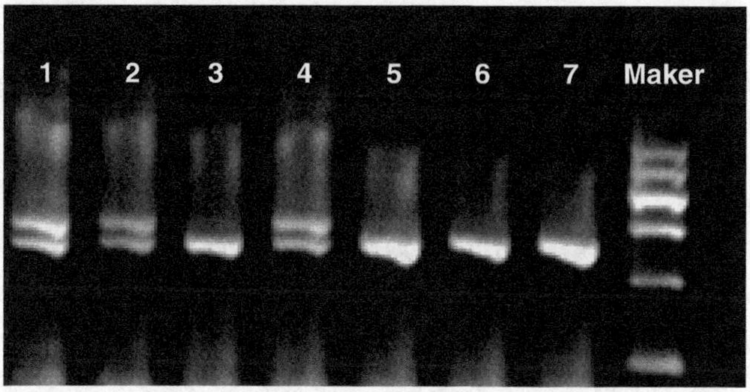

图3-1　UCP2基因3’-UTR 45 bp碱基的Ins/Del多态PCR-RFLP结果

表3-2　UCP2基因PCR-RFLP多态位点检测基本情况

基因	多态位点	人数/个	基因型			哈温检验(*P*)
			DD	ID	II	
UCP2	3’-UTR 45 bp Ins/Del	79	60（0.779）	21（0.221）	0（0.000）	0.276

2.1　PYGM基因多态性与生理表型指标的关联性

2.1.1　PYGM基因单个位点多态性与生理表型指标的关联性

2.1.1.1　PYGM基因单个位点多态性与有氧运动能力的关联性

分析PYGM基因3个多态位点不同基因型与有氧运动能力指标的关联性，结果显示，rs490980位点不同基因型与运动员VO_2AT/W显著相关，CC型显著低于TT型和TC型（表3-3）。rs483962、rs589691两个位点各基因型与有氧运动能力的相关指标均无显著性差异（表3-4、表3-5）。

表3-3 PYGM基因rs490980位点与有氧运动能力指标的关联性

位点	变量	基因型	人数/个	变量值	P	组间P值
rs490980	VO_2AT	CC	5	2464.40 ± 375.74	0.327	
		TC	25	2426.24 ± 180.61		
		TT	27	2530.25 ± 277.51		
	VO_2AT/W	CC	5	44.02 ± 2.56	0.033*	CC、TC：0.071
		TC	25	49.31 ± 4.49		CC、TT：0.038
		TT	27	49.50 ± 4.28		TC、TT：0.575
	HRAT	CC	5	167.20 ± 10.20	0.811	
		TC	25	169.60 ± 8.71		
		TT	27	168.51 ± 8.05		
	VAT	CC	5	14.56 ± 1.15	0.327	
		TC	25	15.37 ± 1.20		
		TT	27	15.39 ± 1.13		
	VO_2max	CC	4	3093.75 ± 426.93	0.207	
		TC	25	2878.60 ± 242.08		
		TT	27	3001.48 ± 318.21		
	VO_2max/W	CC	4	55.15 ± 4.66	0.365	
		TC	25	58.39 ± 4.80		
		TT	27	58.69 ± 4.47		
	VO_2AT/VO_2max	CC	3	79.13 ± 7.20	0.318	
		TC	18	84.40 ± 5.44		
		TT	24	84.76 ± 6.28		
	HRmax	CC	4	168.00 ± 24.34	0.499	
		TC	25	179.20 ± 22.22		
		TT	27	179.81 ± 13.98		
	VVO_2max	CC	4	18.42 ± 1.56	0.458	
		TC	25	19.27 ± 1.30		
		TT	27	19.00 ± 1.33		

*表示检验结果有显著性差异（$P<0.05$）。

表3-4 PYGM基因rs483962位点与有氧运动能力指标的关联性

位点	变量	基因型	人数/个	变量值	*P*
rs483962	VO_2AT	CC	5	2515.60 ± 359.20	0.847
		TC	27	2459.55 ± 215.50	
		TT	25	2492.36 ± 269.77	
	VO_2AT/W	CC	5	46.20 ± 4.20	0.284
		TC	27	48.78 ± 4.50	
		TT	25	49.65 ± 4.43	
	HRAT	CC	5	169.60 ± 6.91	0.911
		TC	27	168.37 ± 9.33	
		TT	25	169.28 ± 7.87	
	VAT	CC	5	15.24 ± 1.07	0.305
		TC	27	15.07 ± 1.23	
		TT	25	15.58 ± 1.10	
	VO_2max	CC	5	3095.80 ± 369.76	0.532
		TC	26	2931.88 ± 306.46	
		TT	25	2946.88 ± 278.23	
	VO_2max/W	CC	5	57.06 ± 5.87	0.811
		TC	26	58.31 ± 5.20	
		TT	25	58.55 ± 3.87	
	VO_2AT/VO_2max	CC	4	79.67 ± 5.98	0.278
		TC	18	84.37 ± 6.76	
		TT	23	84.93 ± 5.31	
	HRmax	CC	5	171.60 ± 22.56	0.527
		TC	26	177.53 ± 21.42	
		TT	25	181.32 ± 14.77	
	VVO_2max	CC	5	18.98 ± 1.83	0.265
		TC	26	18.79 ± 1.52	
		TT	25	19.40 ± 0.94	

表3-5 PYGM基因rs589691位点与有氧运动能力指标的关联性

位点	变量	基因型	人数/个	变量值	*P*
rs589691	VO_2AT	CC	6	2 474.16 ± 336.93	0.310
		TC	30	2 434.30 ± 196.53	
		TT	21	2 543.85 ± 287.69	
	VO_2AT/W	CC	6	45.45 ± 4.18	0.111
		TC	30	49.06 ± 4.20	
		TT	21	49.76 ± 4.65	
	HRAT	CC	6	166.83 ± 9.17	0.822
		TC	30	169.03 ± 8.43	
		TT	21	169.23 ± 8.49	
	VAT	CC	6	14.88 ± 1.30	0.624
		TC	30	15.32 ± 1.17	
		TT	21	15.41 ± 1.16	
	VO_2max	CC	5	3 095.80 ± 369.76	0.304
		TC	30	2 901.80 ± 277.39	
		TT	21	2 992.71 ± 306.19	
	VO_2max/W	CC	5	57.06 ± 5.87	0.823
		TC	30	58.39 ± 5.04	
		TT	21	58.48 ± 3.87	
	VO_2AT/O_2max	CC	4	79.67 ± 5.98	0.223
		TC	22	84.06 ± 6.43	
		TT	19	85.41 ± 5.34	
	HRmax	CC	5	171.60 ± 22.56	0.654
		TC	30	178.76 ± 20.45	
		TT	21	180.28 ± 15.38	
	VVO_2max	CC	5	18.98 ± 1.83	0.947
		TC	30	19.05 ± 1.44	
		TT	21	19.15 ± 1.07	

2.1.1.2 PYGM基因单个位点多态性与身体成分的关联性

检测3个多态位点不同基因型与身体成分各指标的关联性，结果显示，rs483962、rs490980两位点各基因型与身体成分的相关指标间均无显著性差异（表3-6、表3-7）。rs589691位点不同基因型与运动员WHR显著相关，CC型显著低于TC型和TT型（表3-8，图3-2）。

表3-6 PYGM基因rs483962位点与身体成分指标的关联性

位点	变量	基因型	人数/个	变量值	*P*
rs483962	BF/%	CC	7	18.81 ± 2.95	0.820
		TC	29	19.21 ± 3.77	
		TT	19	18.51 ± 4.06	
	H/*W* × 100	CC	7	324.18 ± 25.14	0.954
		TC	30	321.17 ± 23.61	
		TT	20	321.70 ± 22.16	
	W/*H* × 1 000	CC	7	309.45 ± 25.66	0.921
		TC	30	313.14 ± 23.31	
		TT	20	313.45 ± 22.59	
	BI	CC	7	44.71 ± 0.54	0.322
		TC	30	44.04 ± 1.15	
		TT	20	44.02 ± 1.16	
	BMI	CC	7	18.61 ± 0.89	0.556
		TC	30	19.17 ± 1.32	
		TT	20	19.20 ± 1.34	
	WHR	CC	6	0.75 ± 0.02	0.068
		TC	24	0.78 ± 0.03	
		TT	16	0.78 ± 0.03	
	TST	CC	7	31.97 ± 19.18	0.792
		TC	30	32.53 ± 21.69	
		TT	20	28.67 ± 16.97	

续表

位点	变量	基因型	人数/个	变量值	*P*
	TS1	CC	6	7.16 ± 2.54	0.526
		TC	24	8.66 ± 3.72	
		TT	16	7.84 ± 2.57	
	TS2	CC	6	6.58 ± 2.70	0.834
		TC	24	7.20 ± 2.11	
		TT	16	7.15 ± 2.42	
	TS3	CC	6	8.66 ± 3.43	0.413
		TC	24	9.70 ± 4.52	
		TT	16	8.03 ± 2.94	
	TS4	CC	6	9.21 ± 5.31	0.572
		TC	24	9.93 ± 5.77	
		TT	16	8.21 ± 3.36	
	TS5	CC	6	5.66 ± 2.94	0.660
		TC	24	5.14 ± 2.95	
		TT	16	4.59 ± 1.89	

表3-7　PYGM基因rs490980位点与身体成分指标的关联性

位点	变量	基因型	人数/个	变量值	*P*
rs490980	BF/%	CC	7	19.58 ± 4.00	0.838
		TC	24	19.00 ± 3.83	
		TT	24	18.64 ± 3.69	
	$H/W \times 100$	CC	7	309.25 ± 25.66	0.275
		TC	26	325.01 ± 23.27	
		TT	24	321.80 ± 21.34	
	$W/H \times 1\,000$	CC	7	325.35 ± 27.66	0.256
		TC	26	309.15 ± 22.37	
		TT	24	313.07 ± 21.81	

续表

位点	变量	基因型	人数/个	变量值	*P*
	BI	CC	7	44.50 ± 1.12	0.628
		TC	26	44.08 ± 1.04	
		TT	24	44.04 ± 1.20	
	BMI	CC	7	19.25 ± 1.42	0.875
		TC	26	19.01 ± 1.26	
		TT	24	19.17 ± 1.30	
	WHR	CC	7	0.75 ± 0.02	0.069
		TC	26	0.78 ± 0.03	
		TT	24	0.78 ± 0.03	
	TST	CC	6	39.33 ± 20.48	0.402
		TC	26	27.95 ± 19.32	
		TT	24	30.27 ± 16.93	
	TS1	CC	6	9.33 ± 3.45	0.262
		TC	20	8.70 ± 3.5	
		TT	20	7.32 ± 2.61	
	TS2	CC	6	8.83 ± 2.20	0.092
		TC	20	6.55 ± 2.01	
		TT	20	7.15 ± 2.34	
	TS3	CC	6	11.40 ± 2.48	0.151
		TC	20	8.25 ± 3.46	
		TT	20	8.42 ± 3.18	
	TS4	CC	6	11.70 ± 2.63	0.175
		TC	20	7.96 ± 4.80	
		TT	20	8.92 ± 3.12	
	TS5	CC	6	7.25 ± 2.38	0.068
		TC	20	4.87 ± 2.78	
		TT	20	4.50 ± 2.19	

表3-8　PYGM基因rs589691位点与身体成分指标的关联性

位点	变量	基因型	人数/个	变量值	*P*	组间*P*值
rs589691	BF%	CC	9	19.80 ± 3.52	0.313	
		TC	30	19.28 ± 3.86		
		TT	16	17.75 ± 3.54		
	H/*W* × 100	CC	7	317.65 ± 27.95	0.819	
		TC	26	323.12 ± 22.41		
		TT	24	321.22 ± 22.05		
	W/*H* × 1 000	CC	7	316.56 ± 29.66	0.789	
		TC	26	311.03 ± 21.48		
		TT	24	314.20 ± 22.95		
	BI	CC	7	44.55 ± 1.02	0.444	
		TC	26	44.03 ± 1.07		
		TT	24	44.03 ± 1.23		
	BMI	CC	7	18.94 ± 1.38	0.880	
		TC	26	19.10 ± 1.24		
		TT	24	19.21 ± 1.38		
	WHR	CC	7	0.74 ± 0.02	0.013*	CC、TC：0.005
		TC	26	0.79 ± 0.04		CC、TT：0.009
		TT	24	0.79 ± 0.03		TC、TT：0.937
	TST	CC	6	34.72 ± 19.39	0.729	
		TC	26	29.93 ± 19.33		
		TT	24	28.34 ± 16.76		
	TS1	CC	6	8.31 ± 3.48	0.475	
		TC	20	8.62 ± 3.56		
		TT	20	7.26 ± 2.18		

续表

位点	变量	基因型	人数/个	变量值	*P*	组间*P*值
	TS2	CC	6	7.62 ± 3.02	0.751	
		TC	20	6.92 ± 1.81		
		TT	20	7.15 ± 2.64		
	TS3	CC	6	9.50 ± 3.82	0.428	
		TC	20	8.96 ± 3.32		
		TT	20	7.69 ± 3.09		
	TS4	CC	6	9.40 ± 4.87	0.905	
		TC	20	8.62 ± 4.13		
		TT	20	8.84 ± 3.53		
	TS5	CC	6	6.25 ± 2.76	0.119	
		TC	20	5.20 ± 2.84		
		TT	20	3.92 ± 1.49		

*表示检验结果有显著性差异（$P<0.05$）。

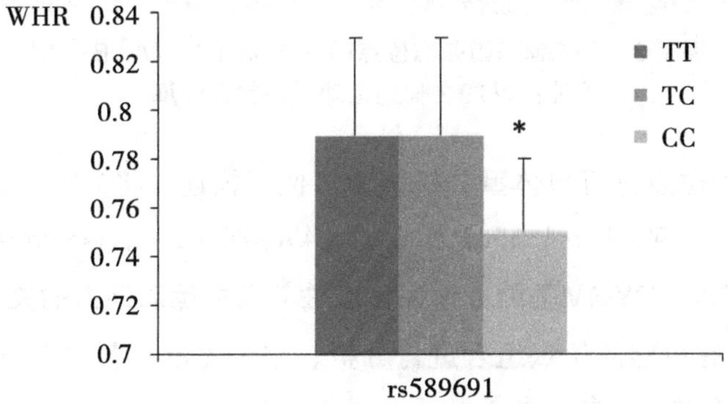

图3-2　PYGM基因与WHR相关的位点

（*表示与TT型、TC型相比，有显著性差异，$P<0.05$）

2.1.2　PYGM基因单体型与生理表型指标的关联性

使用SHEsis软件分析PYGM基因3个多态位点LD紧密程度，3个位点两两间D' 和r^2计算结果如表3-9所示。

表3-9 PYGM基因3个多态位点两两间D' /r^2值

	rs490980	rs589691
rs483962	0.772/0.532	0.936/0.724
rs490980	—	1.000/0.738

SHEsis软件LD计算分析如图3-3所示。

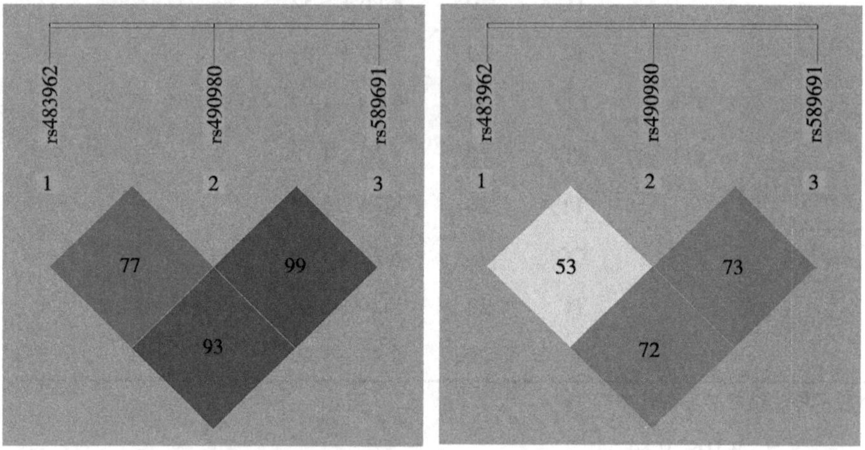

图3-3 PYGM基因多态位点间LD分析（A：D'，B：r^2）
（注：以79名长跑运动员组数据计算）

对3个位点进行单体型分析，为了便于描述，将3个多态位点分别命名为1~3位点，即rs483962（1），rs490980（2），rs589691（3）。

2.1.2.1 PYGM基因单体型多态性与有氧运动能力的关联性

对所有可能的位点组合进行分析，结果显示，各位点组合的不同单体型的有氧运动能力指标均无显著性差异。

2.1.2.2 PYGM基因单体型多态性与身体成分的关联性

对所有可能的位点组合进行分析，结果显示，由2-3位点组成的位点组合的不同单体型与WHR显著性相关，TT单体型携带者WHR（0.79 ± 0.04）显著高于非TT单体型携带者（0.75 ± 0.02）（表3-10，图3-4）。其余各位点组合的不同单体型与身体成分指标均无显著性差异。

表3-10　PYGM基因与身体成分相关的单体型

位点	变量	单体型	Hap-Freq	Global-stat	d_f	Global-*P*	组间*P*值
2-3	WHR	CC	0.35	5.36	3	0.049	
		TC	0.09				TT、非TT：0.006
		TT	0.57				

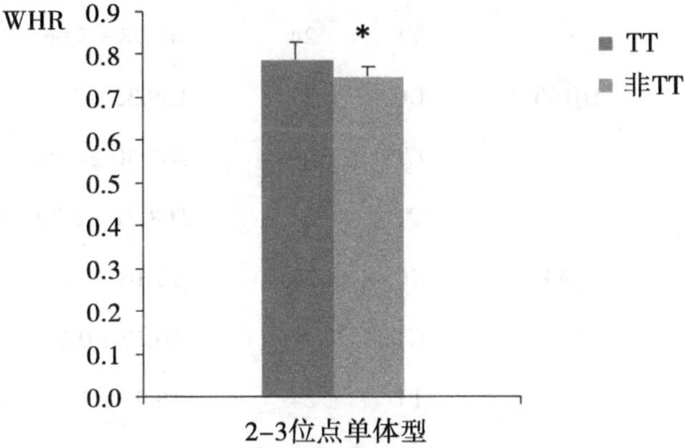

图3-4　PYGM基因与WHR相关的单体型

（*表示与TT型、TC型相比，有显著性差异，$P<0.05$）

2.2　HK基因多态性与生理表型指标的关联性

2.2.1　HK基因单个位点多态性与生理表型指标的关联性

2.2.1.1　HK1基因单个位点多态性与生理表型指标的关联性

1. HK1基因单个位点多态性与有氧运动能力的关联性

rs702268各基因型与运动员有氧运动能力指标均无显著性差异（表3-11）。

表3-11 HK1基因rs702268位点与有氧运动能力指标的关联性

位点	变量	基因型	人数/个	变量值	*P*
rs702268	VO_2AT	CC	27	2 417.70 ± 215.52	0.185
		CT	6	2 482.33 ± 300.47	
		TT	24	2 546.79 ± 265.46	
	VO_2AT/W	CC	27	48.67 ± 4.39	0.810
		CT	6	50.00 ± 2.15	
		TT	24	48.98 ± 5.06	
	HRAT	CC	27	169.33 ± 7.72	0.886
		CT	6	167.50 ± 6.09	
		TT	24	168.71 ± 9.79	
	VAT	CC	27	15.16 ± 1.21	0.160
		CT	6	16.17 ± 0.61	
		TT	24	15.27 ± 1.17	
	VO_2max	CC	26	2 881.38 ± 260.63	0.119
		CT	6	2 886.33 ± 292.44	
		TT	24	3 047.75 ± 320.74	
	VO_2max/W	CC	26	58.10 ± 4.11	0.947
		CT	6	58.32 ± 4.41	
		TT	24	58.54 ± 5.37	
	VO_2AT/VO_2max	CC	19	84.16 ± 6.47	0.725
		CT	6	86.06 ± 6.89	
		TT	20	83.78 ± 5.56	
	HRmax	CC	26	179.08 ± 21.75	0.958
		CT	6	180.17 ± 6.34	

续表

位点	变量	基因型	人数/个	变量值	P
		TT	24	177.92 ± 17.65	
	VVO_2max	CC	26	19.18 ± 1.05	0.573
		CT	6	19.47 ± 1.78	
		TT	24	18.89 ± 1.51	

2. HK1基因单个位点多态性与身体成分的关联性

HK1基因rs702268位点不同基因型与运动员BI、BMI显著相关，TT型的BI显著高于CT型和CC型，TT型的BMI显著低于CC型（表3-12，图3-5、图3-6）。

表3-12　HK1基因rs702268位点与身体成分指标的关联性

位点	变量	基因型	人数/个	变量值	P	组间P值
rs702268	BF/%	CT	18	17.76 ± 3.47	0.271	
		TT	5	19.12 ± 1.83		
		CC	32	19.55 ± 4.01		
	$H/W \times 100$	CT	19	325.01 ± 18.79	0.064	TT、CC：（0.027）
		TT	5	341.08 ± 16.99		TT、CT：（0.155）
		CC	33	316.91 ± 24.36		CC、CT：（0.209）
	$W/H \times 1\,000$	CT	19	308.57 ± 18.28	0.053	TT、CC：（0.027）
		TT	5	293.90 ± 13.50		TT、CT：（0.193）
		CC	33	318.10 ± 24.82		CC、CT：（0.141）
	BI	CT	19	44.13 ± 1.10	0.043*	TT、CC：（0.013）
		TT	5	45.26 ± 0.29		TT、CT：（0.041）
		CC	33	43.94 ± 1.11		CC、CT：（0.528）
	BMI	CT	19	18.97 ± 1.19	0.027*	TT、CC：（0.009）
		TT	5	17.80 ± 0.40		TT、CT：（0.062）

续表

位点	变量	基因型	人数/个	变量值	*P*	组间*P*值
		CC	33	19.39 ± 1.31		CC、CT：（0.242）
	WHR	CT	19	0.78 ± 0.03	0.733	
		TT	5	0.77 ± 0.05		
		CC	33	0.78 ± 0.04		
	TST	CT	14	41.21 ± 9.10	0.142	
		TT	4	28.12 ± 4.84		
		CC	27	37.03 ± 13.17		
	TS1	CT	14	8.71 ± 2.33	0.232	
		TT	4	5.63 ± 0.48		
		CC	28	8.29 ± 3.66		
	TS2	CT	14	8.00 ± 2.49	0.077	
		TT	4	5.25 ± 0.29		
		CC	28	6.93 ± 2.14		
	TS3	CT	14	9.50 ± 3.03	0.481	
		TT	4	7.50 ± 3.19		
		CC	27	8.43 ± 3.52		
	TS4	CT	14	8.93 ± 3.01	0.491	
		TT	4	6.50 ± 1.00		
		CC	27	9.09 ± 4.66		
	TS5	CT	14	6.07 ± 3.06	0.106	
		TT	4	3.25 ± 2.18		
		CC	28	4.75 ± 2.25		

*表示检验结果有显著性差异（$P<0.05$）。

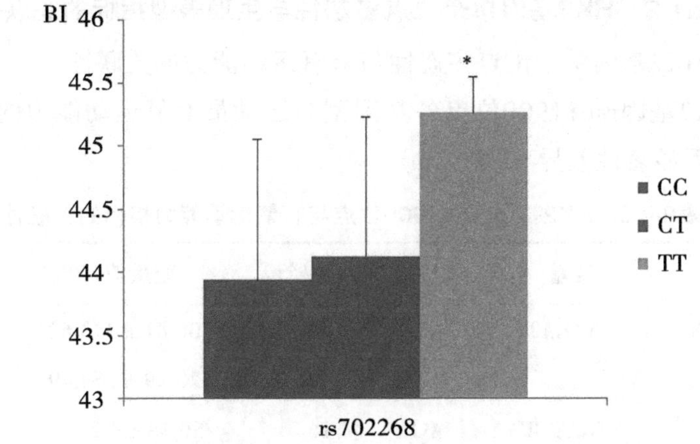

图3-5　HK1基因与BI相关的位点

（*表示与CT型、CC型相比，有显著性差异，$P<0.05$）

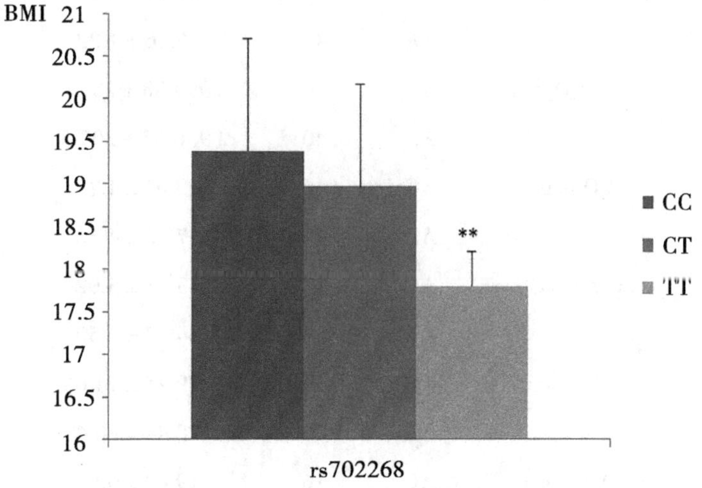

图3-6　HK1基因与BMI相关的位点

（**表示与CC型相比，有显著性差异，$P<0.01$）

2.2.1.2 HK2基因单个位点多态性与生理表型指标的关联性

1. HK2基因单个位点多态性与有氧运动能力的关联性

HK2基因rs681900位点各基因型与运动员有氧运动能力的相关指标间均无显著性差异（表3-13）。

表3-13 HK2基因rs681900位点与有氧运动能力指标的关联性

位点	变量	基因型	人数/个	变量值	P
rs681900	VO_2AT	AG	16	2 500.81 ± 243.62	0.682
		AA	41	2 470.29 ± 254.49	
	VO_2AT/W	AG	16	50.18 ± 4.25	0.193
		AA	41	48.45 ± 4.52	
	HRAT	AG	16	167.13 ± 5.67	0.330
		AA	41	169.56 ± 9.23	
	VAT	AG	16	15.71 ± 0.95	0.107
		AA	41	15.16 ± 1.22	
	VO_2max	AG	16	2 994.88 ± 289.60	0.512
		AA	40	2 936.55 ± 302.57	
	VO_2max/W	AG	16	60.03 ± 4.25	0.079
		AA	40	57.62 ± 4.66	
	VO_2AT/VO_2max	AG	14	83.73 ± 5.02	0.706
		AA	31	84.47 ± 6.50	
	HRmax	AG	16	179.25 ± 14.06	0.890
		AA	40	178.48 ± 20.41	
	VVO_2max	AG	16	19.48 ± 0.82	0.160
		AA	40	18.93 ± 1.47	

2. HK2基因单个位点多态性与身体成分的关联性

HK2基因rs681900位点AA基因型的TS4、TS5显著高于AG型（表3-14，图3-7、图3-8）。

表3-14 HK2基因rs681900位点与身体成分指标的关联性

位点	变量	基因型	人数/个	变量值	*P*
rs681900	BF/%	AG	17	17.78 ± 2.67	0.131
		AA	38	19.43 ± 4.05	
	$H/W \times 100$	AG	18	329.18 ± 25.03	0.095
		AA	39	318.29 ± 21.30	
	$W/H \times 1\,000$	AG	18	305.10 ± 23.47	0.085
		AA	39	316.35 ± 22.11	
	BI	AG	18	44.19 ± 0.98	0.726
		AA	39	44.08 ± 1.18	
	BMI	AG	18	18.81 ± 1.19	0.232
		AA	39	19.25 ± 1.32	
	WHR	AG	18	0.77 ± 0.03	0.430
		AA	39	0.78 ± 0.04	
	TST	AG	13	32.27 ± 9.47	0.057
		AA	32	39.68 ± 12.21	
	TS1	AG	13	7.00 ± 2.32	0.117
		AA	33	8.65 ± 3.42	
	TS2	AG	13	6.27 ± 1.58	0.115
		AA	33	7.44 ± 2.42	
	TS3	AG	13	8.35 ± 3.53	0.675
		AA	32	8.81 ± 3.29	
	TS4	AG	13	6.96 ± 2.78	0.048*
		AA	32	9.56 ± 4.22	
	TS5	AG	13	3.69 ± 1.96	0.027*
		AA	33	5.55 ± 2.65	

*表示检验结果有显著性差异（$P<0.05$）。

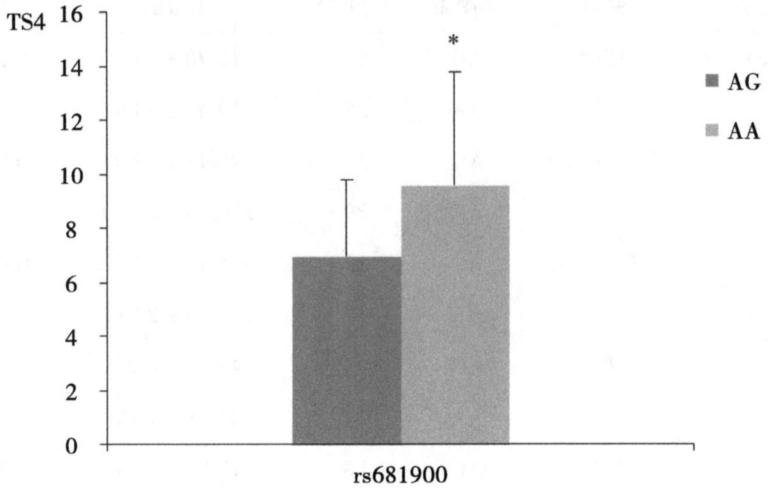

图3-7　HK2基因与TS4相关的位点

（*表示与AG型相比，有显著性差异，$P<0.05$）

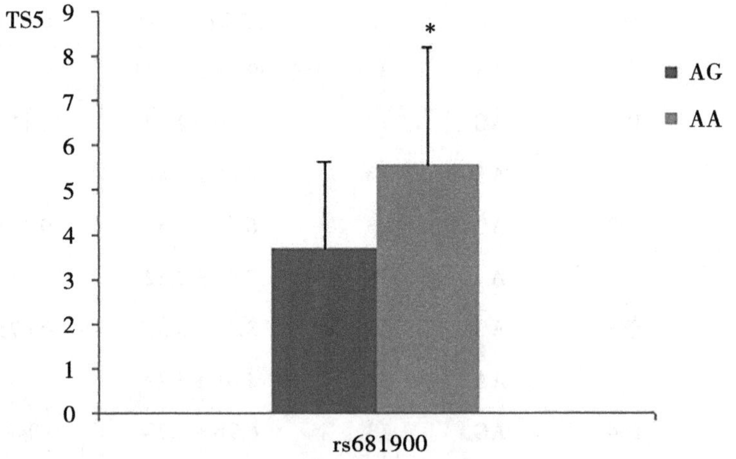

图3-8　HK2基因与TS5相关的位点

（*表示与AG型相比，有显著性差异，$P<0.05$）

2.2.1.3　HK4基因单个位点多态性与生理表型指标的关联性

1. HK4基因单个位点多态性与有氧运动能力的关联性

分析HK4基因6个多态位点不同基因型与有氧运动能力的关联性，结果显示，rs3757840位点与VO_2max/W有关联性，CA型显著高于AA型、CC型（表3-15，图3-9）；其他位点不同基因型与有氧运动能力均无显著性差异（表3-16至表3-20）。

表3-15　HK4基因rs3757840位点与有氧运动能力指标的关联性

位点	变量	基因型	人数/个	变量值	*P*	
rs3757840	VO_2AT	CA	30	2 483.83 ± 237.65	0.554	
		AA	16	2 447.88 ± 251.33		
		CC	7	2 374.71 ± 243.45		
	VO_2AT/W	CA	30	49.95 ± 4.44	0.279	
		AA	16	48.18 ± 5.16		
		CC	7	47.46 ± 3.30		
	HRAT	CA	30	169.20 ± 7.12	0.719	
		AA	16	167.31 ± 10.39		
		CC	7	167.29 ± 8.42		
	VAT	CA	30	15.42 ± 1.14	0.800	
		AA	16	15.29 ± 1.33		
		CC	7	15.10 ± 0.92		
	VO_2max	CA	30	2 996.23 ± 301.86	0.100	
		AA	15	2 868.20 ± 224.88		
		CC	7	2 774.43 ± 219.86		
	VO_2max/W	CA	30	60.13 ± 4.33	0.010*	CA、AA:（0.014）
		AA	15	56.64 ± 3.90		CA、CC:（0.016）
		CC	7	55.59 ± 5.15		AA、CC:（0.597）
	VO_2AT/VO_2max	CA	26	83.01 ± 6.21	0.246	

续表

位点	变量	基因型	人数/个	变量值	*P*
		AA	11	86.28 ± 4.69	
		CC	6	86.18 ± 7.68	
	HRmax	CA	30	180.83 ± 19.54	0.489
		AA	15	174.27 ± 18.89	
		CC	7	181.57 ± 6.63	
	VVO_2max	CA	30	19.39 ± 1.10	0.194
		AA	15	19.06 ± 1.39	
		CC	7	18.43 ± 1.67	

**表示检验结果有显著性差异（$P<0.05$）。

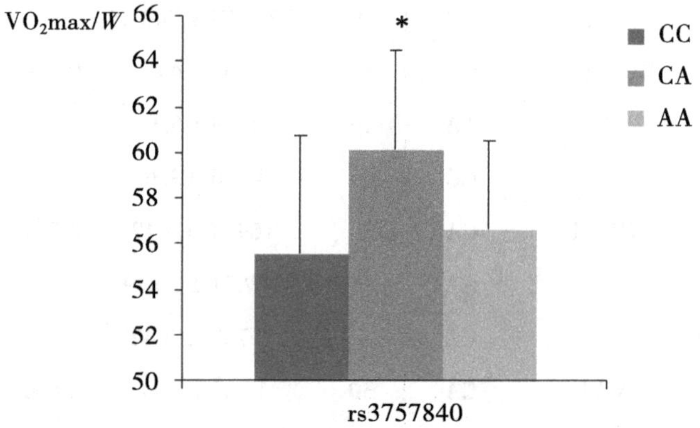

图3-9　HK4基因与VO2max/W相关的位点

（*表示与AA型、CA型相比，有显著性差异，$P<0.05$）

表3-16　HK4基因rs4607517位点与有氧运动能力指标的关联性

位点	变量	基因型	人数/个	变量值	*P*
rs4607517	VO_2AT	AG	25	2 521.24 ± 244.51	0.261
		AA	32	2 445.75 ± 252.52	
	VO_2AT/W	AG	25	48.94 ± 4.59	0.997
		AA	32	48.94 ± 4.46	
	HRAT	AG	25	168.36 ± 9.35	0.685

续表

位点	变量	基因型	人数/个	变量值	*P*
		AA	32	169.28 ± 7.72	
	VAT	AG	25	15.19 ± 1.25	0.484
		AA	32	15.41 ± 1.11	
	VO_2max	AG	25	2977.88 ± 325.25	0.582
		AA	31	2933.32 ± 276.94	
	VO_2max/W	AG	25	57.78 ± 4.89	0.449
		AA	31	58.74 ± 4.47	
	VO_2AT/VO_2max	AG	20	84.82 ± 4.83	0.575
		AA	25	83.78 ± 6.91	
	HRmax	AG	25	178.32 ± 15.96	0.894
		AA	31	179.00 ± 20.89	
	VVO_2max	AG	25	18.89 ± 1.38	0.327
		AA	31	19.24 ± 1.29	

表3-17 HK4基因rs1799884位点与有氧运动能力指标的关联性

位点	变量	基因型	人数/个	变量值	*P*
rs1799884	VO_2AT	CG	24	2 527.25 ± 247.88	0.215
		GG	33	2 413.67 ± 248.83	
	VO_2AT/W	CG	24	49.05 ± 4.65	0.870
		GG	33	48.85 ± 4.42	
	HRAT	CG	24	168.46 ± 9.54	0.751
		GG	33	169.18 ± 7.62	
	VAT	CG	24	15.20 ± 1.28	0.557
		GG	33	15.39 ± 1.10	
	VO_2max	CG	24	2 982.29 ± 331.48	0.531
		GG	32	2 931.41 ± 272.65	
	VO_2max/W	CG	24	57.87 ± 4.97	0.542

续表

位点	变量	基因型	人数/个	变量值	*P*
		GG	32	58.64 ± 4.43	
	VO_2AT/VO_2max	CG	20	84.82 ± 4.83	0.575
		GG	25	83.78 ± 6.91	
	HRmax	CG	24	178.42 ± 16.30	0.924
		GG	32	178.91 ± 20.56	
	VVO_2max	CG	24	18.91 ± 1.40	0.398
		GG	32	19.22 ± 1.28	

表3-18　HK4基因rs13239289位点与有氧运动能力的关联性

位点	变量	基因型	人数/个	变量值	*P*
rs13239289	VO_2AT	GC	22	2 479.50 ± 245.19	0.988
		CC	35	2 478.46 ± 256.05	
	VO_2AT/W	GC	22	48.49 ± 3.69	0.550
		CC	35	49.22 ± 4.93	
	HRAT	GC	22	170.86 ± 8.11	0.159
		CC	35	167.63 ± 8.46	
	VAT	GC	22	15.25 ± 1.13	0.753
		CC	35	15.35 ± 1.21	
	VO_2max	GC	22	2 977.91 ± 318.40	0.622
		CC	34	2 937.24 ± 286.90	
	VO_2max/W	GC	22	58.22 ± 5.24	0.908
		CC	34	58.37 ± 4.29	
	VO_2AT/VO_2max	GC	19	83.09 ± 7.54	0.279
		CC	26	85.08 ± 4.62	
	HRmax	GC	22	180.77 ± 21.94	0.509
		CC	34	177.35 ± 16.47	
	VVO_2max	GC	22	19.13 ± 1.72	0.831
		CC	34	19.05 ± 1.03	

表3-19　HK4基因rs730497位点与有氧运动能力指标的关联性

位点	变量	基因型	人数/个	变量值	*P*
rs730497	VO_2AT	TC	24	2 509.00 ± 241.82	0.442
		TT	33	2 456.94 ± 256.72	
	VO_2AT/W	TC	24	48.73 ± 4.57	0.771
		TT	33	49.09 ± 4.47	
	HRAT	TC	24	168.00 ± 9.37	0.507
		TT	33	169.52 ± 7.71	
	VAT	TC	24	15.12 ± 1.23	0.296
		TT	33	15.45 ± 1.12	
	VO_2max	TC	24	2 973.04 ± 331.33	0.670
		TT	32	2 938.34 ± 273.91	
	VO_2max/W	TC	24	57.72 ± 4.98	0.417
		TT	32	58.75 ± 4.40	
	VO_2AT/VO_2max	TC	19	84.49 ± 4.74	0.816
		TT	26	84.06 ± 6.92	
	HRmax	TC	24	178.00 ± 16.22	0.812
		TT	32	179.22 ± 20.59	
	VVO_2max	TC	24	18.81 ± 1.35	0.182
		TT	32	19.29 ± 1.30	

表3-20　HK4基因rs2041547位点与有氧运动能力指标的关联性

位点	变量	基因型	人数/个	变量值	*P*
rs2041547	VO_2AT	GA	26	2 406.23 ± 246.81	0.098
		AA	10	2 490.70 ± 212.71	
		GG	21	2 563.14 ± 252.37	
	VO_2AT/W	GA	26	48.31 ± 4.74	0.528
		AA	10	48.77 ± 4.35	
		GG	21	49.80 ± 4.26	

续表

位点	变量	基因型	人数/个	变量值	*P*
	HRAT	GA	26	169.00 ± 10.18	0.822
		AA	10	167.40 ± 7.06	
		GG	21	169.43 ± 6.67	
	VAT	GA	26	15.22 ± 1.18	0.687
		AA	10	15.19 ± 1.25	
		GG	21	15.49 ± 1.16	
	VO_2max	GA	25	2 897.08 ± 335.56	0.361
		AA	10	2 945.70 ± 236.44	
		GG	21	3 023.62 ± 271.87	
	VO_2max/*W*	GA	25	58.25 ± 5.50	0.821
		AA	10	57.59 ± 3.57	
		GG	21	58.72 ± 4.09	
	VO_2AT/VO_2max	GA	22	83.24 ± 6.77	0.547
		AA	7	85.67 ± 4.93	
		GG	16	84.99 ± 5.47	
	HRmax	GA	25	180.28 ± 17.07	0.676
		AA	10	180.80 ± 11.10	
		GG	21	175.81 ± 23.27	
	VVO_2max	GA	25	19.14 ± 1.44	0.892
		AA	10	18.90 ± 0.86	
		GG	21	19.11 ± 1.43	

2. HK4基因单个位点多态性与身体成分的关联性

HK4基因6个多态位点不同基因型与身体成分的相关指标均无显著性差异（表3-21至表3-26）。

表3-21　HK4基因rs4607517位点与身体成分指标的关联性

位点	变量	基因型	人数/个	变量值	*P*
rs4607517	BF/%	AG	25	19.20 ± 3.83	0.616
		AA	30	18.69 ± 3.70	
	H/*W* × 100	AG	25	323.26 ± 25.59	0.658
		AA	32	320.53 ± 20.88	
	W/*H* × 1 000	AG	25	311.30 ± 25.29	0.668
		AA	32	313.97 ± 21.29	
	BI	AG	25	44.24 ± 1.25	0.453
		AA	32	44.02 ± 0.99	
	BMI	AG	25	18.99 ± 1.49	0.537
		AA	32	19.21 ± 1.12	
	WHR	AG	25	0.77 ± 0.03	0.164
		AA	32	0.79 ± 0.04	
	TST	AG	19	36.75 ± 12.30	0.708
		AA	26	38.12 ± 11.78	
	TS1	AG	20	8.40 ± 3.27	0.695
		AA	26	8.02 ± 3.22	
	TS2	AG	20	7.13 ± 2.69	0.966
		AA	26	7.10 ± 1.92	
	TS3	AG	19	8.47 ± 3.59	0.730
		AA	26	8.83 ± 3.19	
	TS4	AG	19	8.41 ± 4.12	0.577
		AA	26	9.10 ± 3.99	
	TS5	AG	20	4.95 ± 2.41	0.872
		AA	26	5.08 ± 2.77	

表3-22　HK4基因rs1799884位点与身体成分指标的关联性

位点	变量	基因型	人数/个	变量值	*P*
rs1799884	BF/%	CG	25	19.20 ± 3.84	0.616
		GG	30	18.69 ± 3.70	
	$H/W \times 100$	CG	25	323.26 ± 25.60	0.658
		GG	32	320.53 ± 20.88	
	$W/H \times 1\,000$	CG	25	311.30 ± 25.29	0.668
		GG	32	313.97 ± 21.29	
	BI	CG	25	44.24 ± 1.25	0.453
		GG	32	44.02 ± 0.99	
	BMI	CG	25	18.99 ± 1.49	0.537
		GG	32	19.21 ± 1.12	
	WHR	CG	25	0.77 ± 0.03	0.164
		GG	32	0.79 ± 0.04	
	TST	CG	19	36.75 ± 12.29	0.708
		GG	26	38.12 ± 11.78	
	TS1	CG	20	8.40 ± 3.27	0.695
		GG	26	8.02 ± 3.22	
	TS2	CG	20	7.13 ± 2.69	0.966
		GG	26	7.10 ± 1.92	
	TS3	CG	19	8.47 ± 3.60	0.730
		GG	26	8.83 ± 3.19	
	TS4	CG	19	8.41 ± 4.12	0.577
		GG	26	9.10 ± 3.99	
	TS5	CG	20	4.95 ± 2.41	0.872
		GG	26	5.08 ± 2.77	

表3-23　HK4基因rs3757840位点与身体成分指标的关联性

位点	变量	基因型	人数/个	变量值	*P*
rs3757840	BF/%	CA	32	18.78 ± 4.08	0.405
		AA	13	19.96 ± 2.82	
		CC	6	17.52 ± 4.05	
	$H/W\times100$	CA	33	326.24 ± 23.64	0.482
		AA	13	318.27 ± 21.87	
		CC	6	318.25 ± 18.78	
	$W/H\times1\,000$	CA	33	308.72 ± 23.47	0.577
		AA	13	315.88 ± 22.77	
		CC	6	315.17 ± 19.02	
	BI	CA	33	44.06 ± 1.15	0.726
		AA	13	44.34 ± 1.02	
		CC	6	44.27 ± 1.05	
	BMI	CA	33	19.03 ± 1.39	0.996
		AA	13	19.05 ± 1.19	
		CC	6	19.07 ± 0.86	
	WHR	CA	33	0.79 ± 0.04	0.138
		AA	13	0.77 ± 0.04	
		CC	6	0.76 ± 0.04	
	TST	CA	25	36.03 ± 12.22	0.539
		AA	11	37.50 ± 11.02	
		CC	5	42.80 ± 15.77	
	TS1	CA	25	8.12 ± 3.47	0.569
		AA	12	7.88 ± 2.85	
		CC	5	9.70 ± 3.60	
	TS2	CA	25	6.82 ± 2.42	0.703
		AA	12	7.38 ± 2.35	

续表

位点	变量	基因型	人数/个	变量值	*P*
		CC	5	7.60 ± 2.41	
	TS3	CA	25	8.26 ± 3.18	0.471
		AA	11	8.55 ± 3.48	
		CC	5	10.30 ± 4.09	
	TS4	CA	25	7.77 ± 3.61	0.217
		AA	11	9.32 ± 4.32	
		CC	5	11.00 ± 5.42	
	TS5	CA	25	5.06 ± 2.84	0.696
		AA	12	5.42 ± 2.54	
		CC	5	4.20 ± 1.82	

表3-24　HK4基因rs13239289位点与身体成分指标的关联性

位点	变量	基因型	人数/个	变量值	*P*
rs13239289	BF/%	GC	19	18.22 ± 4.28	0.312
		CC	36	19.30 ± 3.42	
	$H/W \times 100$	GC	20	322.56 ± 18.14	0.842
		CC	37	321.28 ± 25.32	
	$W/H \times 1\,000$	GC	20	311.92 ± 19.05	0.833
		CC	37	313.28 ± 25.05	
	BI	GC	20	44.19 ± 0.98	0.740
		CC	37	44.08 ± 1.19	
	BMI	GC	20	19.04 ± 1.06	0.742
		CC	37	19.15 ± 1.40	
	WHR	GC	20	0.78 ± 0.04	0.509
		CC	37	0.78 ± 0.03	
	TST	GC	15	39.15 ± 14.34	0.526
		CC	30	36.73 ± 10.62	

续表

位点	变量	基因型	人数/个	变量值	*P*
	TS1	GC	15	8.67 ± 3.49	0.485
		CC	31	7.95 ± 3.09	
	TS2	GC	15	7.03 ± 2.19	0.877
		CC	31	7.15 ± 2.33	
	TS3	GC	15	9.07 ± 3.59	0.586
		CC	30	8.48 ± 3.24	
	TS4	GC	15	8.75 ± 4.73	0.951
		CC	30	8.83 ± 3.69	
	TS5	GC	15	5.63 ± 3.06	0.271
		CC	31	4.73 ± 2.34	

表3-25　HK4基因rs730497位点与身体成分指标的关联性

位点	变量	基因型	人数/个	变量值	*P*
rs730497	BF/%	TC	24	19.20 ± 3.92	0.639
		TT	31	18.71 ± 3.64	
	H/*W* × 100	TC	24	323.25 ± 26.15	0.673
		TT	33	320.62 ± 20.56	
	W/*H* × 1 000	TC	24	311.40 ± 25.83	0.699
		TT	33	313.82 ± 20.97	
	BI	TC	24	44.20 ± 1.26	0.654
		TT	33	44.06 ± 1.01	
	BMI	TC	24	19.03 ± 1.51	0.666
		TT	33	19.18 ± 1.11	
	WHR	TC	24	0.77 ± 0.03	0.123
		TT	33	0.79 ± 0.04	
	TST	TC	18	37.07 ± 12.57	0.832
		TT	27	37.85 ± 11.63	
	TS1	TC	19	8.47 ± 3.34	0.614

续表

位点	变量	基因型	人数/个	变量值	*P*
		TT	27	7.98 ± 3.16	
	TS2	TC	19	7.18 ± 2.75	0.852
		TT	27	7.06 ± 1.89	
	TS3	TC	18	8.67 ± 3.60	0.986
		TT	27	8.69 ± 3.21	
	TS4	TC	18	8.32 ± 4.22	0.514
		TT	27	9.13 ± 3.91	
	TS5	TC	19	5.05 ± 2.43	0.947
		TT	27	5.00 ± 2.75	

表3-26　HK4基因rs2041547位点与身体成分指标的关联性

位点	变量	基因型	人数/个	变量值	*P*
rs2041547	BF/%	GA	25	18.17 ± 2.77	0.281
		AA	10	20.37 ± 4.12	
		GG	20	19.14 ± 4.48	
	$H/W \times 100$	GA	27	325.54 ± 22.16	0.384
		AA	10	314.01 ± 21.39	
		GG	20	320.44 ± 24.53	
	$W/H \times 1\,000$	GA	27	308.80 ± 21.21	0.404
		AA	10	319.59 ± 22.32	
		GG	20	314.80 ± 25.50	
	BI	GA	27	44.26 ± 1.25	0.636
		AA	10	43.92 ± 0.96	
		GG	20	44.02 ± 0.99	
	BMI	GA	27	18.91 ± 1.35	0.498
		AA	10	19.43 ± 1.21	

续表

位点	变量	基因型	人数/个	变量值	*P*
		GG	20	19.23 ± 1.25	
	WHR	GA	27	0.78 ± 0.04	0.673
		AA	10	0.78 ± 0.04	
		GG	20	0.77 ± 0.03	
	TST	GA	23	37.28 ± 10.85	0.840
		AA	7	35.64 ± 8.85	
		GG	15	38.82 ± 14.88	
	TS1	GA	23	7.83 ± 2.79	0.740
		AA	8	8.75 ± 3.40	
		GG	15	8.43 ± 3.83	
	TS2	GA	23	7.20 ± 2.30	0.743
		AA	8	7.50 ± 1.83	
		GG	15	6.77 ± 2.48	
	TS3	GA	23	8.41 ± 3.03	0.854
		AA	7	9.14 ± 2.90	
		GG	15	8.87 ± 4.07	
	TS4	GA	23	8.65 ± 3.60	0.595
		AA	7	7.71 ± 3.03	
		GG	15	9.55 ± 4.99	
	TS5	GA	23	5.20 ± 2.92	0.617
		AA	8	4.19 ± 1.83	
		GG	15	5.20 ± 2.46	

2.2.2　HK基因单体型与生理表型指标的关联性

使用SHEsis软件分析HK4基因6个多态位点LD紧密程度，6个位点两两间D' 和r^2计算结果如表3-27所示。

表3-27　HK4基因6个多态位点两两间D'/r^2值

	rs1799884	rs3757840	rs13239289	rs730497	rs2041547
rs4607517	1.000/0.961	1.000/0.267	0.995/0.049	1.000/0.974	0.047/0.001
rs1799884	—	1.000/0.256	0.994/0.047	0.986/0.960	0.075/0.003
rs3757840	—	—	0.945/0.167	1.000/0.260	0.027/0.001
rs13239289	—	—	—	0.996/0.047	0.748/0.054
rs730497	—	—	—	—	0.076/0.003

SHEsis软件LD计算分析如图3-10所示。

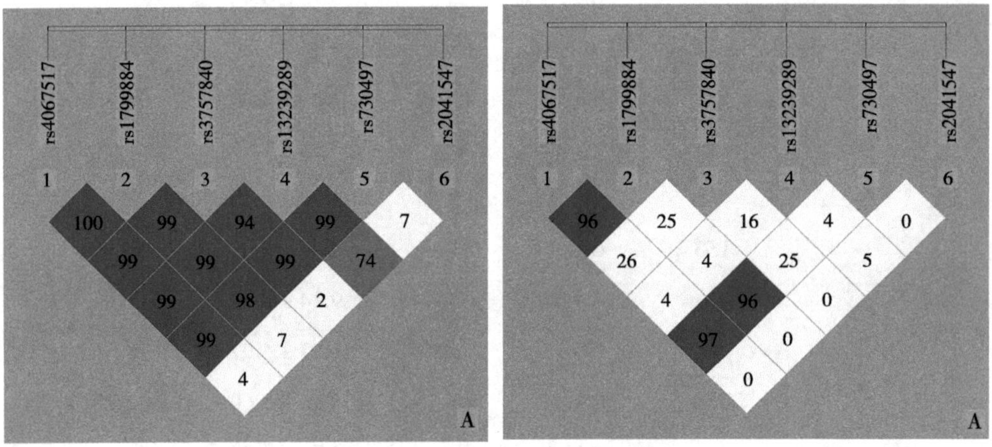

图3-10　HK4基因多态位点间LD分析（A：D'，B：r^2）

（注：以79名长跑运动员组数据计算）

对6个位点进行单体型分析，为了便于描述，将6个多态位点分别命名为1~6位点，即rs4607517（1），rs1799884（2），rs3757840（3），rs13239289（4），rs730497（5），rs2041547（6）。

2.2.2.1　HK基因单体型多态性与有氧运动能力的关联性

对所有可能的位点组合进行分析，结果显示，各位点组合的不同单体型与有氧运动能力指标均无显著性差异。

2.2.2.2　HK基因单体型多态性与身体成分的关联性

对所有可能的位点组合进行分析，结果显示，各位点组合的不同单体型与身体成分指标均无显著性差异。

2.3　PK基因多态性与生理表型指标的关联性

2.3.1　PK基因单个位点多态性与生理表型指标的关联性

2.3.1.1　PK基因单个位点多态性与有氧运动能力的关联性

分析PK基因4个多态位点不同基因型与有氧运动能力指标的关联性，结果显示，rs2071053位点CC型的VO_2AT/VO_2max显著高于TC型；rs1052176位点AA型的VO_2AT/VO_2max显著高于CA型；rs3762272位点AA型的VO_2AT/VO_2max显著高于AG型；rs8847位点AA型的VO_2AT/VO_2max显著高于AG型（表3-28至表3-31，图3-11）。

表3-28　PK基因rs2071053位点与有氧运动能力指标的关联性

位点	变量	基因型	人数/个	变量值	*P*
rs2071053	VO_2AT	TC	23	2 424.57 ± 238.37	0.179
		CC	34	2 515.59 ± 253.93	
	VO_2AT/W	TC	23	48.07 ± 4.79	0.229
		CC	34	49.53 ± 4.22	
	HRAT	TC	23	168.70 ± 10.01	0.895
		CC	34	169.00 ± 7.29	
	VAT	TC	23	15.06 ± 1.14	0.177
		CC	34	15.49 ± 1.18	
	VO_2max	TC	22	2 958.05 ± 262.52	0.923
		CC	34	2 950.09 ± 321.89	
	VO_2max/W	TC	22	58.80 ± 5.10	0.525
		CC	34	57.99 ± 4.37	
	VO_2AT/VO_2max	TC	19	82.19 ± 5.86	0.050*
		CC	26	85.74 ± 5.82	
	HRmax	TC	22	182.32 ± 16.86	0.247
		CC	34	176.35 ± 19.68	
	VVO_2max	TC	22	19.04 ± 1.23	0.848
		CC	34	19.11 ± 1.41	

*表示检验结果有显著性差异（$P<0.05$）。

表3-29　PK基因rs1052176位点与有氧运动能力指标的关联性

位点	变量	基因型	人数/个	变量值	*P*
rs1052176	VO_2AT	CA	23	2 424.57 ± 238.37	0.179
		AA	34	2 515.59 ± 253.93	
	VO_2AT/W	CA	23	48.07 ± 4.79	0.229
		AA	34	49.53 ± 4.22	
	HRAT	CA	23	168.70 ± 10.01	0.895
		AA	34	169.00 ± 7.29	
	VAT	CA	23	15.06 ± 1.14	0.177
		AA	34	15.49 ± 1.18	
	VO_2max	CA	22	2958.05 ± 262.52	0.923
		AA	34	2950.09 ± 321.89	
	VO_2max/W	CA	22	58.80 ± 5.10	0.525
		AA	34	57.99 ± 4.37	
	VO_2AT/VO_2max	CA	19	82.19 ± 5.86	0.050*
		AA	26	85.74 ± 5.82	
	HRmax	CA	22	182.32 ± 16.86	0.247
		AA	34	176.35 ± 19.68	
	VVO_2max	CA	22	19.04 ± 1.23	0.848
		AA	34	19.12 ± 1.41	

*表示检验结果有显著性差异（$P<0.05$）。

表3-30　PK基因rs3762272位点与有氧运动能力指标的关联性

位点	变量	基因型	人数/个	变量值	*P*
rs3762272	VO_2AT	AG	25	2 449.00 ± 255.83	0.430
		AA	32	2 502.19 ± 246.34	
	VO_2AT/W	AG	25	48.10 ± 4.59	0.216
		AA	32	49.59 ± 4.34	
	HRAT	AG	25	168.88 ± 9.61	0.998
		AA	32	168.88 ± 7.50	

续表

位点	变量	基因型	人数/个	变量值	*P*
	VAT	AG	25	15.15 ± 1.14	0.354
		AA	32	15.44 ± 1.20	
	VO_2max	AG	24	2 983.58 ± 297.81	0.513
		AA	32	2 930.44 ± 299.93	
	VO_2max/W	AG	24	58.72 ± 4.91	0.570
		AA	32	58.00 ± 4.49	
	VO_2AT/VO_2max	AG	21	82.37 ± 5.69	0.050*
		AA	24	85.88 ± 5.96	
	HRmax	AG	24	180.33 ± 18.78	0.575
		AA	32	177.47 ± 18.83	
	VVO_2max	AG	24	19.10 ± 1.19	0.954
		AA	32	19.08 ± 1.45	

*表示检验结果有显著性差异（$P<0.05$）。

表3-31　PK基因rs8847位点与有氧运动能力指标的关联性

位点	变量	基因型	人数/个	变量值	*P*
rs8847	VO_2AT	AG	23	2 424.57 ± 238.37	0.179
		AA	34	2 515.59 ± 253.93	
	VO_2AT/W	AG	23	48.07 ± 4.79	0.229
		AA	34	49.53 ± 4.22	
	HRAT	AG	23	168.70 ± 10.01	0.895
		AA	34	169.00 ± 7.29	
	VAT	AG	23	15.06 ± 1.14	0.177
		AA	34	15.49 ± 1.18	
	VO_2max	AG	22	2 958.05 ± 262.52	0.923
		AA	34	2 950.09 ± 321.89	
	VO_2max/W	AG	22	58.80 ± 5.10	0.525
		AA	34	57.99 ± 4.37	
	VO_2AT/VO_2max	AG	19	82.19 ± 5.86	0.050*

续表

位点	变量	基因型	人数/个	变量值	*P*
		AA	26	85.74 ± 5.82	
	HRmax	AG	22	182.32 ± 16.86	0.247
		AA	34	176.35 ± 19.68	
	VVO_2max	AG	22	19.04 ± 1.23	0.848
		AA	34	19.11 ± 1.41	

*表示检验结果有显著性差异（$P<0.05$）。

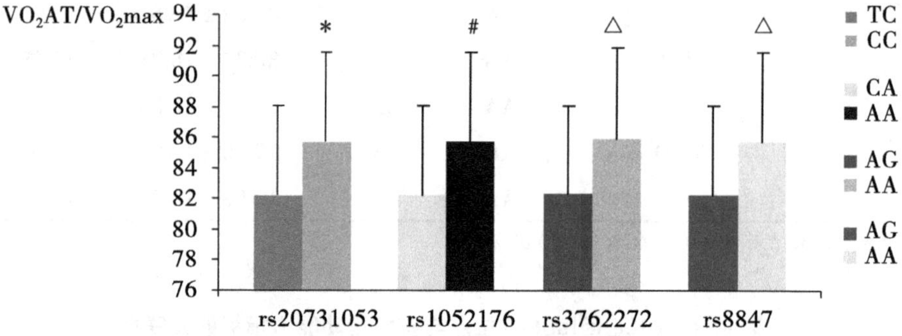

图3-11　PK基因与VO_2AT/VO_2max相关的位点

（*表示与CC型相比，有显著性差异；# 表示与CA型相比，有显著性差异；△表示与AG型相比，有显著性差异；$P<0.05$）

2.3.1.2　PK基因单个位点多态性与身体成分的关联性

PK基因4个多态位点的各基因型与身体成分指标之间均无显著性差异（表3-32至表3-35）。

表3-32　PK基因rs2071053位点与身体成分指标的关联性

位点	变量	基因型	人数/个	变量值	*P*
rs2071053	BF%	TC	25	18.80 ± 3.70	0.831
		CC	30	19.02 ± 3.83	
	$H/W\times100$	TC	25	326.59 ± 20.95	0.158
		CC	32	317.93 ± 23.94	
	$W/H\times1\ 000$	TC	25	308.58 ± 20.25	0.223

续表

位点	变量	基因型	人数/个	变量值	*P*
		CC	32	316.10 ± 24.67	
	BI	TC	25	44.21 ± 1.17	0.575
		CC	32	44.04 ± 1.08	
	BMI	TC	25	18.94 ± 1.27	0.387
		CC	32	19.24 ± 1.30	
	WHR	TC	25	0.78 ± 0.04	0.796
		CC	32	0.78 ± 0.04	
	TST	TC	23	36.00 ± 11.96	0.380
		CC	22	39.15 ± 11.85	
	TS1	TC	23	7.57 ± 3.02	0.194
		CC	23	8.80 ± 3.34	
	TS2	TC	23	6.89 ± 2.53	0.520
		CC	23	7.33 ± 1.99	
	TS3	TC	23	8.09 ± 3.33	0.228
		CC	22	9.30 ± 3.30	
	TS4	TC	23	8.20 ± 3.37	0.301
		CC	22	9.45 ± 4.58	
	TS5	TC	23	5.26 ± 2.90	0.538
		CC	23	4.78 ± 2.29	

表3-33　PK基因rs1052176位点与身体成分指标的关联性

位点	变量	基因型	人数/个	变量值	*P*
rs1052176	BF/%	CA	25	18.80 ± 3.70	0.831
		AA	30	19.02 ± 3.83	
	$H/W \times 100$	CA	25	326.59 ± 20.95	0.158
		AA	32	317.93 ± 23.94	
	$W/H \times 1\,000$	CA	25	308.58 ± 20.25	0.223
		AA	32	316.10 ± 24.67	
	BI	CA	25	44.21 ± 1.17	0.575

续表

位点	变量	基因型	人数/个	变量值	*P*
		AA	32	44.04 ± 1.08	
	BMI	CA	25	18.94 ± 1.27	0.387
		AA	32	19.24 ± 1.30	
	WHR	CA	25	0.78 ± 0.04	0.796
		AA	32	0.78 ± 0.04	
	TST	CA	23	36.00 ± 11.96	0.380
		AA	22	39.15 ± 11.85	
	TS1	CA	23	7.57 ± 3.02	0.194
		AA	23	8.80 ± 3.34	
	TS2	CA	23	6.89 ± 2.53	0.520
		AA	23	7.33 ± 1.99	
	TS3	C A	23	8.09 ± 3.33	0.228
		A A	22	9.30 ± 3.30	
	TS4	C A	23	8.20 ± 3.37	0.301
		A A	22	9.45 ± 4.58	
	TS5	C A	23	5.26 ± 2.90	0.538
		A A	23	4.78 ± 2.29	

表3-34　PK基因rs3762272位点与身体成分指标的关联性

位点	变量	基因型	人数/个	变量值	*P*
rs3762272	BF/%	AG	27	18.59 ± 3.64	0.524
		AA	28	19.24 ± 3.86	
	$H/W \times 100$	AG	27	324.94 ± 21.83	0.319
		AA	30	318.83 ± 23.80	
	$W/H \times 1\,000$	AG	27	310.18 ± 21.33	0.419
		AA	30	315.15 ± 24.44	
	BI	AG	27	44.26 ± 1.13	0.379
		AA	30	43.99 ± 1.10	
	BMI	AG	27	18.96 ± 1.25	0.410

续表

位点	变量	基因型	人数/个	变量值	*P*
		AA	30	19.25 ± 1.33	
	WHR	AG	27	0.78 ± 0.04	0.672
		AA	30	0.78 ± 0.04	
	TST	AG	24	35.67 ± 11.81	0.263
		AA	21	39.68 ± 11.87	
	TS1	AG	24	7.50 ± 2.97	0.132
		AA	22	8.93 ± 3.36	
	TS2	AG	24	6.81 ± 2.50	0.359
		AA	22	7.43 ± 1.97	
	TS3	AG	24	8.17 ± 3.28	0.276
		AA	21	9.26 ± 3.37	
	TS4	AG	24	8.06 ± 3.36	0.186
		AA	21	9.66 ± 4.58	
	TS5	AG	24	5.13 ± 2.91	0.782

表3-35　PK基因rs8847位点与身体成分指标的关联性

位点	变量	基因型	人数/个	变量值	*P*
rs8847	BF/%	AG	25	18.80 ± 3.70	0.831
		AA	30	19.02 ± 3.83	
	$H/W \times 100$	AG	25	326.59 ± 20.95	0.158
		AA	32	317.93 ± 23.94	
	$W/H \times 1\,000$	AG	25	308.58 ± 20.25	0.223
		AA	32	316.10 ± 24.67	
	BI	AG	25	44.21 ± 1.17	0.575
		AA	32	44.04 ± 1.08	
	BMI	AG	25	18.94 ± 1.27	0.387
		AA	32	19.24 ± 1.30	
	WHR	AG	25	0.78 ± 0.04	0.796

续表

位点	变量	基因型	人数/个	变量值	*P*
		AA	32	0.79 ± 0.04	
	TST	AG	23	36.00 ± 11.96	0.380
		AA	22	39.15 ± 11.85	
	TS1	AG	23	7.57 ± 3.02	0.194
		AA	23	8.80 ± 3.34	
	TS2	AG	23	6.89 ± 2.53	0.520
		AA	23	7.33 ± 2.00	
	TS3	AG	23	8.09 ± 3.33	0.228
		AA	22	9.30 ± 3.30	
	TS4	AG	23	8.20 ± 3.37	0.301
		AA	22	9.45 ± 4.58	
	TS5	AG	23	5.26 ± 2.90	0.538
		AA	23	4.78 ± 2.29	

2.3.2 PK基因单体型与生理表型指标的关联性

使用SHEsis软件分析PK基因4个多态位点LD紧密程度，4个位点两两间D' 和r^2计算结果如表3-36所示。结果显示，rs2071053、rs1052176、rs8847 3个位点两两之间的$D'=1$，且$r^2=1$。从基因型和等位基因分布的频率可以看出，rs2071053（CC）、rs1052176（AA）、rs8847（AA）的基因型频率均为58.2%；rs2071053（CT）、rs1052176（AC）、rs8847（AG）的基因型频率均为38.0%；rs2071053（TT）、rs1052176（CC）、rs8847（GG）的基因型频率均为3.8%。即这3个位点的基因型和等位基因分布完全一致，处于完全连锁不平衡状态。此外，rs3762272与以上3个位点处于高度连锁不平衡状态（$D'=1$，且$r^2=0.900$）。

为了便于描述，将4个多态位点分别命名为1~4位点，即rs2071053（1），rs1052176（2），rs3762272（3），rs8847（4）。

表3-36　PK基因4个多态位点两两间D'/r^2值

	rs1052176	rs3762272	rs8847
rs2071053	1.000/1.000	1.000/0.901	1.000/1.000
rs1052176	—	1.000/0.901	1.000/1.000
rs3762272		—	1.000/0.900

SHEsis软件LD计算分析如图3-12所示。

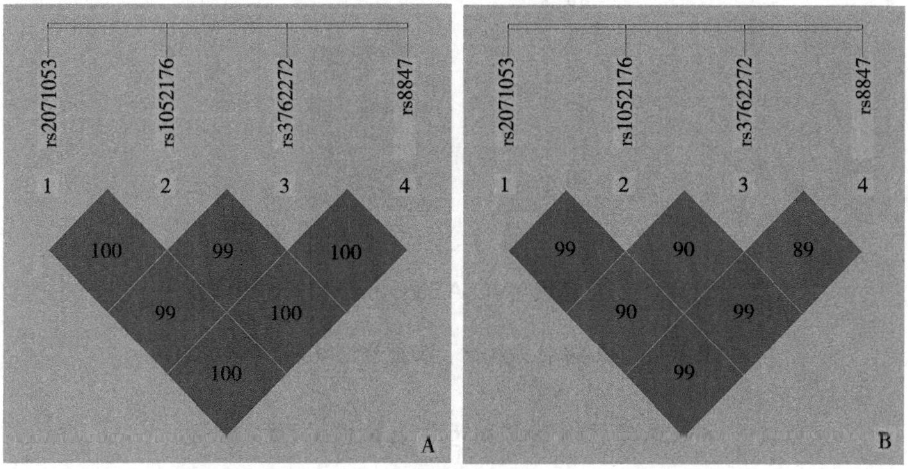

图3-12　PK基因多态位点间LD分析（A：D'，B：r^2）

（注：以79个长跑运动员组数据计算）

2.3.2.1　PK基因单体型多态性与有氧运动能力的关联性

对4个位点进行单体型分析，结果显示，1-2-3-4位点组成的位点组合的不同单体型与VO_2AT/VO_2max显著相关，CAAA单体型携带者的VO_2AT/VO_2max（85.74 ± 5.82）显著高于TCGG单体型携带者（82.19 ± 5.86）（表3-37，图3-13）。其余单体型与有氧运动能力指标均无显著性差异。

表3-37 PK基因与有氧运动能力相关的单体型

位点	变量	单体型	Hap-Freq	Global-stat	d_f	Global-p	组间P值
1-2-3-4	VO_2AT/VO_2max	TCGG	0.21	6.40	2	0.041	0.049
		CAAA	0.78				

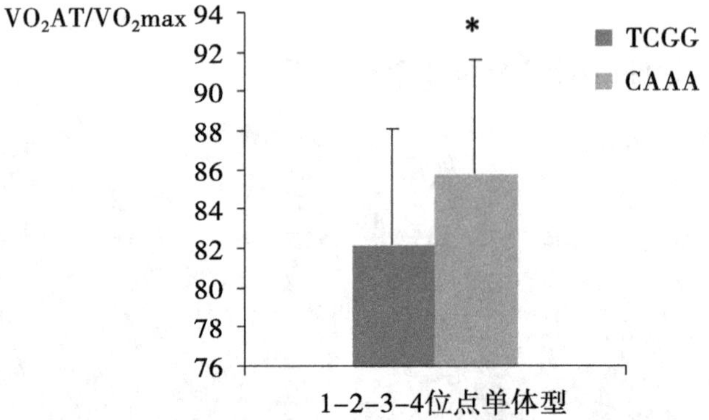

图3-13 PK基因与VO_2AT/VO_2max相关的单体型

（*表示与CAAA单体型相比，有显著性差异，P<0.05）

2.3.2.2 PK基因单体型多态性与身体成分的关联性

各位点组合的不同单体型与身体成分指标均无显著性差异。

2.4 LDH基因多态性与生理表型指标的关联性

2.4.1 LDH单个位点多态性与有氧运动能力指标的关联性

LDH基因rs2896526位点各基因型与有氧运动能力的相关指标均无显著性差异（表3-38）。

表3-38 LDH基因rs2896526与有氧运动能力指标的关联性

位点	变量	基因型	人数/个	变量值	P
rs2896526	VO_2AT	AG	9	2 563.78 ± 291.56	0.270
		AA	48	2 462.94 ± 241.21	
	VO_2AT/W	AG	9	50.40 ± 5.52	0.290
		AA	48	48.66 ± 4.27	
	HRAT	AG	9	171.44 ± 10.56	0.322
		AA	48	168.40 ± 7.98	
	VAT	AG	9	15.62 ± 1.19	0.391
		AA	48	15.25 ± 1.17	
	VO_2max	AG	9	2 989.33 ± 410.84	0.695
		AA	47	2 946.30 ± 275.96	
	VO_2max/W	AG	9	58.58 ± 5.98	0.852
		AA	47	58.26 ± 4.42	
	VO_2AT/VO_2max	AG	7	86.45 ± 6.59	0.298
		AA	38	83.84 ± 5.93	
	HRmax	AG	9	185.89 ± 9.75	0.211
		AA	47	177.32 ± 19.73	
	VVO_2max	AG	9	19.19 ± 0.92	0.799
		AA	47	19.06 ± 1.40	

2.4.2 LDH单个位点多态性与身体成分的关联性

LDH基因rs2896526位点各基因型与身体成分相关指标均无显著性差异（表3-39）。

表3-39 LDH基因rs2896526与身体成分的关联性

位点	变量	基因型	人数/个	变量值	*P*
rs2896526	BF/%	AG	8	18.58 ± 4.07	0.778
		AA	47	18.98 ± 3.72	
	$H/W \times 100$	AG	8	317.24 ± 24.77	0.554
		AA	49	322.46 ± 22.76	
	$W/H \times 1\,000$	AG	8	317.59 ± 24.82	0.529
		AA	49	312.02 ± 22.81	
	BI	AG	8	43.88 ± 0.80	0.511
		AA	49	44.16 ± 1.16	
	BMI	AG	8	19.39 ± 1.12	0.518
		AA	49	19.07 ± 1.31	
	WHR	AG	8	0.79 ± 0.04	0.571
		AA	49	0.78 ± 0.04	
	TST	AG	7	33.14 ± 13.51	0.292
		AA	38	38.35 ± 11.57	
	TS1	AG	7	7.14 ± 4.44	0.357
		AA	39	8.37 ± 2.98	
	TS2	AG	7	5.86 ± 2.06	0.113
		AA	39	7.33 ± 2.25	
	TS3	AG	7	6.93 ± 2.95	0.132
		AA	38	9.00 ± 3.33	
	TS4	AG	7	8.43 ± 5.59	0.790
		AA	38	8.88 ± 3.75	
	TS5	AG	7	4.79 ± 1.85	0.797

2.5 ACSL基因多态性与生理表型指标的关联性

2.5.1 ACSL基因单个位点多态性与生理表型指标的关联性

2.5.1.1 ACSL4基因单个位点与生理表型指标的关联性

由于ACSL4基因s7887981位点，全部受试者均为一种基因型——

TT型，因此，不再对该位点进行与生理表型指标的关联性分析。

1. ACSL4单个位点多态性与有氧运动能力的关联性

ACSL4基因2个多态位点的不同基因型与有氧运动能力相关指标均无显著性差异（表3-40、表3-41）。

表3-40　ACSL4基因rs5943427位点与有氧运动能力指标的关联性

位点	变量	基因型	人数/个	变量值	*P*
rs5943427	VO_2AT	CG	14	2 517.14 ± 276.43	0.472
		GG	42	2 460.98 ± 242.85	
	VO_2AT/W	CG	14	50.24 ± 4.59	0.119
		GG	42	48.21 ± 4.00	
	HRAT	CG	14	169.00 ± 10.86	0.907
		GG	42	168.69 ± 7.63	
	VAT	CG	14	15.69 ± 1.29	0.149
		GG	42	15.16 ± 1.12	
	VO_2max	CG	14	2 984.36 ± 327.65	0.663
		GG	41	2 943.37 ± 293.81	
	VO_2max/W	CG	14	59.29 ± 4.71	0.291
		GG	41	57.78 ± 4.50	
	VO_2AT/VO_2max	CG	14	84.47 ± 5.29	0.759
		GG	30	83.87 ± 6.35	
	HRmax	CG	14	183.07 ± 10.61	0.306
		GG	41	177.05 ± 20.20	
	VVO_2max	CG	14	19.50 ± 1.08	0.180
		GG	41	18.94 ± 1.41	

表3-41　ACSL4基因rs1324805位点与有氧运动能力指标的关联性

位点	变量	基因型	人数/个	变量值	*P*
rs1324805	VO_2AT	CT	11	2 539.00 ± 267.74	0.379
		TT	46	2 464.48 ± 246.10	
	VO_2AT/W	CT	11	51.17 ± 4.85	0.065

续表

位点	变量	基因型	人数/个	变量值	*P*
		TT	46	48.40 ± 4.27	
	HRAT	CT	11	169.55 ± 8.36	0.772
		TT	46	168.72 ± 8.50	
	VAT	CT	11	15.93 ± 1.06	0.051
		TT	46	15.17 ± 1.16	
	VO_2max	CT	11	2 934.09 ± 251.94	0.814
		TT	45	2 957.89 ± 309.97	
	VO_2max/W	CT	11	58.84 ± 4.20	0.678
		TT	45	58.18 ± 4.78	
	VO_2AT/VO_2max	CT	11	86.48 ± 4.23	0.160
		TT	34	83.52 ± 6.40	
	HRmax	CT	11	183.00 ± 8.14	0.399
		TT	45	177.64 ± 20.39	
	VVO_2max	CT	11	19.63 ± 0.98	0.132
		TT	45	18.95 ± 1.38	

2. ACSL4单个位点多态性与身体成分的关联性

ACSL4基因2个多态位点不同基因型与身体成分相关指标均无显著性差异（表3-42、表3-43）。

表3-42　ACSL4基因rs5943427位点与身体成分指标的关联性

位点	变量	基因型	人数/个	变量值	*P*
rs5943427	BF/%	CG	14	18.57 ± 3.89	0.588
		GG	40	19.20 ± 3.64	
	$H/W \times 100$	CG	15	316.86 ± 22.91	0.389
		GG	41	322.85 ± 22.84	
	$W/H \times 1\,000$	CG	15	317.53 ± 23.17	0.404
		GG	41	311.70 ± 22.87	

续表

位点	变量	基因型	人数/个	变量值	*P*
	BI	CG	15	43.96 ± 0.93	0.500
		GG	41	44.19 ± 1.19	
	BMI	CG	15	19.35 ± 1.13	0.436
		GG	41	19.04 ± 1.35	
	WHR	CG	15	0.79 ± 0.04	0.442
		GG	41	0.78 ± 0.04	
	TST	CG	13	36.81 ± 11.12	0.796
		GG	32	37.84 ± 12.33	
	TS1	CG	13	7.85 ± 3.45	0.658
		GG	33	8.32 ± 3.16	
	TS2	CG	13	7.12 ± 1.88	0.990
		GG	33	7.11 ± 2.42	
	TS3	CG	13	8.15 ± 3.27	0.507
		GG	32	8.89 ± 3.38	
	TS4	CG	13	8.35 ± 3.98	0.629
		GG	32	8.99 ± 4.07	
	TS5	CG	13	5.35 ± 2.36	0.600
		GG	33	4.89 ± 2.71	

表3-43　ACSL4基因rs1324805位点与身体成分指标的关联性

位点	变量	基因型	人数/个	变量值	*P*
rs1324805	BF/%	CT	7	16.76 ± 3.92	0.101
		TT	48	19.24 ± 3.64	
	$H/W \times 100$	CT	8	321.88 ± 17.48	0.985
		TT	49	321.70 ± 23.81	
	$W/H \times 1\,000$	CT	8	311.49 ± 16.77	0.864
		TT	49	313.01 ± 23.95	

续表

位点	变量	基因型	人数/个	变量值	*P*
	BI	CT	8	43.91 ± 0.76	0.578
		TT	49	44.15 ± 1.16	
	BMI	CT	8	19.19 ± 0.75	0.860
		TT	49	19.10 ± 1.36	
	WHR	CT	8	0.79 ± 0.03	0.637
		TT	49	0.78 ± 0.04	
	TST	CT	6	34.92 ± 11.77	0.567
		TT	39	37.94 ± 11.99	
	TS1	CT	6	7.67 ± 2.71	0.676
		TT	40	8.26 ± 3.30	
	TS2	CT	6	6.67 ± 2.25	0.613
		TT	40	7.18 ± 2.28	
	TS3	CT	6	8.25 ± 3.89	0.740
		TT	39	8.74 ± 3.29	
	TS4	CT	6	7.00 ± 3.44	0.240
		TT	39	9.08 ± 4.06	
	TS5	CT	6	5.33 ± 2.73	0.756
		TT	40	4.98 ± 2.61	

2.5.1.2 ACSL5基因单个位点与生理表型指标的关联性

1. ACSL5单个位点多态性与有氧运动能力的关联性

分析ACSL5基因3个位点基因型与有氧运动能力指标的关联性，结果显示，rs2419621位点TC型的VO_2AT显著高于CC型；rs11195938位点TT型的VO_2AT、VO_2max显著高于TC型、CC型；rs8624位点CC型的VO_2AT、VVO_2max显著低于TC型、TT型（表3-44至表3-46，图3-14至图3-16）。

表3-44　ACSL5基因rs2419621位点与有氧运动能力指标的关联性

位点	变量	基因型	人数/个	变量值	*P*
rs2419621	VO_2AT	TC	20	2 568.90 ± 262.19	0.044*
		CC	37	2 430.19 ± 231.89	
	VO_2AT/W	TC	20	49.10 ± 4.53	0.848
		CC	37	48.85 ± 4.51	
	HRAT	TC	20	167.85 ± 9.13	0.502
		CC	37	169.43 ± 8.06	
	VAT	TC	20	15.13 ± 1.34	0.392
		CC	37	15.41 ± 1.07	
	VO_2max	TC	19	3 055.26 ± 392.12	0.065
		CC	37	2 900.81 ± 223.62	
	VO_2max/W	TC	19	58.43 ± 4.88	0.889
		CC	37	58.25 ± 4.58	
	VO_2AT/VO_2max	TC	17	85.32 ± 6.04	0.359
		CC	28	83.59 ± 6.04	
	HRmax	TC	19	179.26 ± 15.68	0.873
		CC	37	178.41 ± 20.26	
	VVO_2max	TC	19	18.68 ± 1.48	0.108
		CC	37	19.29 ± 1.22	

*表示检验结果有显著性差异（$P<0.05$）。

表3-45　ACSL5基因rs11195938位点与有氧运动能力指标的关联性

位点	变量	基因型	人数/个	变量值	*P*	组间*P*值
rs11195938	VO_2AT	TC	21	2 398.00 ± 180.27	0.003*	TC、TT:（0.002）
		CC	20	2 426.55 ± 256.56		CC、TT:（0.005）
		TT	16	2 650.38 ± 248.78		TC、CC:（0.691）
	VO_2AT/W	TC	21	48.10 ± 4.11	0.178	
		CC	20	48.41 ± 4.28		

续表

位点	变量	基因型	人数/个	变量值	*P*	组间*P*值
		TT	16	50.69 ± 4.94		
	HRAT	TC	21	168.76 ± 7.85	0.894	
		CC	20	168.35 ± 7.51		
		TT	16	169.69 ± 10.44		
	VAT	TC	21	15.03 ± 1.16	0.347	
		CC	20	15.40 ± 1.10		
		TT	16	15.58 ± 1.27		
	VO_2max	TC	20	2 874.05 ± 184.39	0.048*	TC、TT:（0.020）
		CC	20	2 911.45 ± 252.42		CC、TT:（0.050）
		TT	16	3 104.38 ± 407.02		TC、CC:（0.681）
	VO_2max/W	TC	20	57.74 ± 4.56	0.621	
		CC	20	58.13 ± 4.64		
		TT	16	59.24 ± 4.90		
	VO_2AT/VO_2max	TC	14	83.31 ± 7.11	0.401	
		CC	16	83.43 ± 5.37		
		TT	15	85.98 ± 5.63		
	HRmax	TC	20	176.60 ± 23.90	0.800	
		CC	20	180.60 ± 14.73		
		TT	16	178.94 ± 16.50		
	VVO_2max	TC	20	19.16 ± 1.38	0.539	
		CC	20	19.26 ± 1.21		
		TT	16	18.78 ± 1.44		

*表示检验结果有显著性差异（$P<0.05$）。

表3-46　ACSL5基因rs8624位点与有氧运动能力指标的关联性

位点	变量	基因型	人数/个	变量值	*P*	组间*P*值
rs8624	VO_2AT	TC	24	2 467.08 ± 263.71	0.036*	TC、CC:（0.020）
		TT	28	2 440.93 ± 221.16		TT、CC:（0.011）
		CC	5	2 747.80 ± 203.88		TT、TC:（0.696）
	VO_2AT/W	TC	24	48.55 ± 4.56	0.850	
		TT	28	49.28 ± 4.52		
		CC	5	48.90 ± 4.57		
	HRAT	TC	24	168.83 ± 7.38	0.710	
		TT	28	169.43 ± 8.93		
		CC	5	166.00 ± 11.22		
	VAT	TC	24	15.24 ± 1.20	0.726	
		TT	28	15.43 ± 1.11		
		CC	5	15.02 ± 1.53		
	VO_2max	TC	23	2 934.26 ± 361.00	0.086	TC、CC:（0.042）
		TT	28	2 919.00 ± 219.25		TT、CC:（0.030）
		CC	5	3 232.00 ± 261.10		TT、TC:（0.852）
	VO_2max/W	TC	23	57.86 ± 4.45	0.706	
		TT	28	58.83 ± 4.72		
		CC	5	57.50 ± 5.75		
	VO_2AT/VO_2max	TC	20	84.72 ± 7.48	0.787	
		TT	21	83.58 ± 5.07		
		CC	4	85.30 ± 1.20		
	HRmax	TC	23	179.87 ± 16.19	0.859	
		TT	28	178.43 ± 21.75		
		CC	5	174.80 ± 11.88		
	VVO_2max	TC	23	19.03 ± 1.13	0.018*	TC、CC:（0.025）
		TT	28	19.39 ± 1.24		TT、CC:（0.005）
		CC	5	17.60 ± 1.90		TT、TC:（0.321）

*表示检验结果有显著性差异（$P<0.05$）。

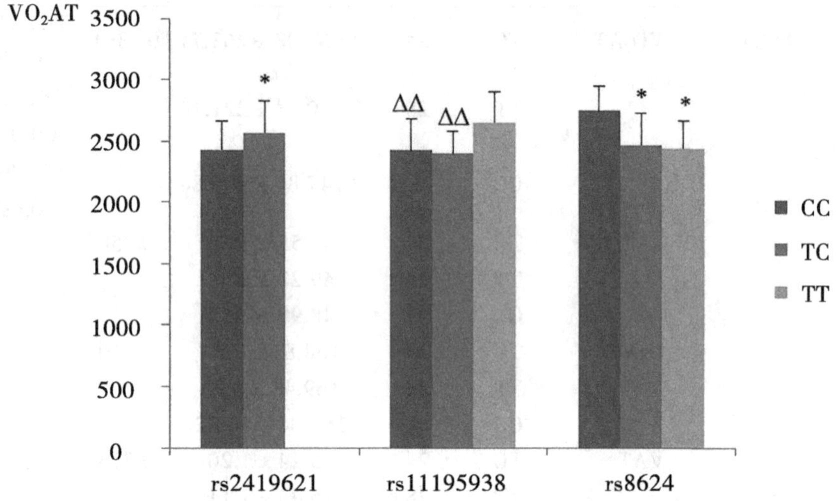

图3-14　ACSL5基因与VO_2AT相关的位点

（*表示与CC型相比，有显著性差异，$P<0.05$；
ΔΔ表示与TT型相比，有显著性差异，$P<0.05$）

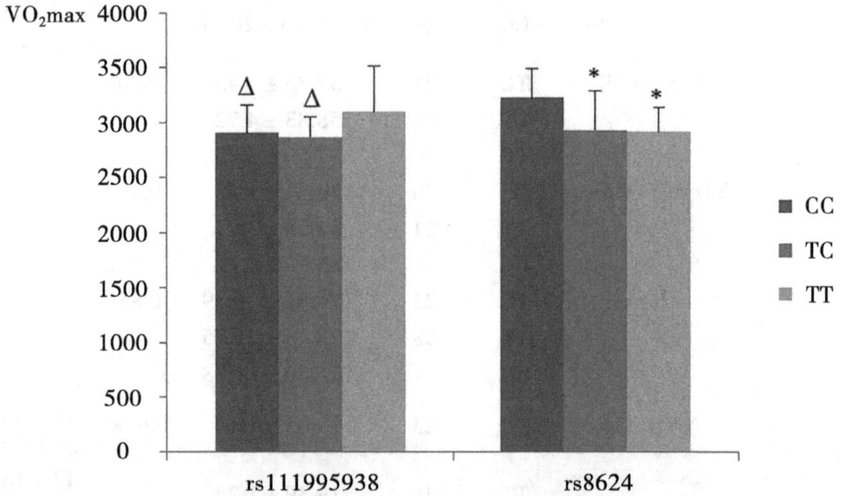

图3-15　ACSL5基因与VO_2max相关的位点

（Δ表示与TT型相比，有显著性差异，$P<0.05$）

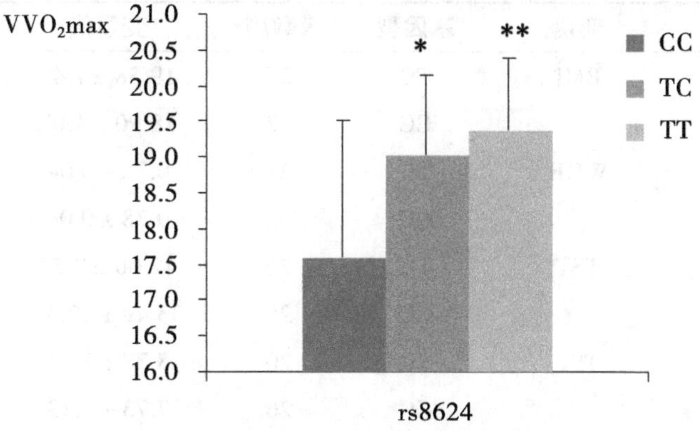

图3-16　ACSL5基因与VVO_2max相关的位点

（*表示与CC型相比，有显著性差异，$P<0.05$；

****表示与CC型相比，有显著性差异，$P<0.05$）**

2. ACSL5基因单个位点多态性与身体成分的关联性

分析ACSL5基因3个位点基因型与身体成分指标的关联性，结果显示，rs2419621位点TC型的$H/W\times100$显著低于CC型，TST、TS2、TS3、TS4显著高于CC型；rs11195938位点CC型的TS1显著低于TC型；CC型的TS2显著低于TT型，且CC型的TS1、TS2均较其他两种基因偏低；rs8624位点CC型的TST、TS3显著低于TT型，且较其他两种基因最低（表3-47至表3-49，图3-17至图3-22）。

表3-47　ACSL5基因rs2419621位点与身体成分指标的关联性

位点	变量	基因型	人数/个	变量值	P
rs2419621	BF/%	TC	24	19.55 ± 4.02	0.278
		CC	31	18.44 ± 3.49	
	$H/W\times100$	TC	25	314.78 ± 23.47	0.042*
		CC	32	327.16 ± 21.23	
	$W/H\times1\,000$	TC	25	319.22 ± 24.32	0.061
		CC	32	307.78 ± 20.85	
	BI	TC	25	44.02 ± 1.34	0.579
		CC	32	44.19 ± 0.91	

续表

位点	变量	基因型	人数/个	变量值	*P*
	BMI	TC	25	19.38 ± 1.49	0.160
		CC	32	18.90 ± 1.08	
	WHR	TC	25	0.78 ± 0.04	0.879
		CC	32	0.78 ± 0.04	
	TST	TC	20	42.60 ± 9.32	0.009**
		CC	25	33.49 ± 12.31	
	TS1	TC	20	8.78 ± 3.29	0.279
		CC	26	7.73 ± 3.13	
	TS2	TC	20	8.13 ± 2.17	0.006**
		CC	26	6.33 ± 2.04	
	TS3	TC	20	10.18 ± 3.04	0.006**
		CC	25	7.48 ± 3.11	
	TS4	TC	20	10.05 ± 2.73	0.050*
		CC	25	7.81 ± 4.61	
	TS5	TC	20	5.48 ± 2.42	0.304
		CC	26	4.67 ± 2.72	

注：*表示检验结果有显著性差异（$P<0.05$）；**表示检验结果有显著性差异（$P<0.01$）。

表3-48 ACSL5基因rs11195938位点与身体成分指标的关联性

位点	变量	基因型	人数/个	变量值	*P*	组间*P*值
rs11195938	BF/%	TC	24	19.97 ± 4.05	0.179	
		CC	14	17.86 ± 3.43		
		TT	17	18.32 ± 3.31		
	$H/W\times100$	TC	25	323.04 ± 24.88	0.535	
		CC	14	325.59 ± 16.48		
		TT	18	316.90 ± 24.60		
	$W/H\times1\,000$	TC	25	310.99 ± 25.08	0.554	
		CC	14	309.76 ± 16.11		
		TT	18	317.67 ± 24.74		
	BI	TC	25	44.37 ± 1.13	0.219	
		CC	14	44.12 ± 0.86		

续表

位点	变量	基因型	人数/个	变量值	*P*	组间*P*值
		TT	18	43.77 ± 1.22		
	BMI	TC	25	18.90 ± 1.38	0.307	
		CC	14	19.01 ± 0.91		
		TT	18	19.49 ± 1.37		
	WHR	TC	25	0.78 ± 0.04	0.884	
		CC	14	0.78 ± 0.04		
		TT	18	0.78 ± 0.04		
	TST	TC	21	38.85 ± 13.40	0.164	
		CC	9	30.83 ± 6.59		
		TT	15	39.73 ± 11.20		
	TS1	TC	22	9.27 ± 3.67	0.057	CC、TC：（0.025）
		CC	9	6.44 ± 1.47		CC、TT：（0.364）
		TT	15	7.63 ± 2.75		TC、TT：（0.118）
	TS2	TC	22	6.84 ± 2.38	0.041*	CC、TT：（0.017）
		CC	9	5.94 ± 1.31		CC、TC：（0.297）
		TT	15	8.20 ± 2.17		TC、TT：（0.066）
	TS3	TC	21	8.64 ± 3.54	0.299	
		CC	9	7.33 ± 2.25		
		TT	15	9.53 ± 3.49		
	TS4	TC	21	9.40 ± 4.77	0.317	
		CC	9	7.00 ± 1.71		
		TT	15	9.07 ± 3.70		
	TS5	TC	22	5.20 ± 2.78	0.509	
		CC	9	4.11 ± 2.34		
		TT	15	5.30 ± 2.51		

注：*表示检验结果有显著性差异（$P<0.05$）。

表3-49　ACSL5基因rs8624位点与身体成分指标的关联性

位点	变量	基因型	人数/个	变量值	P	组间P值
rs8624	BF/%	CC	26	18.43 ± 3.62	0.402	
		TC	24	19.05 ± 3.77		
		TT	5	20.88 ± 4.26		
	$H/W\times100$	CC	27	322.16 ± 23.98	0.608	
		TC	25	323.21 ± 23.12		
		TT	5	311.98 ± 16.09		
	$W/H\times1\,000$	CC	27	312.12 ± 23.50	0.697	
		TC	25	311.84 ± 23.84		
		TT	5	321.24 ± 16.68		
	BI	CC	27	44.26 ± 1.20	0.514	
		TC	25	44.06 ± 1.00		
		TT	5	43.66 ± 1.21		
	BMI	CC	27	19.00 ± 1.36	0.546	
		TC	25	19.11 ± 1.26		
		TT	5	19.70 ± 1.07		
	WHR	CC	27	0.78 ± 0.04	0.669	
		TC	25	0.78 ± 0.04		
		TT	5	0.77 ± 0.04		
	TST	TC	21	38.62 ± 10.48	0.047*	CC、TT:（0.017）CC、TC:（0.110）TT、TC:（0.172）
		TT	19	33.65 ± 12.40		
		CC	5	47.80 ± 10.10		
	TS1	CC	21	8.05 ± 2.65	0.899	
		TC	20	8.18 ± 3.74		
		TT	5	8.80 ± 3.70		
	TS2	CC	21	7.52 ± 2.19	0.147	
		TC	20	6.40 ± 2.27		
		TT	5	8.20 ± 2.02		
	TS3	CC	21	8.90 ± 2.83	0.006**	CC、TT:（0.002）CC、TC:（0.021）TT、TC:（0.129）
		TC	19	7.42 ± 3.38		
		TT	5	12.50 ± 2.15		

续表

位点	变量	基因型	人数/个	变量值	*P*	组间*P*值
	TS4	CC	21	9.19 ± 3.07	0.093	
		TC	19	7.59 ± 4.78		
		TT	5	11.80 ± 2.84		
	TS5	CC	21	4.95 ± 2.95	0.396	
		TC	20	4.73 ± 2.19		
		TT	5	6.50 ± 2.52		

注：*表示检验结果有显著性差异（$P<0.05$）；**表示检验结果有显著性差异（$P<0.01$）。

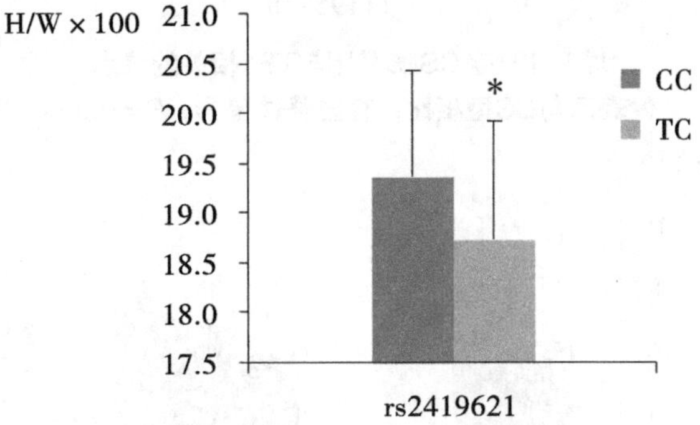

图3-17　ACSL5基因与*H/W*×100相关的位点
（*表示与CC型相比，有显著性差异，$P<0.05$）

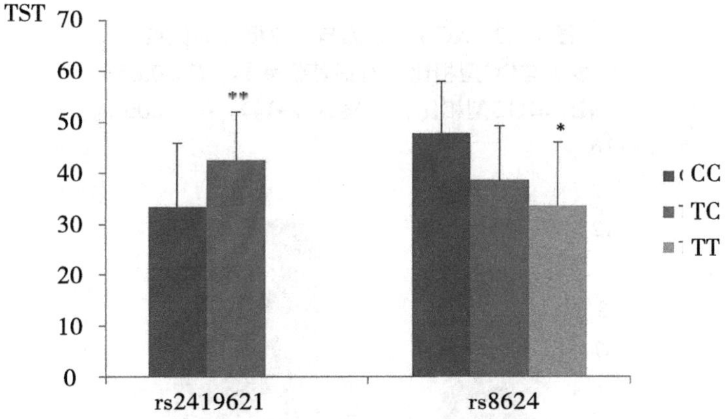

图3-18　ACSL5基因与TST相关的位点
（*表示与CC型相比，有显著性差异，$P<0.05$；
****表示与CC型相比，有显著性差异，$P<0.05$）**

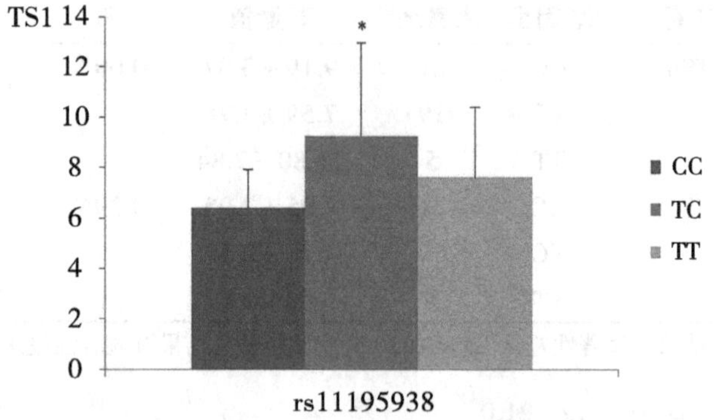

图3-19　ACSL5基因与TS1相关的位点
（*表示与CC型相比，有显著性差异，*P*<0.05）

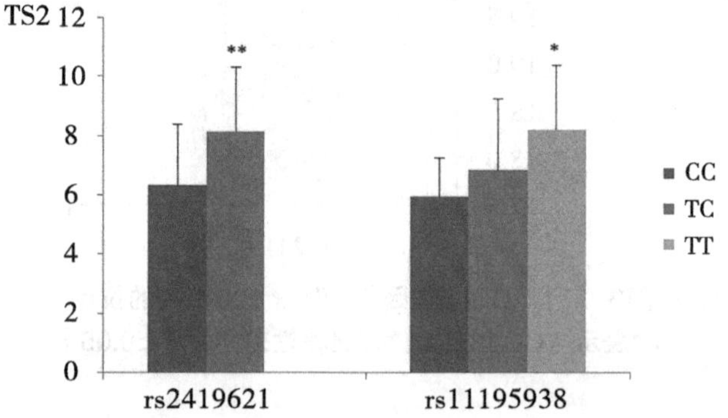

图3-20　ACSL5基因与TS2相关的位点
（*表示与CC型相比，有显著性差异，*P*<0.05；
**表示与CC型相比，有显著性差异，*P*<0.05）

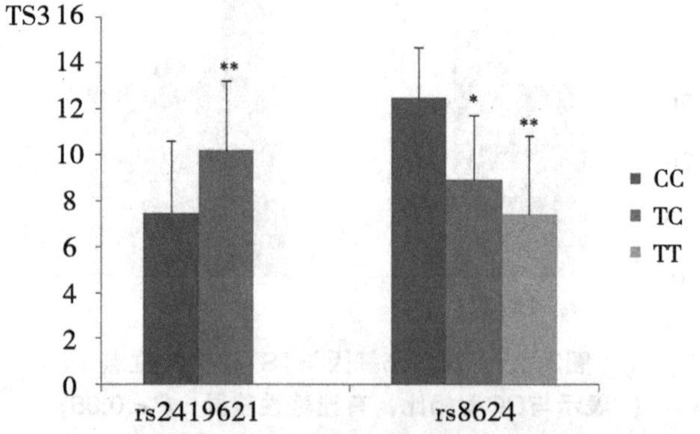

图3-21　ACSL5基因与TS3相关的位点
（*表示与CC型相比，有显著性差异，*P*<0.05；
**表示与CC型相比，有显著性差异，*P*<0.05）

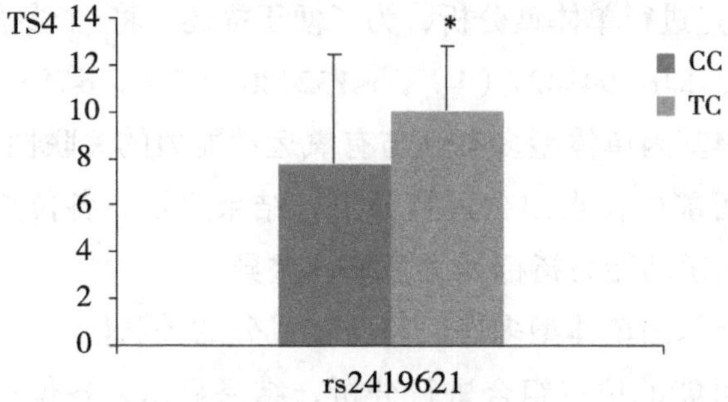

图3-22 ACSL5基因与TS4相关的位点
（*表示与CC型相比，有显著性差异，$P<0.05$）

2.5.2 ACSL基因单体型与生理表型指标的关联性

2.5.2.1 ACSL4基因单体型与生理表型指标的关联性

使用SHEsis软件分析ACSL4基因3个多态位点LD紧密程度，3个位点两两间D' 和r^2计算结果如表3-50所示。

表3-50 ACSL4基因3个多态位点两两间D' /r^2值

	rs1324805	rs7887981
rs5943427	1.000/0.541	1.000/0.026
rs1324805	—	1.000/0.047

SHEsis软件LD计算分析如图3-23所示。

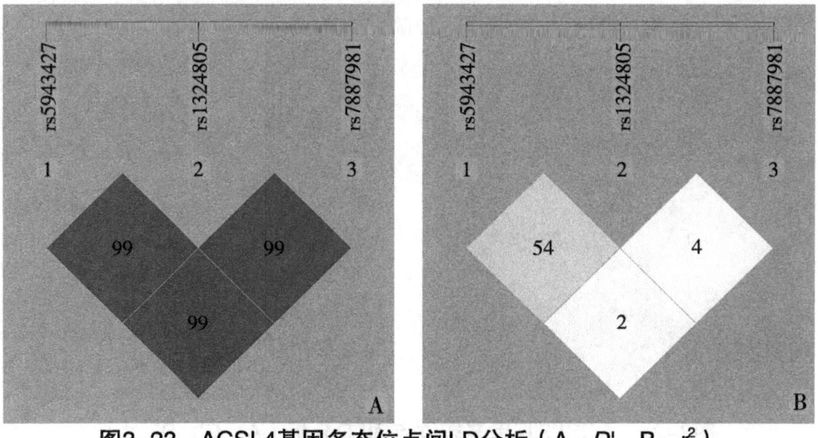

图3-23 ACSL4基因多态位点间LD分析（A：D'，B：r^2）
（注：以79名长跑运动员组数据计算）

对3个位点进行单体型分析，为了便于描述，将3个多态位点分别命名为1~3位点，即rs5943427（1），rs1324805（2），rs7887981（3）。

1. ACSL4基因单体型多态性与有氧运动能力的关联性

对所有可能的位点组合进行分析，结果显示，各位点组合的不同单体型与有氧运动能力指标均无显著性差异。

2. ACSL4基因单体型多态性与身体成分的关联性

对所有可能的位点组合进行分析，结果显示，各位点组合的不同单体型与身体成分指标均无显著性差异。

2.5.2.2 ACSL5基因单体型与生理表型指标的关联性

使用SHEsis软件分析ACSL5基因3个多态位点LD紧密程度，3个位点两两间D' 和r^2计算结果如表3-51所示。

表3-51 ACSL5基因3个多态位点两两间D' /r^2值

	rs11195938	rs8624
rs2419621	1.000/0.277	0.929/0.573
rs11195938	—	0.872/0.318

SHEsis软件LD计算分析如图3-24所示。

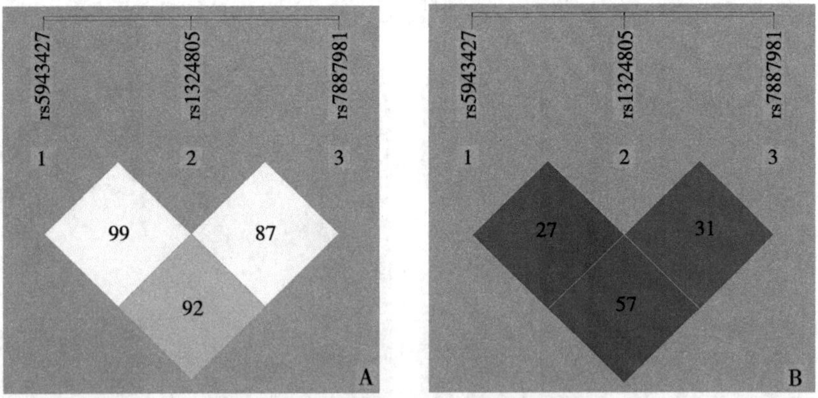

图3-24 ACSL5基因多态位点间LD分析（A：D'，B：r^2）

（注：以79名长跑运动员组数据计算）

对3个位点进行单体型分析，为了便于描述，将3个多态位点分别命名为1~3位点，即rs2419621（1），rs11195938（2），rs8624（3）。

1. ACSL5基因单体型多态性与有氧运动能力的关联性

对所有可能的位点组合进行分析，结果显示，1–2–3位点CCT单体型携带者的VO_2AT（mL/min）为2 414.18 ± 220.76，显著低于非携带者（2 631.06 ± 253.70）；2–3位点CT单体型携带者的VO_2AT（mL/min）为2 411.93 ± 218.46，显著低于非携带者（2 650.38 ± 248.78）；1–2位点TT单体型携带者的VO_2AT（mL/min）为2 568.90 ± 262.19，显著高于非携带者（2 430.19 ± 231.89）；1–3位点TC单体型携带者的VO_2AT（mL/min）为2 568.90 ± 262.19，显著高于非携带者（2 430.19 ± 231.89），统计结果见表3–52和图3–25。其余单体型与有氧运动能力指标无显著性差异。

表3–52　ACSL5基因与有氧运动能力相关的单体型

位点	变量	单体型	Hap–Freq	Global–stat	d_f	Global–p	组间P值
1–2–3	VO_2AT	CCT	0.50	8.64	4	0.071	CCT、非CCT：0.002
		CTC	0.07				
		CTT	0.20				
		TTC	0.19				
2–3	VO_2AT	CT	0.50	6.91	3	0.075	CT、非CT：0.001
		TT	0.20				
		TC	0.27				
1–2	VO_2AT	CC	0.54	7.94	2	0.019	TT、非TT：0.044
		CT	0.27				
		TT	0.19				
1–3	VO_2AT	CT	0.70	6.45	2	0.040	TC、非TC：0.044
		CC	0.11				
		TC	0.19				

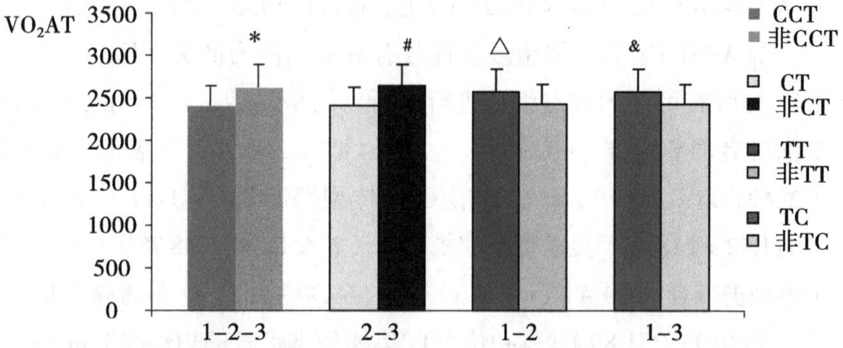

图3-25　ACSL5基因与VO_2AT相关的单体型

（*表示与CCT单体型相比，有显著性差异；#表示与CT单体型相比，有显著性差异；△表示与非TT单体型相比，有显著性差异；&表示与非TC单体型相比，有显著性差异；$P<0.05$）

2. ACSL5基因单体型多态性与身体成分的关联性

对所有可能的位点组合进行分析，结果显示，1-2-3位点TTC单体型携带者的TST和TS3分别为42.00 ± 9.31和10.19 ± 3.04，均显著高于非携带者的34.57 ± 12.62和7.67 ± 3.17；2-3位点TC携带者的TST、TS2和TS3分别为41.00 ± 10.60、7.76 ± 2.11和9.78 ± 2.95，显著高于非携带者的33.22 ± 12.22、6.33 ± 2.24和7.30 ± 3.33；1-2位点TT单体型携带者的TST、TS2和TS3分别为42.00 ± 9.31、8.03 ± 2.27和10.19 ± 3.04，均显著高于非携带者34.57 ± 12.62、6.52 ± 2.08和7.67 ± 3.17，统计结果见表3-53及图3-26至图3-28。其余各单体型与身体成分指标无显著性差异。

表3-53　ACSL5基因与身体成分相关的单体型

位点	变量	单体型	Hap-Freq	Global-stat	d_f	Global-*p*	组间*P*值
1-2-3	TST	CCT	0.40	8.69	4	0.042	TTC、非TTC：0.038
		CTC	0.11				
		CTT	0.22				
		TTC	0.21				
	TS3	CCT	0.40	11.68	4	0.020	TTC、非TTC：0.011
		CTC	0.11				
		CTT	0.22				
		TTC	0.21				
2-3	TST	CT	0.40	8.05	3	0.045	TC、非TC：0.027
		TT	0.25				
		TC	0.31				
	TS2	CT	0.41	8.49	3	0.037	TC、非TC：0.031
		TT	0.26				
		TC	0.31				
	TS3	CT	0.25	10.55	3	0.014	TC、非TC：0.011
		TT	0.40				
		TC	0.31				
1-2	TST	CC	0.43	6.60	2	0.037	TT、非TT：0.009
		CT	0.33				
		TT	0.23				
	TS2	CC	0.43	8.84	2	0.012	TT、非TT：0.006
		CT	0.34				
		TT	0.23				

续表

位点	变量	单体型	Hap-Freq	Global-stat	d_f	Global-p	组间P值
	TS3	CC	0.43	8.31	2	0.016	
		CT	0.33				TT、非TT：0.006
		TT	0.23				
1-3	TST	CT	0.63	9.33	3	0.025	
		CC	0.14				TC、非TC：0.038
		TC	0.21				
	TS2	CT	0.64	8.13	3	0.043	
		CC	0.13				TC、非TC：0.025
		TC	0.20				
	TS3	CT	0.63	10.95	3	0.012	
		CC	0.14				TC、非TC：0.011
		TC	0.21				

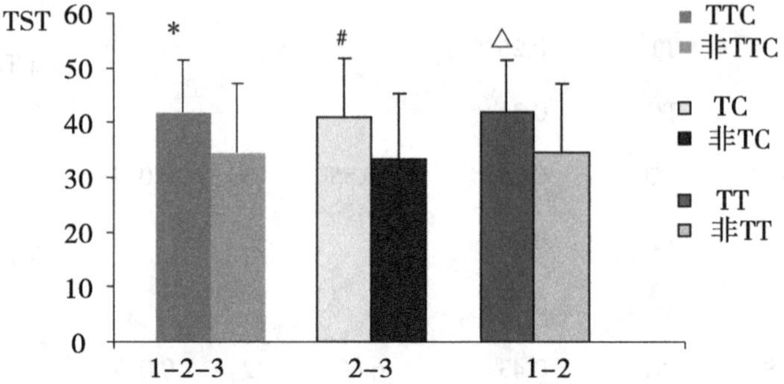

图3-26　ACSL5基因与TST相关的单体型

（*表示与非TTC单体型相比，有显著性差异；#表示与非TC单体型相比，有显著性差异；△表示与非TT单体型相比，有显著性差异；$P<0.05$）

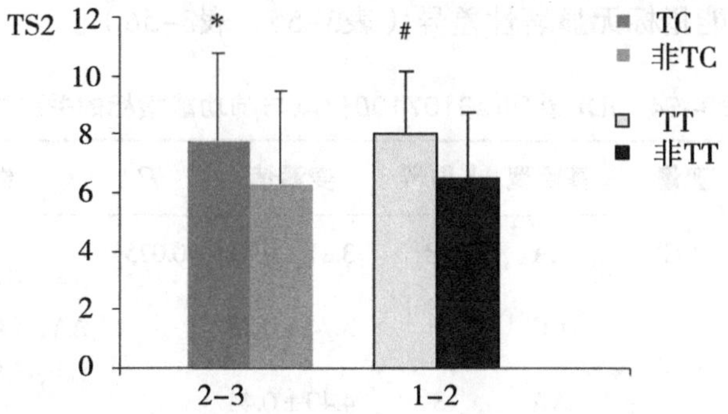

图3–27　ACSL5基因与TS2相关的单体型

（*表示与非TTC单体型相比，有显著性差异；

#表示与非TC单体型相比，有显著性差异；*P*<0.05）

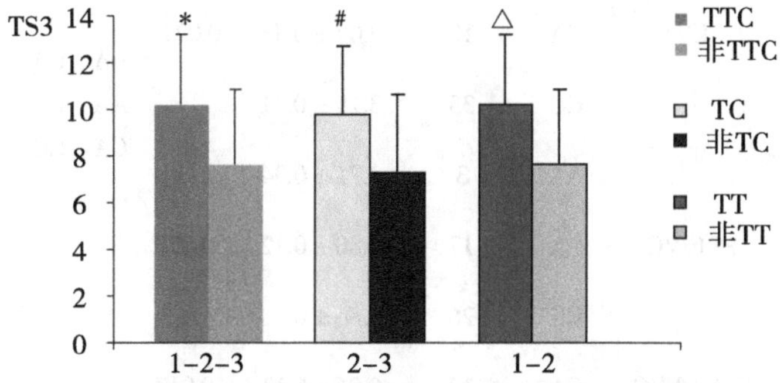

图3–28　ACSL5基因与TS3相关的单体型

（*表示与非TTC单体型相比，有显著性差异；#表示与非TC单体型相比，有显著性差异；△表示与非TT单体型相比，有显著性差异；*P*<0.05）

2.6　IDH基因多态性与生理表型指标的关联性

2.6.1　IDH基因单个位点多态性与生理表型指标的关联性

2.6.1.1　IDH基因单个位点多态性与肺功能的关联性

分析IDH基因3个多态位点不同基因型与肺功能指标的关联性，结果显示，rs6107100位点AA型的VC、FVC、FEV1均显著高于CA型和CC型（表3–54，图3–29至图3–31）。rs2073193、rs2325899位点各基因型与肺功能指标无显著性差异（表3-55、表3-56）。

表3-54 IDH基因rs6107100位点与肺功能指标的关联性

位点	变量	基因型	人数/个	变量值	*P*	组间*P*值
rs6107100	VC	CA	18	3.81 ± 0.41	0.025*	AA、CA：（0.019）
		CC	33	3.74 ± 0.38		AA、CC：（0.007）
		AA	3	4.40 ± 0.44		CA、CC：（0.532）
	FVC	CA	18	3.21 ± 0.41	0.038*	AA、CA：（0.011）
		CC	33	3.32 ± 0.46		AA、CC：（0.024）
		AA	3	3.94 ± 0.46		CA、CC：（0.384）
	FEV1	CA	18	3.07 ± 0.43	0.021*	AA、CA：（0.006）
		CC	33	3.15 ± 0.31		AA、CC：（0.012）
		AA	3	3.71 ± 0.34		CA、CC：（0.417）
	FVC/VC	CA	17	0.80 ± 0.12	0.077	
		CC	26	0.86 ± 0.08		
	FEV1/FVC	CA	17	0.96 ± 0.11	0.912	
		CC	26	0.96 ± 0.06		
	MV	CA	18	124.58 ± 24.30	0.122	
		CC	33	117.76 ± 17.47		
		AA	3	142.27 ± 35.69		
	MVV	CA	21	107.40 ± 13.57	0.586	
		CC	35	105.64 ± 10.29		

*表示检验结果有显著性差异（$P<0.05$）。

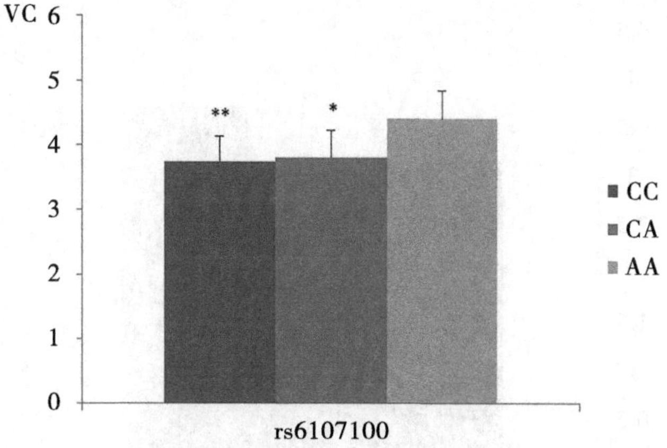

图3-29　IDH基因与VC相关的位点
（*表示与AA型相比，有显著性差异，$P<0.05$；
**表示与AA型相比，有显著性差异，$P<0.05$）

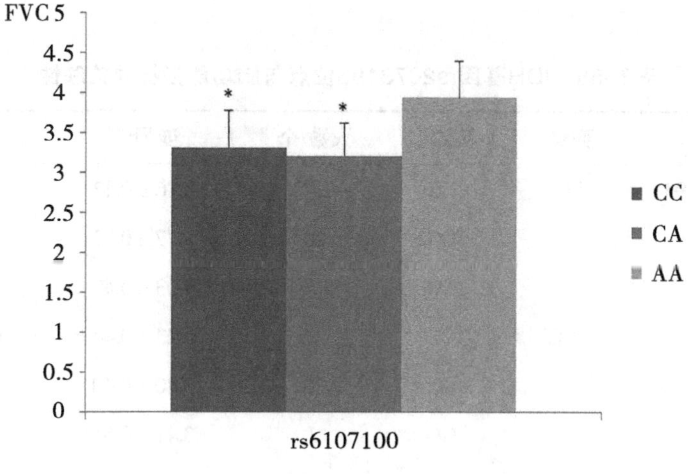

图3-30　IDH基因与FVC相关的位点
（*表示与AA型相比，有显著性差异，$P<0.05$）

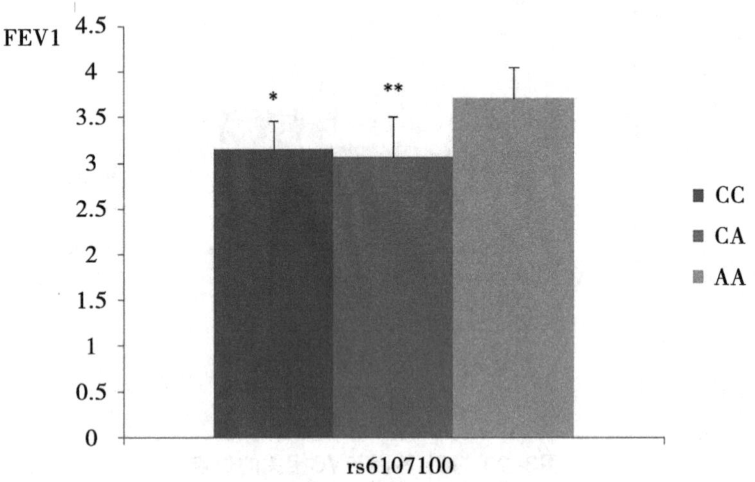

图3-31　IDH基因与FEV1相关的位点
（*表示与AA型相比，有显著性差异，*P*<0.05；
**表示与AA型相比，有显著性差异，*P*<0.05）

表3-55　IDH基因rs2073193位点与肺功能指标的关联性

位点	变量	基因型	人数/个	变量值	*P*
rs2073193	VC	CC	27	3.76 ± 0.42	0.275
		CG	20	3.77 ± 0.37	
		GG	7	4.03 ± 0.49	
	FVC	CC	27	3.23 ± 0.44	0.381
		CG	20	3.40 ± 0.40	
		GG	7	3.41 ± 0.61	
	FEV1	CC	27	3.08 ± 0.39	0.302
		CG	20	3.22 ± 0.30	
		GG	7	3.27 ± 0.50	
	FVC/VC	CC	24	0.82 ± 0.11	0.319
		CG	14	0.87 ± 0.07	

续表

位点	变量	基因型	人数/个	变量值	*P*
	FEV1/FVC	GG	5	0.83 ± 0.08	
		CC	24	0.96 ± 0.10	0.943
	MV	CG	14	0.97 ± 0.06	
		GG	5	0.95 ± 0.04	
		CC	27	120.49 ± 23.23	0.378
	MVV	CG	20	118.95 ± 17.52	
		GG	7	131.86 ± 24.19	
		CC	28	105.48 ± 12.32	0.340
		CG	21	105.39 ± 9.41	
		GG	7	112.34 ± 13.91	

表3-56　IDH基因rs2325899位点与肺功能指标的关联性

位点	变量	基因型	人数/个	变量值	*P*
rs2325899	VC	GA	4	3.83 ± 0.18	0.885
		GG	50	3.79 ± 0.43	
	FVC	GA	4	3.43 ± 0.21	0.602
		GG	50	3.31 ± 0.48	
	FEV1	GA	4	3.25 ± 0.16	0.599
		GG	50	3.15 ± 0.39	
	FVC/VC	GA	4	0.86 ± 0.07	0.710
		GG	39	0.83 ± 0.11	
	FEV1/FVC	GA	4	0.95 ± 0.10	0.828
		GG	39	0.96 ± 0.08	
	MV	GA	4	126.63 ± 9.37	0.616
		GG	50	120.97 ± 22.08	
	MVV	GA	4	100.70 ± 6.65	0.318
		GG	52	106.73 ± 11.76	

2.6.1.2 IDH基因单个位点多态性与有氧运动能力的关联性

IDH基因3个多态位点不同基因型的有氧运动能力指标均无显著性差异（表3–57至表3–59）。

表3–57 IDH基因rs6107100位点与有氧运动能力指标的关联性

位点	变量	基因型	人数/个	变量值	*P*
rs6107100	VO_2AT	CA	21	2 495.67 ± 262.24	0.702
		CC	36	2 469.06 ± 245.35	
	VO_2AT/W	CA	21	49.27 ± 4.87	0.672
		CC	36	48.74 ± 4.29	
	HRAT	CA	21	169.52 ± 9.03	0.661
		CC	36	168.50 ± 8.13	
	VAT	CA	21	15.22 ± 1.18	0.650
		CC	36	15.37 ± 1.18	
	VO_2max	CA	21	2 951.05 ± 305.39	0.967
		CC	35	2 954.51 ± 297.13	
	VO_2max/W	CA	21	58.32 ± 4.93	0.990
		CC	35	58.30 ± 4.53	
	VO_2AT/VO_2max	CA	17	84.85 ± 5.38	0.605
		CC	28	83.87 ± 6.47	
	HRmax	CA	21	179.62 ± 18.43	0.778
		CC	35	178.14 ± 19.09	
	VVO_2max	CA	21	18.99 ± 1.42	0.703
		CC	35	19.14 ± 1.29	

表3-58　IDH基因rs2073193位点与有氧运动能力指标的关联性

位点	变量	基因型	人数/个	变量值	*P*
rs2073193	VO_2AT	CC	28	2 458.86 ± 252.69	0.329
		CG	22	2 462.05 ± 262.56	
		GG	7	2 611.71 ± 172.70	
	VO_2AT/W	CC	28	49.63 ± 4.52	0.325
		CG	22	47.81 ± 4.75	
		GG	7	49.71 ± 2.92	
	HRAT	CC	28	170.25 ± 8.83	0.239
		CG	22	166.50 ± 7.48	
		GG	7	170.86 ± 8.88	
	VAT	CC	28	15.48 ± 1.20	0.482
		CG	22	15.08 ± 1.13	
		GG	7	15.37 ± 1.24	
	VO_2max	CC	28	2 899.25 ± 269.99	0.405
		CG	21	3 007.43 ± 330.84	
		GG	7	3 006.43 ± 301.89	
	VO_2max/W	CC	28	58.49 ± 4.63	0.783
		CG	21	58.45 ± 4.88	
		GG	7	57.14 ± 4.45	
	VO_2AT/VO_2max	CC	25	85.33 ± 6.17	0.093
		CG	15	81.56 ± 5.77	
		GG	5	86.84 ± 3.60	
	HRmax	CC	28	182.36 ± 14.44	0.290
		CG	21	173.81 ± 23.11	
		GG	7	178.71 ± 18.40	
	VVO_2max	CC	28	19.19 ± 1.51	0.761
		CG	21	19.04 ± 1.02	
		GG	7	18.79 ± 1.53	

表3-59　IDH基因rs2325899位点与有氧运动能力指标的关联性

位点	变量	基因型	人数/个	变量值	P
rs2325899	VO_2AT	GA	4	2 411.50 ± 204.09	0.580
		GG	53	2 483.94 ± 253.71	
	VO_2AT/W	GA	4	46.88 ± 3.09	0.343
		GG	53	49.09 ± 4.55	
	HRAT	GA	4	165.50 ± 11.45	0.410
		GG	53	169.13 ± 8.22	
	VAT	GA	4	14.88 ± 0.88	0.443
		GG	53	15.35 ± 1.19	
	VO_2max	GA	4	2 886.00 ± 148.65	0.643
		GG	52	2 958.38 ± 306.20	
	VO_2max/W	GA	4	56.15 ± 2.73	0.339
		GG	52	58.48 ± 4.73	
	VO_2AT/VO_2max	GA	4	83.47 ± 3.79	0.793
		GG	41	84.32 ± 6.24	
	HRmax	GA	4	183.75 ± 11.32	0.579
		GG	52	178.31 ± 19.16	
	VVO_2max	GA	4	18.33 ± 1.16	0.240
		GG	52	19.14 ± 1.34	

2.6.1.3　IDH基因单个位点多态性与身体成分的关联性

IDH基因3个位点各基因型与身体成分指标间均无显著性差异（表3-60至表3-62）。

表3-60　IDH基因rs6107100位点与身体成分指标的关联性

位点	变量	基因型	人数/个	变量值	*P*
rs6107100	BF/%	CA	21	20.04 ± 3.83	0.081
		CC	34	18.23 ± 3.56	
	H/*W* × 100	CA	21	317.48 ± 19.46	0.288
		CC	36	324.21 ± 24.59	
	W/*H* × 1 000	CA	21	317.28 ± 20.55	0.264
		CC	36	310.18 ± 24.14	
	BI	CA	21	43.71 ± 1.05	0.053
		CC	36	44.35 ± 1.09	
	BMI	CA	21	19.52 ± 1.24	0.067
		CC	36	18.88 ± 1.26	
	WHR	CA	21	0.78 ± 0.04	0.733
		CC	36	0.78 ± 0.04	
	TST	CA	16	35.43 ± 12.72	0.381
		CC	29	38.71 ± 11.45	
	TS1	CA	16	7.56 ± 2.86	0.343
		CC	30	8.52 ± 3.38	
	TS2	CA	16	7.06 ± 2.73	0.921
		CC	30	7.13 ± 2.02	
	TS3	CA	16	7.56 ± 3.52	0.096
		CC	29	9.29 ± 3.11	
	TS4	CA	16	7.83 ± 3.63	0.230
		CC	29	9.34 ± 4.17	
	TS5	CA	16	5.41 ± 2.53	0.469

表3-61　IDH基因rs2073193位点与身体成分指标的关联性

位点	变量	基因型	人数/个	变量值	P
rs2073193	BF/%	CC	7	19.58 ± 4.00	0.838
		TC	24	19.00 ± 3.83	
		TT	24	18.64 ± 3.69	
	$H/W \times 100$	CC	7	309.25 ± 25.66	0.275
		TC	26	325.01 ± 23.27	
		TT	24	321.80 ± 21.34	
	$W/H \times 1\,000$	CC	7	325.35 ± 27.66	0.256
		TC	26	309.15 ± 22.37	
		TT	24	313.07 ± 21.81	
	BI	CC	7	44.50 ± 1.12	0.628
		TC	26	44.08 ± 1.04	
		TT	24	44.04 ± 1.20	
	BMI	CC	7	19.25 ± 1.42	0.875
		TC	26	19.01 ± 1.26	
		TT	24	19.17 ± 1.30	
	WHR	CC	7	0.75 ± 0.02	0.069
		TC	26	0.78 ± 0.03	
		TT	24	0.78 ± 0.03	
	TST	CC	6	39.33 ± 20.48	0.402
		TC	26	27.95 ± 19.32	
		TT	24	30.27 ± 16.93	
	TS1	CC	6	9.33 ± 3.45	0.262
		TC	20	8.70 ± 3.5	
		TT	20	7.32 ± 2.61	

续表

位点	变量	基因型	人数/个	变量值	*P*
	TS2	CC	6	8.83 ± 2.20	0.092
		TC	20	6.55 ± 2.01	
		TT	20	7.15 ± 2.34	
	TS3	CC	6	11.40 ± 2.48	0.151
		TC	20	8.25 ± 3.46	
		TT	20	8.42 ± 3.18	
	TS4	CC	6	11.70 ± 2.63	0.175
		TC	20	7.96 ± 4.80	
		TT	20	8.92 ± 3.12	
	TS5	CC	6	7.25 ± 2.38	0.068
		TC	20	4.87 ± 2.78	
		TT	20	4.50 ± 2.19	

表3-62　IDH基因rs2325899位点与身体成分指标的关联性

位点	变量	基因型	人数/个	变量值	*P*
rs2325899	BF/%	GA	6	18.18 ± 2.57	0.612
		GG	49	19.01 ± 3.87	
	$H/W \times 100$	GA	6	332.30 ± 19.46	0.235
		GG	51	320.48 ± 23.11	
	$W/H \times 1\,000$	GA	6	301.82 ± 17.73	0.218
		GG	51	314.09 ± 23.29	
	BI	GA	6	44.47 ± 1.32	0.421
		GG	51	44.08 ± 1.09	
	BMI	GA	6	18.57 ± 1.12	0.275
		GG	51	19.18 ± 1.29	

续表

位点	变量	基因型	人数/个	变量值	*P*
	WHR	GA	6	0.78 ± 0.04	0.840
		GG	51	0.78 ± 0.04	
	TST	GA	6	43.75 ± 6.99	0.172
		GG	39	36.58 ± 12.24	
	TS1	GA	6	8.75 ± 1.47	0.649
		GG	40	8.10 ± 3.40	
	TS2	GA	6	8.25 ± 1.67	0.188
		GG	40	6.94 ± 2.30	
	TS3	GA	6	11.08 ± 1.86	0.056
		GG	39	8.31 ± 3.7	
	TS4	GA	6	10.00 ± 3.78	0.440
		GG	39	8.62 ± 4.06	
	TS5	GA	6	5.67 ± 2.44	0.520
		GG	40	4.93 ± 2.63	

2.6.2 IDH基因单体型与生理表型指标的关联性

使用SHEsis软件分析IDH3B基因3个多态位点LD紧密程度，3个位点两两间D' 和r^2计算结果如表3-63所示。

表3-63　IDH3B基因3个多态位点两两间D' /r^2值

	rs2073193	rs2325899
rs6107100	1.000/0.483	0.979/0.014
rs2073193	—	0.996/0.030

SHEsis软件LD计算分析如图3-32所示。

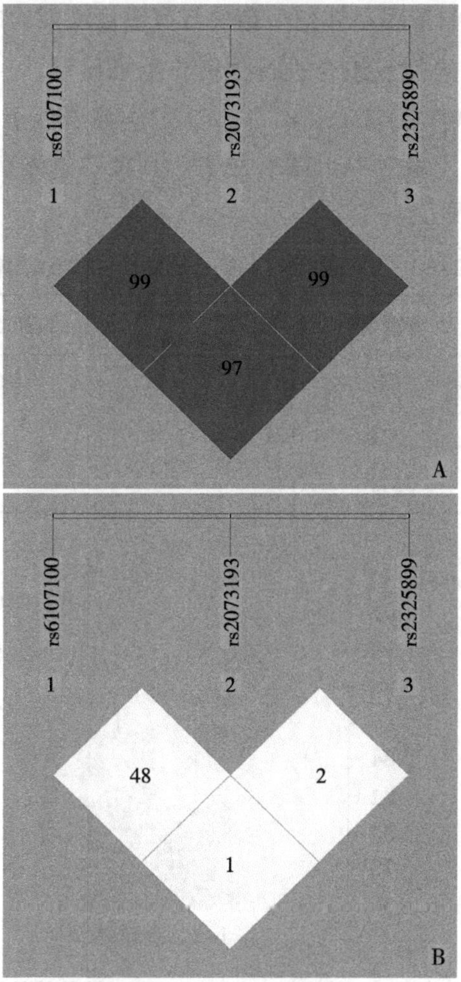

图3-32　IDH3B基因多态位点间LD分析（A：D'，B：r^2）

（注：以79个长跑运动员组数据计算）

对3个位点中进行单体型分析，为了便于描述，将3个多态位点分别命名为1~3位点，即rs6107100（1）、rs2073193（2）、rs2325899（3）。

2.6.2.1　IDH基因单体型与肺功能的关联性

对所有可能的位点组合进行分析，结果显示，各不同单体型的肺功能指标均无显著性差异。

2.6.2.2 IDH基因单体型多态性与有氧运动能力的关联性

对所有可能的位点组合进行分析，结果显示，1–2位点CC单体型纯合个体的VO_2AT/VO_2max（81.56 ± 5.77）显著低于非CC纯合型个体（85.58 ± 5.80）（表3–64，图3–33）。其余各单体型的有氧运动能力指标无显著性差异。

表3–64 IDH基因与有氧运动能力相关的单体型

位点	变量	单体型	Hap–Freq	Global–stat	d_f	Global–p	组间P值
1–2	VO_2AT/VO_2max	CC	0.63	4.94	2	0.085	CC纯合型、非CC纯合型：0.033
		AG	0.21				
		CG	0.17				

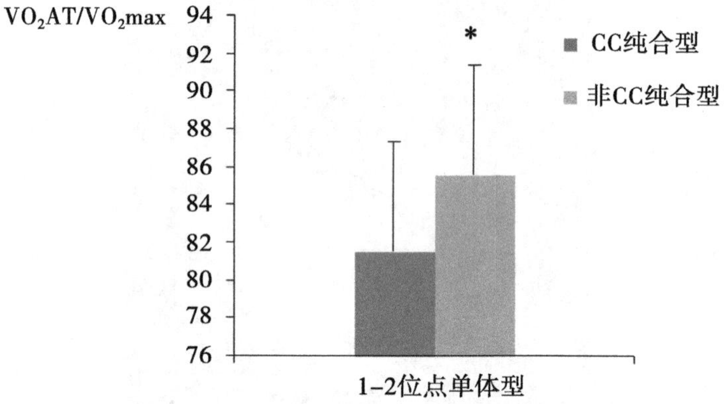

图3–33 IDH基因与VO_2AT/VO_2max相关的单体型

（*表示与CC纯合型相比，有显著性差异，$P<0.05$）

2.6.2.3 IDH基因单体型多态性与身体成分的关联性

对所有可能的位点组合进行分析，结果显示，1–2位点CC单体型纯合个体（43.87 ± 0.99）的BI显著低于非CC型纯合个体（44.52 ± 1.20）（表3–65和图3–34）；其余各单体型的身体成分指标无显著性差异。

表3-65 IDH基因与身体成分相关的单体型

位点	变量	单体型	Hap-Freq	Global-stat	d_f	Global-*p*	组间*P*值
1-2	BI	CC	0.63	4.94	2	0.066	CC纯合型、非CC纯合型：0.030
		AG	0.21				
		CG	0.17				

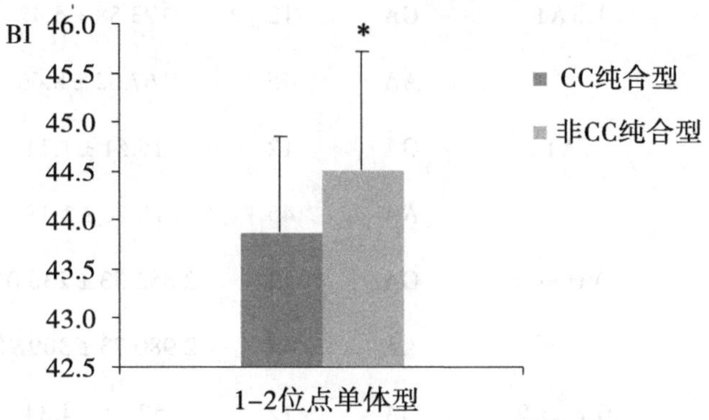

图3-34 IDH基因与BI相关的单体型
（*表示与CC纯合型相比，有显著性差异，$P<0.05$）

2.7 OGDH基因单个位点多态性与生理表型指标的关联性

2.7.1 OGDH单个位点多态性与有氧运动能力的关联性

OGDH基因rs1268722位点的不同基因型与有氧运动能力相关指标无显著性差异（表3-66）。

表3-66　OGDH基因rs1268722位点与有氧运动能力指标的关联性

位点	变量	基因型	人数/个	变量值	*P*
rs1268722	VO_2AT	GA	12	2 384.50 ± 206.90	0.142
		AA	45	2 504.02 ± 256.08	
	VO_2AT/W	GA	12	47.96 ± 3.80	0.398
		AA	45	49.20 ± 4.64	
	HRAT	GA	12	173.58 ± 5.42	0. 280
		AA	45	167.62 ± 8.66	
	VAT	GA	12	15.51 ± 1.11	0.519
		AA	45	15.26 ± 1.19	
	VO_2max	GA	12	2 852.33 ± 230.06	0.188
		AA	44	2 980.73 ± 309.90	
	VO_2max/W	GA	12	57.11 ± 4.34	0.316
		AA	44	58.64 ± 4.71	
	VO_2AT/VO_2max	GA	10	83.55 ± 7.06	0.684
		AA	35	84.44 ± 5.81	
	HRmax	GA	12	186.83 ± 10.25	0.089
		AA	44	176.48 ± 19.91	
	VVO_2max	GA	12	19.53 ± 1.16	0.190
		AA	44	18.96 ± 1.36	

2.7.2　OGDH单个位点多态性与身体成分的关联性

OGDH基因rs1268722位点GA基因型的WHR显著高于AA基因型（表3-67，图3-35）。

表3-67　OGDH基因rs1268722位点与身体成分的关联性

位点	变量	基因型	人数/个	变量值	*P*
rs1268722	BF/%	GA	10	18.60 ± 3.86	0.765
		AA	45	18.99 ± 3.75	
	H/*W* × 100	GA	12	320.13 ± 23.39	0.789
		AA	45	322.15 ± 23.01	
	W/*H* × 1 000	GA	12	313.95 ± 23.55	0.847
		AA	45	312.49 ± 23.05	
	BI	GA	12	43.92 ± 1.38	0.486
		AA	45	44.17 ± 1.04	
	BMI	GA	12	19.30 ± 1.56	0.574
		AA	45	19.06 ± 1.22	
	WHR	GA	12	0.80 ± 0.03	0.006**
		AA	45	0.77 ± 0.04	
	TST	GA	10	38.90 ± 9.91	0.686
		AA	35	37.15 ± 12.49	
	TS1	GA	10	9.75 ± 3.32	0.081
		AA	36	7.75 ± 3.09	
	TS2	GA	10	7.00 ± 1.51	0.866
		AA	36	7.14 ± 2.45	
	TS3	GA	10	8.40 ± 1.51	0.769
		AA	35	8.76 ± 3.70	
	TS4	GA	10	8.70 ± 3.84	0.925
		AA	35	8.84 ± 4.11	
	TS5	GA	10	5.05 ± 3.77	0.969
		AA	36	5.01 ± 2.23	

**表示检验结果有显著性差异（$P<0.05$）。

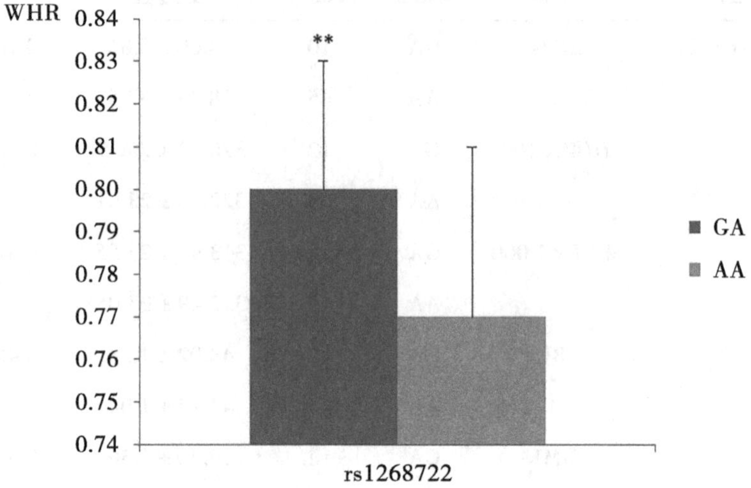

图3-35　OGDH基因与WHR相关的位点
（表示与AA型相比，有显著性差异，*P*<0.05）**

2.8　UCP2基因多态性与生理表型指标的关联性

2.8.1　UCP2单个位点多态性与有氧运动能力的关联性

UCP2基因的不同基因型与有氧运动能力相关指标均无显著性差异（表3-68）。

表3-68　UCP2基因与有氧运动能力指标的关联性

位点	变量	基因型	人数/个	变量值	*P*
3’-UTR 45 bp Ins/Del	VO_2AT	DD	40	2 472.78 ± 263.78	0.996
		ID	15	2 493.13 ± 191.83	
	VO_2AT/W	DD	40	49.38 ± 4.66	0.185
		ID	15	47.57 ± 3.74	
	HRAT	DD	40	169.10 ± 8.47	0.564

续表

位点	变量	基因型	人数/个	变量值	*P*
		ID	15	167.60 ± 8.70	
	VAT	DD	40	15.41 ± 1.07	0.202
		ID	15	14.96 ± 1.37	
	VO_2max	DD	40	2 934.33 ± 306.20	0.470
		ID	14	3 002.36 ± 284.31	
	VO_2max/W	DD	40	58.56 ± 4.89	0.606
		ID	14	57.79 ± 4.19	
	VO_2AT/VO_2max	DD	33	84.31 ± 6.46	0.626
		ID	10	83.22 ± 4.64	
	HRmax	DD	40	176.93 ± 21.21	0.373
		ID	14	182.21 ± 9.29	
	VVO_2max	DD	40	19.15 ± 1.26	0.473
		ID	14	18.84 ± 1.62	

2.8.2　UCP2单个位点多态性与身体成分的关联性

UCP2基因的不同基因型与身体成分指标无显著性差异（表3–69）。

表3–69　UCP2基因与身体成分指标的关联性

位点	变量	基因型	人数/个	变量值	*P*
3’–UTR 45 bp Ins/Del	BF/%	DD	42	19.29 ± 3.78	0.193
		ID	12	17.74 ± 3.46	
	$H/W\times 100$	DD	43	322.96 ± 23.15	0.480
		ID	13	317.94 ± 22.50	
	$W/H\times 1\,000$	DD	43	311.79 ± 22.97	0.564
		ID	13	315.91 ± 23.47	
	BI	DD	43	44.01 ± 1.05	0.210

续表

位点	变量	基因型	人数/个	变量值	*P*
		ID	13	44.44 ± 1.27	
	BMI	DD	43	19.14 ± 1.24	0.764
		ID	13	19.02 ± 1.47	
	WHR	DD	43	0.78 ± 0.04	0.886
		ID	13	0.78 ± 0.04	
	TST	DD	34	36.48 ± 11.81	0.298
		ID	11	40.82 ± 12.04	
	TS1	DD	35	8.11 ± 3.11	0.794
		ID	11	8.41 ± 3.67	
	TS2	DD	35	6.80 ± 1.99	0.099
		ID	11	8.09 ± 2.84	
	TS3	DD	34	8.62 ± 3.42	0.834
		ID	11	8.86 ± 3.18	
	TS4	DD	34	8.41 ± 3.92	0.243
		ID	11	10.05 ± 4.23	
	TS5	DD	35	4.90 ± 2.67	0.576
		ID	11	5.41 ± 2.41	

3 讨 论

3.1 PYGM基因与生理表型的关联性

3.1.1 PYGM基因与有氧运动能力相关指标的相关性

研究结果显示，PYGM基因rs490980位点的不同基因型与运动员VO_2AT/W显著相关，CC型显著低于TT型和TC型。

运动员的生理机能一直是长跑项目研究的核心问题，有氧运动能力中的VO_2max、AT和跑机能节省化（Running Economy，RE）被认为是决定运动成绩的三大主要因素[111]。目前大多数研究者认为，运动员有氧耐力的提高并不完全是VO_2max增长的结果，也和AT的提高有密切关系，甚至与后者关系更大。有人发现，有氧耐力好的运动员，AT出现得晚，如速度性运动员AT值为50%~60%VO_2max，而耐力运动员AT值则可达到80%~90%VO_2max[112]。本实验室前期研究的测试结果也显示优秀运动员在AT和VO_2max水平下的多项指标均显著优于一般运动员，与冯美云对2004年奥运会国家集训队的研究结果一致，证明VO_2AT能够准确和真实地反映运动员的机能水平。

PYGM是糖原代谢过程中的限速酶，其表达降低，会造成糖原代谢障碍，从而影响运动能力。由于未见到国内外对rs490980位点基因型与有氧运动能力表型的相关研究，因此无法确认其对表型的具体影响。该位点位于PYGM基因第4内含子位置，因此可能对PYGM mRNA的表达有一定影响，从而影响代谢过程，产生不同基因型VO_2AT/W的差异性。

3.1.2　PYGM基因与身体成分相关指标的关联性

本章的研究结果显示，PYGM基因rs589691位点的不同基因型与运动员WHR显著相关，CC型显著低于TT型和TC型；单体型方面，PYGM基因2–3位点单体型与运动员WHR显著相关，TT单体型个体显著低于非TT单体型个体。

WHR是腰围和臀围的比值，是判定中心性肥胖的重要指标。WHR可作为独立客观反映身体脂肪分布特征的体成分指标；WHR越大，体重越大，腹部皮褶越厚；WHR增大会导致血压升高趋势显著，心肺功能变差；WHR增大还会使力量、柔韧性、平衡能力、灵敏和反应能力下降[113]。

人体的运动需要能量，机体的新陈代谢过程中，同样也需要能量。细胞代谢直接利用的能源来自ATP的分解，而ATP合成需要的能量主要由糖的分解代谢提供。运动中血糖浓度保持相对恒定；随着运动强度的增加，血糖的产生与血糖的利用呈平行性变化。运动中肌糖原分解存在两个刺激因素，首先是肌细胞内Ca^{2+}浓度增加，Ca^{2+}可以激活磷酸化酶b激酶而提高糖原磷酸化酶的活性；其次是激素尤其是肾上腺素，通过与肌细胞膜的α受体结合，使细胞内的环磷酸腺苷增加。经过一系列的化学变化，糖原磷酸化酶的活性升高，促进糖原的分解。因此，PYGM对于机体的糖代谢有重要作用，其活性直接影响机体的新陈代谢过程。WHR是反映身体脂肪分布的体成分指标，rs589691 位于PYGM基因第5内含子，2-3单体型的2个组成位点也均位于PYGM基因的内含子位置，与PYGM的功能和活性可能有一定的相关性，因此与WHR有关联性。

3.2 HK基因与生理表型的关联性

3.2.1 HK基因与有氧运动能力的关联性

HK4是HK的4种同工酶之一，本章的研究结果表明，HK4基因rs3757840基因多态性与VO_2max/W显著性相关。

HK4仅存在于肝、胰岛β细胞中，只对葡萄糖起作用，因此又称葡糖激酶。在胰岛，HK4能识别葡萄糖，通过对糖代谢的调节，影响β细胞胰岛素的合成和分泌，所以一般将HK4称为葡萄糖感受器；在肝脏，HK4活性则受体液胰岛素水平的影响，当胰岛素水平升高时，肝脏HK4活性增强，通过加快糖代谢使血糖降低。HK4是糖代谢最重要的调节酶之一，其活性直接影响正常代谢平衡。糖代谢是运动能力的基础，因此，HK4的活性与有氧运动能力表型可能存在一定的关联性。

VO_2max是限制中长跑的首要因素，运动生理学家们把VO_2max作为衡量人体有氧能力水平的首要指标。也有学者在研究不同项目运动员的VO_2max时发现，运动持续时间长的运动项目，如滑雪、长跑、自行车、划船、游泳等项目的运动员的VO_2max要比其他项目的大，耐力项目运动员的VO_2max可达到613 L/min和85 mL/（kg/min）。糖和脂肪是耐力项目运动的主要能量来源，运动的持续时间愈长，靠有氧供能的比重愈大。例如，10 000 m跑时有氧代谢供应的能量可达到90%，马拉松运动项目中，VO_2max 水平愈高，运动成绩愈好[118]。本章的研究结果显示，HK4基因rs3757840基因多态性与VO_2max/W显著性相关，AA型的VO_2max/W显著高于CA型和CC型，且均值的大小顺序为CC＜CA＜AA；而各基因型VO_2max虽然无显著性差异，但是均值的大小顺序与VO_2max/W一致，说明该位点与有氧运动能力具有一定的相关性。

3.2.2　HK基因与身体成分的关联性

本章对HK的2个同工酶编码基因HK1和HK2进行分析时发现，HK1基因和HK2基因均与多个身体成分指标有相关性。

（1）BI和BMI都是衡量人体胖瘦程度的常用指标。BI是以身高除以体重的立方根得出，而BMI是用体重除以身高的平方得出的。BI和BMI作为一项简单易得的体重超重、肥胖评价指标被广泛应用到群体性评价和普通人的个体性评价中。中国肥胖问题工作组推荐的中国人标准是BMI＜18.5为体重过轻、18.5≤BMI＜24.0 为体重正常、24.0≤BMI＜28.0 为超重、BMI≥28.0为肥胖[119]。

HK1基因rs702268位点是2型糖尿病的候选基因，该位点与血糖水平和2型糖尿病的相关性是糖尿病遗传研究的热点之一。大量文献报道了rs702268位点及其连锁位点rs2305198与2型糖尿病的关联性。本章研究的结果显示，rs702268位点TT基因型的BI显著高于CC型和CT型，BMI显著低于CC型和CT型；进一步研究发现，该位点与$H/W\times100$和$W/H\times1\,000$两项体成分指标，虽无显著相关性（P值分别为0.064和0.053），但TT型与CC型组间却存在显著性差异，且TT型的$H/W\times100$在3种基因型中最高，$W/H\times1\,000$在3种基因型中最低，这与指标BI和BMI的统计结果一致，说明TT型个体的体脂含量相对较低。

（2）HK2基因rs681900位点与TS4、TS5显著性相关，AA基因型的TS4、TS5均显著高于AG基因型。

TS4和TS5是不同部位的皮褶厚度，人体脂肪组织总量中约有三分之二分布在皮下组织，通过测量皮褶厚度，可以推测人体脂肪组织的总含量[120]。多余的脂肪不利于运动，这一点对女运动员尤为重要，研究表明，世界优秀选手均偏瘦，身体脂肪不多。本实验室前期研究数据采集的分析结果也发现，优秀运动员有较低的皮褶厚度和较细的四肢围度，这与以往的定性描述相一致。

HK2是骨骼肌中的己糖激酶同工酶。HK2基因rs681900位点位于该基因内含子处。Sun等人[100]的研究发现，其与股骨颈几何结构和四肢瘦体重有关。Vestergaard等人[38]报道了2型糖尿病个体中骨骼肌HK2酶的活性下降及HK2基因表达下降，因而推测2型糖尿病患者存在HK2基因的遗传缺陷。HK2基因rs681900位点可能对HK2的活性有一定影响，反映在体成分指标上，与皮褶厚度显现出相关性。

3.3 PK基因与生理表型的关联性

研究结果表明，PK基因rs2071053、rs1052176、rs3762272、rs8847多态位点的基因型与有氧运动能力表型显著相关。rs2071053位点CC型的VO_2AT/VO_2max显著高于TC型；rs1052176位点AA型的VO_2AT/VO_2max显著高于CA型；rs3762272位点AA型的VO_2AT/VO_2max显著高于AG型；rs8847位点AA型的VO_2AT/VO_2max显著高于AG型。此外，1-2-3-4位点组成的位点组合的不同单体型也与VO_2AT/VO_2max显著相关，CAAA单体型携带者的VO_2AT/VO_2max显著高于TCGG单体型携带者。由于rs2071053、rs1052176、rs8847、rs3762272位点处于完全连锁不平衡状态（$D'=1.000$，$r^2 \geq 0.900$），因此，以上结果具有一致性。

VO_2AT/VO_2max是有氧运动能力评价的重要指标，反映了AT的高低。对于一些长期训练的高水平运动员来讲，除了VO_2max这个限制成绩的因素外，还存在其他的限制因素；因此，一些学者提出了VO_2max利用水平问题。研究发现，优秀中长跑运动员达到AT时的VO_2占VO_2max的百分数（$\%VO_2max$）比一般运动员要高，AT时的$\%VO_2max$

与成绩之间的相关系数在0.178~0.189之间，与VO_2max 相关系数在0.185~0.192之间[118]。目前大多数研究者认为，运动员有氧耐力的提高并不完全是VO_2max增长的结果，也和AT的提高有密切关系，甚至后者关系更大。有人发现，有氧耐力好的运动员，AT出现得晚。学者们认为这主要是由代谢类型的差异性和专项训练特点造成的[112]。

PK是糖酵解过程中的主要限速酶之一，其表达改变必然会改变葡萄糖代谢和能量供应。本章对PK的2种同工酶之一的PKLR编码基因频率进行了分析，研究表明，PKLR基因rs3020781、rs2071053、1052176与2型糖尿病的发生风险有显著关联性，但并未报道3个位点的连锁状态。本章的研究结果表明，上述3个位点和rs8847位点处于完全连锁不平衡状态，可能与PK调节能量代谢有一定的关系，从而表现出与有氧运动能力表型的关联性。

3.4　LDH基因与生理表型的关联性

LDH是糖代谢中十分重要的一类氧化还原酶，在糖酵解反应中催化乳酸脱氢生成丙酮酸。LDHA基因是LDH亚基B的编码基因，主要在骨骼肌中表达。研究表明，rs2896526位点的基因多态性与A-SAA水平的调节有关，而A-SAA与肥胖、动脉粥样硬化、胰岛素抵抗、2型糖尿病等有一定的关联性，因此推测，rs2896526可能与代谢性疾病相关[52]。但本研究对LDHA基因rs2896526位点的研究表明，该位点与生理表型无关联性。

3.5　ACSL基因与生理表型的关联性

3.5.1　ACSL4基因与生理表型的关联性

ACSL4是ACSL同工酶中的一种，本章的研究中没有找到ACSL4基因各位点及单体型与生理表型的相关性，其原因可能和受试者的选择有关。ACSL4基因位于X染色体，大量研究证明，X染色体携带的遗传标记在男性中更易显现，第一部分的研究结果对此也提供了很好的证明。但受实验条件所限，本章的受试者全部是女性长跑运动员，来自备战2012年伦敦奥运会的国家集训队，由于种种原因，当时国家集训队只组建了女子长跑队。因此，主要受受试者性别因素影响，本章的研究结果没有表现出ACSL4基因多态性与生理表型的关联性。但由于在第二章的研究中得到了较好的结果，所以有必要在后续研究中对ACSL4基因与生理表型的关联性进行进一步探讨。

3.5.2 ACSL5基因与生理表型的关联性

3.5.2.1 ACSL5基因与有氧运动能力的关联性

本章对ACSL5基因rs2419621、rs11195938、rs8624这3个位点进行了分析。结果发现，rs2419621位点TC型的VO_2AT显著高于CC型；rs11195938位点TT型的VO_2AT、VO_2max均显著高于TC型、CC型；rs8624位点CC型的VO_2AT、VVO_2max显著低于TC型、TT型。

单体型方面，由3个位点组成的单体型，也分别与有氧运动能力显著相关。结果显示，1-2-3位点CCT单体型携带者的VO_2AT显著低于非携带者；2-3位点CT单体型携带者的VO_2AT显著低于非携带者；1-2位点TT单体型携带者的VO_2AT显著高于非携带者；1-3位点TC单体型携带者的VO_2AT显著高于非携带者。

VO_2max和AT都是评价有氧运动能力的重要指标。VO_2max是指人体在有大量肌肉群参加的长时间剧烈运动中，当心肺功能和肌肉利用氧的能力达到本人极限水平时，单位时间内（通常以每分钟为计算单位）所能摄取的氧量，是反映和评定人体在极量负荷时心肺功能水平高低的一个主要指标，也是评定人体有氧工作能力的重要指标之一[125]。AT是指人体在工作强度递增时，由有氧代谢供能开始转换成无氧代谢供能的临界点。无氧阈常以血乳酸含量达到4 mmol/L时所对应的强度或功率、摄氧量、心率来表示。评定人体有氧能力的高低不仅取决于VO_2max的高低，还与无氧阈有密切的关系。VO_2max反映了人体在运动时所摄取的最大氧量，主要反映心肺功能和骨骼肌的代谢水平。无氧阈反映了人体在渐增负荷运动中血乳酸开始积累时的VO_2max

百分利用率，主要反映骨骼肌对氧的利用能力[126-128]。

VO_2max是决定中长跑成绩的重要因素，但高水平的VO_2max 并不意味着成绩优秀，因此许多研究者认为，RE是与中长跑成绩有关的另外一个因素[129-130]。RE从一定角度反映了机体对氧的利用效率，1984年，Daniels[131]从理论上通过最大强度时摄氧量-速度的关系提出了VVO_2max的概念，认为它能把VO_2max和RE两个指标综合起来反映耐力水平并可以用来预测成绩。随后，Morgan等人[132]也证明了VVO_2max和10 km跑成绩相关。胡国鹏等人[118]的实验表明，VVO_2max与有氧耐力有关，与1.5 km、5 km、10 km的成绩高度相关，同时和相对最大摄氧量（VO_2max/kg）、乳酸阈跑速（vLT）、最大摄氧量平台时间（VO_2maxPD）几个耐力指标的相关系数分别为0.1790、0.1747、0.1842。因此研究者认为，VVO_2max 可以预测跑速，且与长跑的平均速度更接近。同时，与其他指标相比，VVO_2max在中长跑耐力评定中，提供了一个强度指标，反映了机体达到VO_2max时的临界状态和耐力水平，是耐力评定的另一个有效指标，该指标与中长跑运动员的专项速度结合起来，更适合对中长跑运动员的耐力进行评定。

外源及内源性的脂肪酸要进入其代谢途径必须进行活化，即催化合成脂酰CoA，这是哺乳动物利用脂肪酸的第一步反应。ACSL在CoA和ATP同时存在的情况下催化游离脂肪酸合成脂酰CoA，在脂肪酸合成与分解代谢中起着关键作用。

rs2419621位于ACSL5基因5’-UTR位置，属于该基因的启动子区域；rs11195938 位于第3内含子上，而rs8624位于3’-UTR，这些区域都是调控mRNA表达活性的敏感区域。Teng等人[61]对高加索人群女性肥胖者进行了研究，发现位于ACSL5启动子区的SNP位点（rs2419621）的T等位基因的携带者，在饮食控制引起的体重降低实验中，降低速度更快。Adamo等人[62]对该位点的研究也得到了相似结果。因此，这3个位点对ACSL5基因功能可能有一定影响。

ACSL5基因rs2419621、rs11195938 、rs8624位点及其组成的单体型与VO_2max、VO_2AT、VVO_2max的相关性，说明ACSL5基因多态性与

有氧运动能力生理表型密切相关。

3.5.2.2 ACSL5基因与身体成分的关联性

研究结果显示，ACSL5基因rs2419621位点TC型的$H/W \times 100$显著低于CC型，TST、TS2、TS3、TS4显著高于CC型；rs11195938位点CC型的TS1显著低于TC型；CC型的TS2显著低于TT型，且CC型的TS1、TS2均较其他两种基因型偏低；rs8624位点CC型的TST、TS3显著低于TT型，且较其他两种基因型偏低。

单体型方面，1-2-3位点TTC单体型携带者的TST和TS3分别显著高于非携带者；2-3位点TC携带者的TST、TS2和TS3分别显著高于非携带者；1-2位点TT单体型携带者的TST、TS2和TS3显著高于非携带者。

皮褶厚度主要反映皮下脂肪的含量，较高的皮褶厚度说明体重或瘦体重的状态不佳会对运动能力造成不利影响。优秀运动员的运动能力显著高于一般运动员，皮褶厚度前者则显著低于后者。体脂多，身体发胖，则身体横径增加，对水的阻力相对增大，脂肪多同时也加重心脏负担[121]，对运动能力产生不利影响。研究表明，世界优秀选手均偏瘦，身体脂肪不多。本实验室前期研究数据采集的分析结果也发现，优秀运动员有较低的皮褶厚度和较细的四肢围度，这与以往的定性描述相一致。ACSL5是ACSL家族的同工酶，主要在子宫、脾脏等体内组织表达，在脂肪酸合成与分解代谢中起着关键作用。研究报告显示，当骨骼肌中ACSL5的增加时，会对体内游离脂肪酸的利用有重要影响[61]。因此，ACSL5的活性与体脂含量密切相关。本章的研究发现ACSL5基因rs2419621、rs11195938 、rs8624位点及其组成的单体型与皮褶厚度密切相关，说明ACSL5基因多态性可能对体脂含量有影响，同时该基因与身体成分有着密切关系。

3.6 IDH基因与生理表型的关联性

3.6.1 IDH基因与肺功能相关指标的关联性

IDH是TAC路径中的限速酶，负责催化异柠檬酸氧化脱羧成α-酮戊二酸。IDH3B基因是其β亚基的编码基因。

本章的研究结果显示，IDH3B基因rs6107100位点AA型与CA型和CC型的VC、FVC、FEV1相比有显著性差异，AA型的VC、FVC、FEV1均显著高于CA型和CC型。

VC、FVC和FEV1都是反映肺功能的基本指标，心肺功能是人体主要生理功能之一，其能否正常工作直接影响着人体其他组织、器官的营养供给以及代谢物的转运排泄。良好的心肺功能，是优秀有氧运动能力的基础，高效率的气体交换可以减少为摄取氧而消耗的能量，同时也可以增大动静脉氧差，提高摄氧量，增强有氧能力[114]。尹军等人[115]的研究表明，通过对世界优秀女子中长跑运动员的心肺功能指数的变化特征进行比较研究可发现，女子中长跑运动员的肺活量指数和肺活量/体重之比指数略高于长跑和超长跑运动员，但男子却没有体现出这一特征，说明肺活量可能和女子中长跑运动员的运动能力有一定关系。

rs6107100位点位于IDH3B基因第1内含子区域，Bentley等人[67]的研究报道称，rs6107100位点的SNP基因多态性，与非洲裔美国人吸烟者的FEV1/FVC有关联性，提示该位点对吸烟者的肺功能有影响。但由于至今还未见线粒体功能与肺功能表型的关联性，故无法阐明rs6107100对线粒体和肺功能的直接作用。本章的研究结果证明，rs6107100位点与肺功能有一定的相关性，这与Bentley等人的报道有相同点。

3.6.2　IDH基因与有氧运动能力的关联性

VO_2AT/VO_2max反映了骨骼肌的代谢水平，是评价有氧运动能力的重要指标。本章对IDH3B基因的单体型分析结果显示，由1-2位点组成的不同单体型与VO_2AT/VO_2max显著相关，CC单体型纯合个体的VO_2AT/VO_2max显著性低于非CC纯合型个体，说明IDH3B基因1-2位点单体型与有氧运动能力可能存在相关性。

3.6.3　IDH基因与身体成分的相关性

本研究结果显示，IDH基因1-2位点单体型与BI显著性相关，CC

单体型纯合个体的BI显著低于非CC纯合个体。

BI，又称重量指数，以身高除以体重的立方根得出，反映了人体的相对瘦高程度，是判断体重和体型的重要指标。IDH是TAC中的限速酶，TAC作为能量代谢的重要途径，对生物体的生命活动起着重要的作用，能够提供远比糖酵解大得多的能量；TAC也是脂质、蛋白质和核酸代谢最终氧化成二氧化碳和水的重要途径。机体三大代谢物质的平衡，决定了体成分的组成。IDH基因1-2位点单体型与BI的关联性，正反映了IDH作为能量代谢重要调节酶对身体成分的重要作用。

3.7 OGDH基因与生理表型的相关性

rs1268722位点不同基因型与WHR有显著性相关，GA基因型的WHR显著高于AA基因型。

α-酮戊二酸脱氢酶系是TAC循环中的第三个调节酶，在有氧条件下代谢物被充分氧化，最终汇聚的代谢途径是TAC。TAC是三大营养素最终代谢的共同通路。柠檬酸合酶、IDH和OGDH作为糖有氧代谢的关键酶，在TAC代谢通路中起着重要的调节作用[66]。OGDHL基因rs1268722位点位于第14内含子区域，可能对mRNA的表达产生影响。OGDH活性的变化，对能量代谢有重要作用，而能量代谢是身体成分的决定因素。WHR是反映身体脂肪分布的体成分指标，因此，rs1268722位点与WHR的关联性反映了该位点可能对OGDHL基因表达有重要调节作用。

3.8 UCP2基因与生理表型的关联性

UCP2基因是体育科学和医学领域研究的热点基因之一，对UCP2基因3’-UTR 45bp Ins/Del位点多态性的研究主要集中在与机体能量代谢的调节上[79]。但本章的研究并未发现UCP2基因与长跑运动员生理表型的关联性。原因可能有两个：第一，以往关于UCP2对体成分等指标的研究主要集中在肥胖或糖尿病人群中，属于代谢异常人群，与本章的受试者差别较大；第二，对UCP2基因3’-UTR 45bp Ins/Del位点多态性与肥胖和体成分指标关联性的研究结果存在不一致性[133-136]。

4 结 论

本章通过关联性分析方法，探讨了ATP合成调控相关蛋白基因8个基因的26个多态位点及其单体型与长跑运动员生理表型的关联性，得出以下结论。

1.与肺功能表型有关联性的基因标记

IDH3B基因rs6107100位点基因多态性与VC、FVC、FEV1显著相关，AA型的VC、FVC、FEV1均显著高于CA型和CC型。

2.与有氧运动能力表型有关联性的基因标记

（1）PYGM基因rs490980位点基因多态性与VO_2AT/W显著相关，CC型显著低于TT型和TC型。

（2）IDH3B基因1-2位点单体型与VO_2AT/VO_2max显著相关，CC单体型纯合型个体的VO_2AT/VO_2max显著低于非CC纯合型个体。

（3）HK4基因rs3757840位点与VO_2max/W显著相关，CA型显著高于AA、CC型。

（4）PK基因rs2071053、rs1052176、rs3762272、rs8847这4个多态位点处于完全连锁不平衡，均与VO_2AT/VO_2max显著相关。单体型方面，1-2-3-4位点单体型与VO_2AT/VO_2max显著相关，CAAA单体型携带者的VO_2AT/VO_2max显著高于TCGG单体型携带者。

（5）ACSL5基因rs2419621位点与VO_2AT显著相关，TC型显著性高于CC型；rs11195938位点与VO_2AT、VO_2max显著相关，TT型显著高于TC型、CC型；rs8624位点与VO_2AT、VVO_2max显著相关，CC型显著性低于TC型、TT型。

3.与身体成分有关联性的基因标记

（1）PYGM基因rs589691位点基因多态性与WHR显著相关，CC型显著低于TT型和TC型；单体型方面，PYGM基因2-3位点单体型与运动员WHR显著相关，TT单体型个体显著于非TT单体型个体。

（2）IDH3B基因1–2位点单体型与BI显著相关，CC单体型纯合型个体的BI显著低于非CC型纯合个体。

（3）OGDH基因rs1268722位点基因型与身体成分显著相关，GA基因型的WHR显著高于AA基因型。

（4）HK1基因rs702268位点基因型与BI、BMI显著相关，TT型的BI显著高于CT型和CC型，TT型的BMI显著低于CC型。

（5）HK2基因rs681900位点基因型与TS4、TS5显著相关，AA型的TS4、TS5显著高于AG型。

（6）ACSL5基因rs2419621位点与$H/W\times100$、TST、TS2、TS3、TS4与TC型显著相关，TC型的$H/W\times100$显著低于CC型，TST、TS2、TS3、TS4显著高于CC型；rs11195938位点与TS1、TS2显著相关，CC型的TS1显著低于TC型，TS2显著低于TT型，且较其他两种基因型偏低；rs8624位点于TST、TS3相比显著相关，CC型的TST、TS3显著低于TT型，且较其他两种基因型偏低。

第四章　ATP合成调控相关蛋白基因UCP2基因3’-UTR 45 bp Ins/Del多态位点的功能研究

UCP2是线粒体的内膜载体蛋白，其分布广泛，在多种组织如白色脂肪组织、棕色脂肪组织、肌肉、心、肺、肾和淋巴细胞等均有表达，其主要功能之一是调节ATP合成，是细胞自身结构对ATP调节的主要成分，其活性受ATP的直接影响，在调节动物能量代谢、脂肪沉积及脂肪酸氧化等方面起着重要作用，是生理学和运动人体科学领域近年来研究的热点之一。UCP2基因位于染色体11q13区域，全长8.7 kb。在其第8外显子3’-UTR存在一个45 bp的Ins/Del多态位点，研究表明，该位点可能与肥胖、2型糖尿病、高胰岛素血症及BMI等有一定的相关性[77]。本课题组在前期研究中发现该位点的基因型在长跑运动员组和对照组之间的分布存在显著性差异，DD基因型可以作为我国北方汉族优秀运动员长跑能力的分子标记。

由于该位点位于基因3’-UTR，因此推测它是一个功能性多态位点，可以通过影响基因的转录活性改变基因表达。为进一步明确该位点的生物学功能，研究该位点多态性对UCP2基因表达的影响机制，本研究采用双萤光素酶报告系统，观察UCP2基因3’-UTR 45 bp Ins/Del 多态位点不同基因型对报告基因转录活性的影响。

1 研究材料和方法

1.1 研究材料

1.1.1 主要仪器和耗材

本章研究所采用的主要仪器和耗材见表4-1。

表4-1 研究主要仪器

仪器	规格	厂家（产地）
梯度PCR仪		Bio-Rad，美国
GeneAmp PCR system	2700	Applied Biosystem，美国
电子天平		越平，中国上海
电泳槽	DYY-8C	六一，中国北京
电泳仪	DYCP-31A	六一，中国北京
UVP 凝胶成像系统	EC3 500	UVP，美国
紫外分光光度计	UV-1700	SHIMADZU，日本
超低温冰箱		Thermo，美国
医用高速离心机	G16	白洋，中国河北
医用低速离心机	52A	白洋，中国河北
数显恒温搅拌循环水箱	HH-42	国华，中国江苏
超低温离心机		BEC，美国
洁净工作台	MCV-711ATS	SANYO，日本
制冰机	SIM-F124	SANYO，日本
细胞培养箱	MCO-18AIC	SANYO，日本
数显调速多用振荡器	HY-2	荣华，中国江苏
倒置显微镜	CKX41	Olympus，日本
气浴恒温振荡器	ZD-85	国胜，中国江苏
高压灭菌仪	ES-315	TOMY SEIKO CO，日本
超净工作台		博讯，中国上海
发光检测仪	Glomax 20/20	Promega，美国

1.1.2　试　剂

本章研究所用试剂见表4-2。

表4-2　研究所用试剂

试剂	厂家（产地）
Taq DNA Polymerase	生乙，中国上海
dNTP	生乙，中国上海
DNA Marker DL-2000	生乙，中国上海
内切酶	TaKaRa，日本
PCR 胶回收试剂盒	TaKaRa，日本
琼脂粉	OXOID，英国
胰蛋白胨	OXOID，英国
酵母粉	OXOID，英国
T4 DNA 连接酶	Promega，美国
pGL3-promoter 载体	Promega，美国
双萤光素酶报告系统试剂盒	Promega，美国
快速转染试剂盒	Promega，美国
基因组DAN纯化试剂	Promega，美国
In-Fusion TM Advantage PCR Cloning Kit	Clontech，美国
胎牛血清	Hyclone，美国
质粒提取及纯化试剂盒	Omega，美国
胰蛋白酶	DIFCO，美国
1640 、DMEM培养基	GIBCO，美国
琼脂糖	GIBCO，美国

1.1.3 菌株和细胞株

DH5a和C2C12均由本实验室储存。

1.2 研究方法

1.2.1 UCP2基因目的序列扩增

1.2.1.1 目的序列的确定和引物设计

在NCBI网站（http：//www.ncbi.nlm.nih.gov）查找UCP2基因3’-UTR全部序列。分析所得UCP2基因3’-UTR区域序列如下（下划线部分为3’-UTR 45 bp Ins/Del位点）。

GCCTCTCCTGCTGCTGACCTGATCACCTCTGGCTTTGTCTCTAGCCGGGCCATGCTTTCCTTTTCTTCCTTCTTTCTCTTCCCTCCTTCCCTTCTCTCCTTCCCTCTTTCCCCACCTCTTCCTTCCGCTCCTTTACCTACCACCTTCCCTCTTTCTACATTCTCATCTACTCATTGTCTCAGTGCTGGTGGAGTTGACATTTGACAGTGTGGGAGGCCTCGTACCAGCCAGGATCCCAAGCGTCCCGTCCCTTGGAAAGTTCAGCCAGAATCTTCGTCCTGCCCCCGACAGCCCAGCCTAGCCCACTTG

用Primer Premier 5.0 软件在UCP2基因3’-UTR两端设计引物。参照报告基因表达载体pGL3-Basic的多克隆位点，选择Xho Ⅰ和Bg1 Ⅱ为克隆的限制性内切酶，在上下游引物的5’端分别引入酶切位点，并加入相应的保护碱基。

引物序列如下（下划线分别为XhoI和BglII酶切位点）。

UCP2-F：5’ CCGCTCGAGTCCTGCTGCTGACCTGAT 3’ XhoI

UCP2-R：5’ GAAGATCTGAGAATCGCCTGAACCTG 3’ BglII

目的片段大小为：1062 bp，引物由上海生工生物工程有限公司合成。

1.2.1.2 PCR扩增目的片段

［PCR反应体系］模板：（100 ng）3 μL

5 × HF buffer：10 μL

dNTP：1 μL

UCP2-F：2 μL

UCP2-R：2 μL

Phusion：0.5 μL

加ddH_2O：至50 μL

［PCR 反应条件］98 ℃　30 s

98 ℃　10 s

56 ℃　25 s　35个循环

72 ℃　30 s

72 ℃　10 min

4 ℃　+∞

取5 μL扩增产物，用质量分数1%琼脂糖凝胶电泳检测扩增片段。

1.2.2　报告基因表达载体构建

表达载体构建策略如图4-1所示。

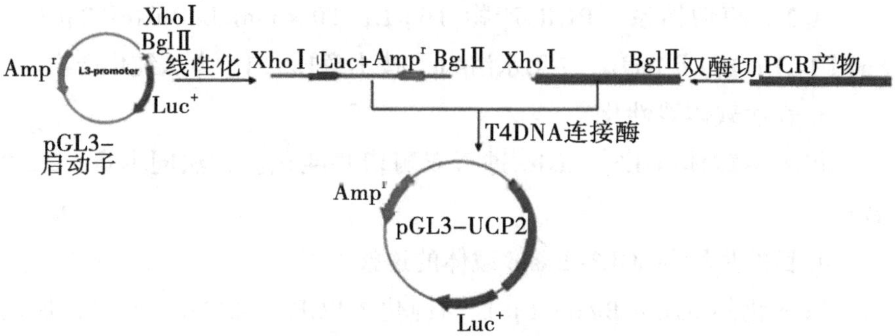

图4-1　表达载体构建示意图

表达载体构建操作步骤如下。

1. PCR 产物纯化（按胶回收试剂盒说明操作）

（1）在紫外灯下，从质量分数1%琼脂糖凝胶上切下目的片段，置离心管中。

（2）向胶块中加入胶块融化液DR-I buffer，加量约为3个凝胶体积量。

（3）混匀，45℃水浴加热，使胶块充分融化（6~10min），其间间断振荡混合。

（4）加入DR-II buffer（体积为1/2 DR-I Buffer），混匀。加入离心柱中，12 000 r/min 离心30 s。

（5）将500 μL 的洗液A 加入离心柱中，12 000 r/min 离心30 s，弃滤液。

（6）将700 μL 的洗液B（已加入了指定体积的100%乙醇）加入离心柱中，12 000 r/min离心30 s，弃滤液。再重复操作1次。

（7）将离心柱安置于新的1.5 mL的离心管上，在离心柱膜的中央加入25 μ L的灭菌蒸馏水或洗脱缓冲，室温静置1 min。

（8）12000 r/min 离心1 min 洗脱DNA。

2. 目的片段的双酶切

（1）将纯化的PCR 产物用Xho Ⅰ和Bg1 Ⅱ双酶切。

（2）酶切体系：PCR 产物 16 μL；10 × mol/L Buffer 2 μ L；Xho Ⅰ 1 μL；Bg1 Ⅱ 1 μL。37 ℃水浴4 h。按本章1.2.2.1中方法纯化产物。

3. 表达载体线性化

将表达载体pGL3-Basic 进行双酶切并纯化。方法同本章1.2.2.2部分。

4. 目的片段与pGL3-Basic 载体的连接

取纯化的pGL3-Basic 1 μ L 与纯化的PCR 产物3 μL 混匀，加入2 × Rapid Ligation Buffer 5 μL，T4 DNA 连接酶（3 u/ μL）1 μL，混匀，置4 ℃过夜连接。

5. 连接产物的转化

（1）取10 μL 连接产物无菌条件下加入100 μL Top 10 感受态细胞中，温和摇动混匀，冰浴放置30 min。

（2）42 ℃水浴，热激90 s，冰浴3 min 使其冷却。

（3）转移菌液至装有800 μL 预热至37 ℃的LB培养液的离心管

中，37 ℃温和振荡（150 r/min）1 h，使细胞恢复抗药性。

（4）5 000 r/min 离心5 min，弃上清液。

（5）混匀剩余的培养液和细胞沉淀，均匀涂布于含氨苄青霉素（100 μg/mL）的LB琼脂平板上。

（6）倒置平皿于37 ℃培养箱培养12~16 h后，挑选菌落提取质粒。

6. 重组质粒的提取与鉴定（按照质粒提取及纯化试剂盒说明书操作）

（1）用无菌牙签从LB平板上挑取白色单菌落，接种于3 mL含氨苄青霉素（100 μg/mL）的LB培养液中，37 ℃ 230 r/min 振荡培养过夜。

（2）无菌移取1.5 mL 菌液置离心管中，12 000 r/min 离心3 min，弃上清液。向离心管中加入250 μL 溶液P1，使溶液混匀；再加入250 μL 溶液P2，温和地上下翻转，使菌体充分裂解；加入350 μL 溶液P3，上下翻转充分混匀。13 000 r/min 离心10 min。将上清液转移至另一干净的离心管中，加入吸附柱，静置1~2 min，13 000 r/min 离心1 min；向吸附柱中加入500 μL 漂洗液PW，13 000 r/min 离心1 min，弃去收集液，将吸附柱重新置于收集管上，13 000 r/min 离心2 min。将吸附柱置于一干净离心管上，向吸附膜中间位置悬空滴加50 μL 预热的洗脱缓冲液EB，13 000 r/min 离心2 min。

（3）对提取的重组质粒进行双酶切鉴定（图4-2）。酶切体系：重组质粒3 μL；10 × mol/L Buffer 1 μL；Xho Ⅰ 0.5 μL；Bg1 Ⅱ 0.5 μL；灭菌水5 μL。37 ℃水浴4h。质量分数1%琼脂糖凝胶电泳观察酶切结果。将重组成功的质粒测序，结果正确的重组质粒命名为pGL3-UCP2/DD和pGL3-UCP2/Ⅱ。

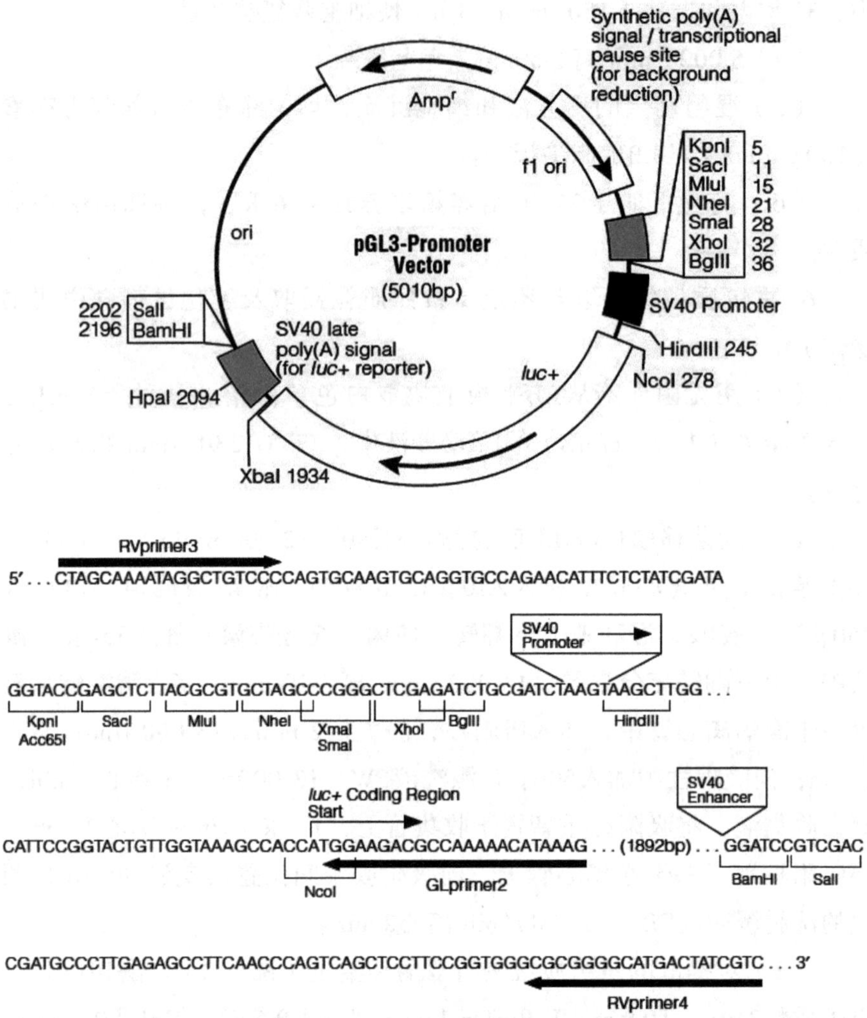

图4-2　pGL3-启动子载体结构示意图

1.2.3　细胞转染

以4种质粒pGL3-Basic、pGL3-Promoter、pGL3-UCP2/DD、pGL3-UCP2/II为转染质粒，该4种质粒载体中启动子下游均带有萤火虫萤光素酶蛋白（Luc$^+$）编码序列。

细胞转染操作步骤如下。

1. 转染质粒的准备（按照Omega公司去内毒素质粒中提取试剂盒说明书操作）

（1）将pGL3-Basic、pGL3-Promoter、pGL3-UCP2/DD、pGL3-UCP2/II载体菌种按1/500接菌，过夜培养至OD值为1.5~2.0。

（2）实验前，先将溶液I中加入RNase A后存放于4 ℃，将N3置于冰上。DNA洗涤缓冲液中加入无水乙醇80 mL（室温）。用GPS缓冲液在室温下平衡HM柱。

（3）裂解细菌：取50 mL菌液置入离心管。4 000 r/min室温离心10 min，弃上清液，加2.5 mL溶液Ⅰ，涡旋至完全重悬。加2.5 mL溶液Ⅱ，轻柔颠倒完全混匀，得到清亮的溶解物。室温孵育3~5 min。加1.25 mL N3缓冲液，轻柔温和地翻转几次，直到白色絮状沉淀出现。室温孵育2~3 min，并不时翻转混合。将裂解液倒入注射器桶中，静置2 min。白色沉淀应该漂浮在上面。用注射器柱塞将细胞裂解液推压至一个新的50 mL管收集管中。

（4）用ETR除去内毒素：加0.1倍体积的ETR入裂解液，颠倒混匀。冰上孵育20 min。孵育时翻转几次，42 ℃孵育5 min。4 000×g，室温离心5 min。小心地将上层水相转移至1个新的15 mL离心管中，加1/2体积无水乙醇，翻转轻柔混匀，室温孵育2 min。

（5）用HM柱纯化质粒DNA：加3.5 mL清亮裂解液入装在15 mL收集管中的HM柱中，3 000~5 000×g，离心5 min，弃滤液。重复操作，直到所有裂解液通过HM柱。加3.5 mLDNA洗涤缓冲液入HM柱，同上离心。重复1次。最大速度离心空柱，10~15 min。

（6）洗脱质粒DNA：将柱放入真空干燥器中干燥15 min。放入15 mL干净离心管中，加预热到65 ℃的EFEB 0.5~1 mL入柱膜，室温放置2~3 min。最大速度离心5 min。紫外分光光度计测定OD260和OD280，以检测纯度和浓度。根据质粒浓度，将质粒稀释至100 ng/μL。4种转染质粒pGL3-Basic、pGL3-Promoter、pGL3-UCP2/DD、pGL3-UCP2/II与内参照质粒pRL-TK以体积比为19：1混合。

2. 细胞培养

C2C12细胞在1640培养基中（含质量指数10%FBS），37 ℃，5%CO_2，100%相对湿度条件下常规培养。

3. 细胞转染（按照Promega公司快速转染试剂盒说明书操作）

（1）转染的前一天，将处于对数生长期的细胞按4×104/孔接种至24孔板。配制TFR试剂（取出TFR，放置至室温，加无核酸酶水400μL，涡旋10 s），后冻存于-20 ℃环境中。转染前，解冻、涡旋TFR悬液，TFR与转染质粒DNA以体积比2∶3混合。用无血清培养基稀释至所需DNA浓度（单孔加入量为0.5 μg）。涡旋。混合液在室温下孵育10~15min。

（2）轻轻移去24孔板细胞培养液，将混合液加入细胞（200μL/孔），37℃孵育1 h。

（3）加入完全培养液，37 ℃，培养48 h。

1.2.4　双荧光素酶报告基因表达检测

双荧光素酶报告基因表达检测操作步骤如下（按照Promega公司双荧光素酶报告系统试剂盒说明书操作）。

（1）检测前按说明书配制所需试剂：LARⅡ、终止试剂（SG试剂）、细胞裂解试剂（PLB试剂）、磷酸缓冲液（PBS）。

（2）裂解细胞：除去上述24孔板培养细胞的培养基，慢慢加入PBS清洗细胞培养孔表面，去尽残液。每个孔中加入100μL PLB。室温下在摇床上将培养板慢慢摇荡15 min。

（3）检测：在检测管中依次加100μL LARⅡ溶液、20μL PLB试剂，混合2~3次，将检测管放入化学发光仪检测池中检测，记录萤火虫萤光素酶活力；取出检测管，加100μL新鲜配制的SG试剂，快速涡旋混匀，放回样品检测池检测，记录海肾萤光素酶活力。

（4）细胞转染及检测过程重复3次，每次每种质粒平行3个孔。

1.2.5　统计学分析

组间荧光素酶活性比较用单因素方差分析检验，显著性水平定为$P<0.05$。

2 结　果

2.1　重组质粒的构建

2.1.1　UCP2基因目的序列扩增结果

PCR 产物琼脂糖凝胶电泳结果如图4-3。结果表明，成功扩增到大小约为1 062 bp的片段。

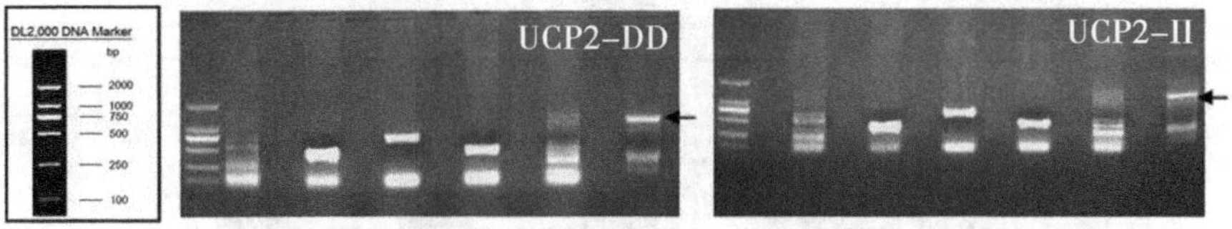

图4-3　UCP2基因目的片段PCR产物电泳图（M：DNA 2000 Marker）

2.1.2　重组质粒鉴定

菌落PCR阳性克隆质粒鉴定，琼脂糖凝胶电泳结果如图4-4所示。菌落PCR阳性克隆质粒经测序检验，扩增序列与GenBank公布的UCP2基因3’-UTR序列一致。

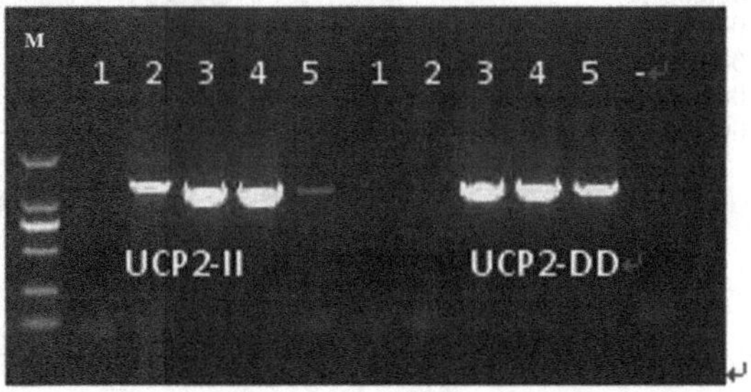

图4-4　菌落PCR鉴定结果

2.2 双蛋光素酶报告基因表达检测

用双荧光报告质粒检测系统分别检测pGL3-UCP2/DD、pGL3-UCP2/II载体转C2C12的蛍光素酶相对活性。实验重复3次，每次每种质粒平行3个孔。结果显示，转染后48 h，pGL3-UCP2/DD蛍光素酶相对表达量显著高于pGL3-Promoter和pGL3-UCP2/II，pGL3-UCP2/II与pGL3-Promoter无显著性差异（图4-5）。不同质粒中报告基因在C2C12细胞中的相对表达活性如表4-3所示。不同转染质粒Luc相对表达量如图4-6所示。

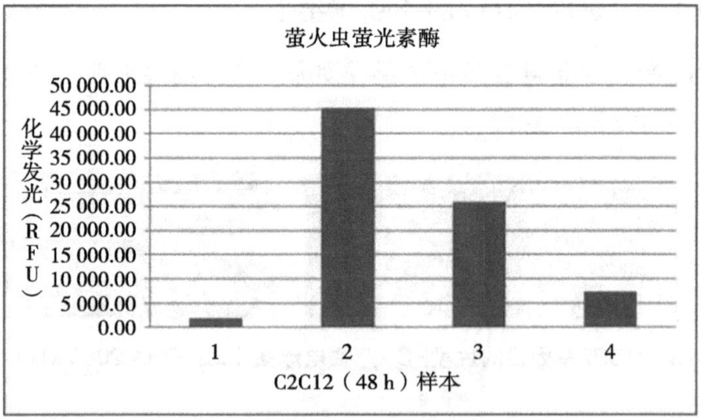

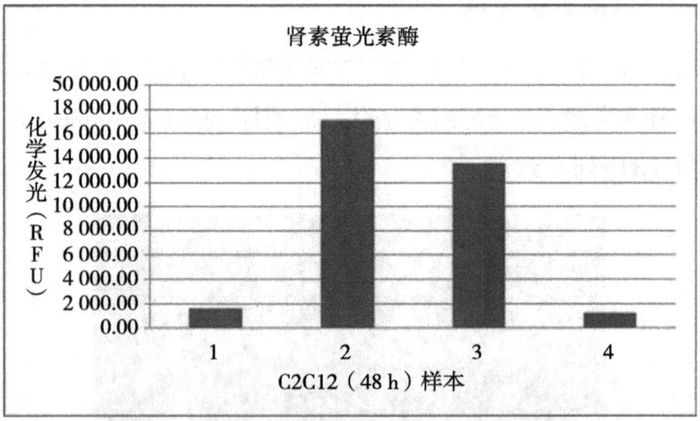

图4-5 不同质粒载体转染C2C12细胞48 h后萤光素酶表达量

（1：pGL-Basic；2：pGL3-Promoter；3：pGL3-UCP2/II；4：pGL3-UCP2/DD）

表4-3　不同转染质粒中报告基因在C2C12细胞中的表达活性

	pGL3-Promoter	pGL3-UCP2/II	pGL3-UCP2/DD	*P*	*P*1	*P*2	*P*3
相对发光值（F/R）	2.75 ± 0.57	1.90 ± 0.24	6.31 ± 1.68*#	0.000	0.056	0.000	0.000

注：*表示与pGL3-Promoter有显著性差异，$P<0.05$；#表示与pGL3- UCP2/Ⅱ有显著性差异，$P<0.05$。

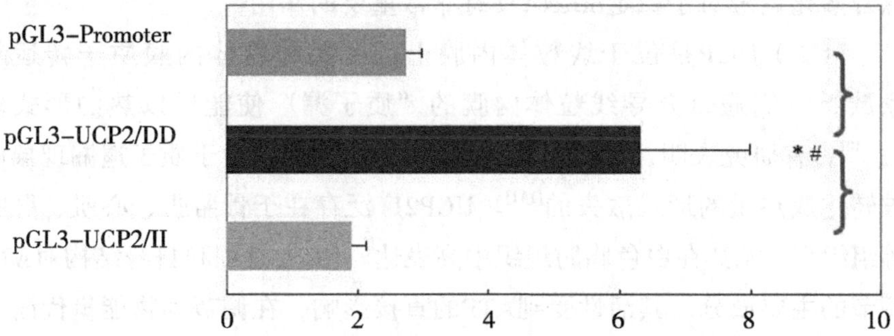

图4-6　不同转染质粒Luc相对表达量（F/R）
（*表示与pGL3-promoter有显著性差异，$P<0.05$；
#表示与pGL3-II有显著性差异，$P<0.05$。）

3 讨 论

（1）存在于基因的编码区或非编码区的基因多态位点，可以从功能上直接影响相关基因的表达，也可以与真正的影响功能的基因处于连锁状态，成为有效的分子标记。由于编码区的突变常常会引起蛋白结构的变化，因此，位于编码区非同义突变的多态位点相对较少，而位于非编码区的多态性在基因的表达中起重要调控作用。

基因表达的调控是多水平、多层次的，包括转录前、转录、转录后、翻译和翻译后5个水平。具体而言，基因的表达受制于基因组水平上的基因结构、基因转录速率、前体mRNA的加工、mRNA由核向质的转运、mRNA在核与质中的稳定性、mRNA的翻译等。某一基因的表达可能是其中某一水平单独调控的结果，也可能是多级水平共同作用的结果。其中，转录过程中的调控是基因表达调控中最重要的一环。然而，转录后水平的调节对基因表达的调控也具有十分重要的意义。真核生物中，对mRNA的3’-UTR内的有关顺式作用元件的研究表明，3’-UTR不仅调控mRNA的体内稳定性及降解速率，控制其利用效率，协助辨认特殊密码子，而且决定mRNA的翻译位点及控制其翻译效率[137]。研究表明，3’-UTR序列含有多聚腺苷酸化信号，这些多聚腺苷酸化信号对于稳定mRNA具有非常重要的作用[138-139]。

（2）UCP是位于线粒体内膜上的一类线粒体内膜质子转运超家族，它们通过介导线粒体内膜的“质子漏”使能量以热的形式散失[140]。有研究表明，大概有25%ATP中的代谢能是由于质子遗漏现象而被转化成热量的形式散失的[141]。UCP2广泛存在于骨骼肌、心肌、肝脏等组织[76]，尤其在白色脂肪组织中高表达。UCP2是细胞自身结构对ATP调节的主要成分，其活性受到ATP的直接影响，在调节动物能量代谢、脂肪沉积及脂肪酸氧化等方面起着重要作用，是医学和运动人体科学领域的研究热点之一，在对UCP2与解偶联关系的研究中，有学者发现UCP2与肥胖、2型糖尿病、高胰岛素血症及BMI等有一定的相关性[77]。

Walder等人[135]的研究报道，在PIMA印第安人中，UCP2 第8外显子 Ins/Del（UCP2 3’-UTR 45 bp Ins/Del）位点与睡眠期间代谢率相关，并认为该位点可能影响mRNA的稳定性；在南印第安人群中发现该位点变异与女性BMI有关[136]。杨明等人[142]的研究表明，UCP2 第8外显子 Ins/Del 多态位点女性非 I 等位基因携带者较携带者REE/kg（静息能量消耗）显著降低，且肥胖程度更显著。Lee等人[143]对韩国人的研究发现，UCP2基因3’-UTR Ins/Del多态位点，I 等位基因型携带者患肥胖的风险更高。洪庆荣等人[133]的研究表明，上海市儿童青少年肥胖与UCP2第8外显子Ins/Del多态性无显著关联；日本人群UCP2基因筛查发现[144]，第8外显子Ins/Del与肥胖、糖尿病的临床表型无关。由此可见，对UCP2基因，3’-UTR 45 bp Ins/Del多态性与肥胖和糖尿病关联性的研究结果存在不一致性，但迄今关于该基因3’-UTR对基因表达的调控作用还未见报道。

（3）pGL3-双萤光素酶报告系统是专门研究基因转录活性的系统，由pGL3-质粒及内参pRL-质粒组成。实验原理是在其多克隆酶切位点区插入目的序列，调控萤光素酶报告基因的表达。荧光强度的变化可以间接地反映插入序列对报告基因的表达的影响。双报告系统中内参质粒的目的是减少因细胞数量、质量、转染效率、非特异性反应等造成的实验差异，提高实验的准确性[137]。

为进一步阐明UCP2基因3’-UTR 45 bp Ins/Del多态性对UCP2的调控作用，本章使用pGL3-双萤光素酶报告系统研究方法，将UCP2基因3’-UTR全部序列插入报告质粒内，构建了pGL3-UCP2/DD和pGL3-UCP2/II报告基因质粒，并与pGL3-Promoter共转染至C2C12细胞。48 h后结果显示，pGL3-UCP2/DD萤光素酶相对表达量显著高于pGL3-Promoter和pGL3-UCP2/II，而pGL3-UCP2/II与pGL3-Promoter无显著性差异。这说明UCP2基因的3’-UTR序列中存在着一些可以影响mRNA转录的，而位于该序列中的45 bp Ins/Del多态位点DD型可以增加mRNA稳定性，并对mRNA的翻译起到上调作用，从而增强mRNA转录活性，影响UCP2的表达，而II型对mRNA的翻译无上调作用。

（4）本实验室前期的研究表明，该位点的基因型在长跑运动员组和对照组之间的分布存在显著性差异，DD基因型在长跑运动员中的分布频率显著高于普通人，转染实验也表明，DD型载体报告基因的表达能力比II型的载体更强。因此证明，该多态位点是一个功能性的影响有氧耐力表型的分子标记。

4 结　论

UCP2基因3’-UTR 45 bp Ins/Del多态位点是一个功能性位点，是有氧运动能力的分子标记，其生物学活性在于不同基因型能显著UCP2基因表达活性。

第五章　ATP合成调控相关蛋白基因多态性与有氧运动能力相关的分子标记及影响机制

本书通过分析ATP合成调控相关蛋白基因多态性在我国长跑运动员中的分布特征，筛选与有氧运动能力相关的分子标记；通过与长跑运动员生理表型指标的关联分析，探讨基因多态性对有氧运动能力的影响；通过研究多态位点的生物功能，探讨不同基因型在表达调控上的作用，为解释分子标记与有氧运动能力的关系提供实验依据。

通过统计分析，本书筛选出了有氧运动能力相关的分子标记如下。

（1）有氧运动能力的分子标记：UCP2基因3’-UTR 45 bp Ins/Del多态位点DD基因型。

（2）男子长跑运动员有氧运动能力的分子标记：ACSL4基因rs5943427位点GG基因型；rs1324805位点TT基因型；rs5943427-rs1324805（GT）单体型。

（3）超长跑项目有氧运动能力的分子标记：HK4基因rs1799884-rs13239289-rs730497（CGC）单体型和rs1799884-rs13239289（CG）单体型；OGDHL基因rs1268722位点AA基因型。

通过统计分析，本书筛选出了与长跑运动员生理表型相关的分子标记如下。

（1）肺功能表型分子标记：IDH3B基因rs6107100。

（2）有氧运动能力表型分子标记：PYGM基因rs490980；IDH3B

基因rs6107100-rs2073193单体型；HK4基因rs3757840；PK基因rs2071053、rs1052176、rs3762272、rs8847及rs2071053-rs1052176-rs3762272-rs8847单体型；ACSL5基因rs2419621、rs11195938、rs8624。

（3）身体成分表型分子标记：PYGM基因rs589691，rs490980-rs589691单体型；IDH3B基因rs6107100-rs2073193单体型；OGDHL基因rs1268722；HK1基因rs702268；HK2基因rs681900；ACSL5基因rs2419621、rs11195938、rs8624。

本书的研究证明了与有氧运动能力相关的UCP2基因3'-UTR 45 bp Ins/Del位点不同基因型对报告基因表达活性的影响：携带DD基因型的重组载体中报告基因相对活性显著高于携带II基因型的重组载体，该位点的生物学活性在于不同的基因型能影响UCP2基因表达活性。

参考文献

[1] 李璞 . 医学遗传学 [M]. 北京：中国协和医科大学出版社，1999.

[2] 朱玉贤，李毅 . 现代分子生物学 [M]. 北京：高等教育出版社，1997.

[3]KLISSOURAS V. Heritability of adaptive variation.[J]. J Appl physio，1971，31（3）：338–344.

[4] 马力宏，陈家琦 . 用双生法探讨遗传因素对通气敏感度及女子最大耗氧量的影响程度 [J]. 天津体育学院学报，1986（1），8–17.

[5]MONTGOMERY H E，MARSHALL R，HEMINGWAY H，et al. Human gene for physical performance[J]. Nature，1998，393：221–222.

[6]RANKINEN T，PÉRUSSE L，RAURAMAA R，et al. The human gene map for performance and health–related fitness phenotypes[J]. Med Sci Sports Exerc，2001，33（6）：855–867.

[7]RANKINEN T，PÉRUSSE L，RAURAMAA R，et al. The human gene map for performance and health–related fitness phenotypes：the 2001 update[J]. Med Sci Sports Exerc，2002，34（8）：1219–1233.

[8]RANKINEN T，PÉRUSSE L，RAURAMAA R，et al. The human gene map for performance and health–related fitness phenotypes：the 2002 update[J]. Med Sci Sports Exerc，2003，35（8）：1248–1264.

[9]RANKINEN T，PÉRUSSE L，RAURAMAA R，et al. The human gene map for performance and health–related fitness phenotypes：the 2003 update[J]. Med Sci Sports Exerc，2004，36（9）：1451–1469.

[10]WOLFARTH B，BRAY M S，HAGBERG J M，et al. The human gene map for performance and health–related fitness phenotypes：the 2004 update[J]. Med Sci Sports Exerc，2005，37（6）：881–903.

[11]RANKINEN T，BRAY M S，HAGBERG J M，et al. The human gene map for performance and health-related fitness phenotypes：the 2005 update[J]. Med Sci Sports Exerc，2006，38（11）：1863-1888.

[12]BRAY M S，HAGBERG J M，PÉRUSSE L，et al. The human gene map for performance and health-related fitness phenotypes：the 2006-2007 update[J]. Med Sci Sports Exerc，2009，41（1）：35-73.

[13]RANKINEN T，ROTH S M，BRAY M S，et al. Advances in exercise，fitness，and performance genomics[J]. Med Sci Sports Exerc，2010，42（5）：835-846.

[14]HAGBERG J M，RANKINEN T，LOOS R J，et al. Advances in exercise，fitness，and performance genomics in 2010[J]. Med Sci Sports Exerc，2010，43（5）：743-752.

[15]ROTH S M，RANKINEN T，HAGBERG J M，et al. Advances in exercise，fitness，and performance genomics in 2011[J]. Med Sci Sports Exerc，2012，44（5）：809-817.

[16] 冯美云 . 运动生物化学 [M]. 北京：人民体育出版社，1999.

[17]BEIS I，NEWSHOLME E A. The contents of adenine nucleotides，phosphagens and some glycolytic intermediates in resting muscles from vertebrates and invertebrates[J]. Biochem J，1975，152（1）：23-32.

[18]BOSS O，HAGEN T，LOWELL B B . Uncoupling proteins 2 and 3：potential regulators of mitochondrial energy metabolism[J]. Diabetes，2000，49（2）：143-156.

[19]WALLIMANN T. Some new aspects of creatine kinase（CK）：compartmentation，structure，function and regulation for cellular and mitochondrial bioenergetics and physiology[J]. Biofactors，1998，8（3-4）：229-234.

[20]FONTANET H L，TRASK R V，HAAS R C，et al. Regulation of expression of M B，and mitochondrial creatine kinase mRNAs in the left ventricle after pressure overload in rats[J]. Circ Res，1991，68：1007-1012.

[21]NIGRO J M，SCHWEINFEST C W，RAJKOVIC A，et al. cDNA Cloning and mapping of the human creatine kinase M gene to 19ql3[J]. Am J Hum Genet，1987，40：115-125.

[22] 周多奇，胡扬，刘刚，等 . 耐力训练效果与 CKMM 基因 A/G 多态性的关联研究 [J]. 体育科学，2006，26(7)：36–39.

[23]RIVERA M A，DIONNE F T，SIMONEAU J A，et al. Muscle–specific creatine kinase gene polymorphism and VO_2max in the HERITAGE Family Study[J]. Medicine and science in sports and exercise，1997，29（10）：1311–1317.

[24]MÜHLEBACH S M. GROSS M. WIRZ T. et al. Sequence homology and structure predictions of the creatine kinase isoenzymes[J]. Mol Cell Biochem 1994，133–134：245–262.

[25]RIVERA M A，PÉRUSSE L，SIMONEAU J A，et al. Linkage between a muscle–specific CK gene marker and VO_2max in the HERITAGE Family Study[J]. Medicine and science in sports and exercise，1999，31（5）：698–701.

[26]YUEN M F，WU P C，LAI V C，et al. Expression of c–Myc，c–Fos，and c–jun in hepatocellular carcinoma[J]. Cancer，2001，91（1）：106–112.

[27]CHUNG Y H，KIM J A，SONG B C，et al. Expression of transforming growth factor–alpha mRNA in livers of patients with chronic viral hepatitis and hepatocellular carcinoma[J]. Cancer，2000，89（5）：977–982.

[28]IYER N G ，ZDAG H ，CALDAS C . p300/CBP and cancer[J]. Oncogene，2004，23：4225－4231.

[29]DIMAURO S，ANDREU A L，BRUNO C，et al. Myophosphorylase deficiency (glycogenosis type V，McArdle disease）[J]. Curr Mol Med，2002，2：189–196.

[30]ROACH P J. Glycogen and its metabolism[J]. Curr Mol Med，2002，2：101–120.

[31]KUBISCH C，WICKLEIN E M，JENTSCH T J，et al. Molecular diagnosis of McArdle disease：revised genomic structure of the myophosphorylase gene and identification of a novel mutation[J]. Hum Mutat，1998，12：27–32.

[32]MOMMAERTS W F，ILLINGWORTH B，PEARSON C M ，et al. A functional disorder of muscle associated with the absence of phosphorylase [J]. Proc Natl Acad Sci USA，1959，45：791–797.

[33]EL–SCHAHAWI M，TSUJINO S，SHANSKE S，et al.Diagnosis of McArdle’s

disease by molecular genetic analysis of blood[J]. Neurology，1996，47：579–580.

[34] 奚剑英，卢家红，黄俊，等 . McArdle 病的诊断 [J]. 中国临床神经科学，2006，14(6)：656–661.

[35] 黄勇奇，吴耀生，陈青云，等 .HK– Ⅱ基因的多态性分析及其与原发性肝癌的关系 [J]. 广西医科大学学报，2007，24（6）：851–853.

[36]PARÉ G，CHASMAN D I，ALEXANDER N P，et al. Novel Association of HK1 with Glycated Hemoglobin in a Non–Diabetic Population：A Genome–Wide Evaluation of 14，618 Participants in the Women's Genome Health Study[J]. PLoS Genet，2008，4（12）：e1000312.

[37]GJESING A P ，NIELSEN A A ，BRANDSLUND I ，et al. Studies of a genetic variant in HK1 in relation to quantitative metabolic traits and to the prevalence of type 2 diabetes[J]. Bmc Medical Genetics，2011，12（1）：99–99.

[38] VESTERGAARD H，BJORBAEK C，HANSEN T，et al. Impaired activity and gene expression of hexokinase II in muscle from noninsulin–dependent diabetes mellitus patients [J]. J Clin Invest，1995(96)：2639–2645

[39] TAYLAR R W，PRINTZ R L，ARMSTRONG M，et al. Variant sequences of the Hexokinase II gene in familial NIDDM [J]. Diabetologia，1996 (39)：322–328.

[40] 黄勇奇，吴耀生 . 己糖激酶 –II 与肿瘤的糖代谢 [J]. 生命的化学，2004，24（4）：342–344.

[41] 王健军，邱长春 . 葡萄糖激酶基因与 II 型糖尿病 [J]. 中华医学遗传学杂志，1995，12（6）：358–361.

[42] 项坤三，钱荣立 . 葡萄糖激酶与糖尿病 [J]. 中国糖尿病杂志，1993，1（1）：51–53.

[43] 周嘉强 . 葡萄糖激酶和 NIDDM 的候选基因 [J]. 浙江医学，1998，20（1）：64–66.

[44]STOFFEL M，PATEL P，LO YM，et al. Missense glucokinase mutation in maturity–onset diabetes of the young and mutation screening in late–onset diabetes[J]. Nature Genetics，1992，2：153–156.

[45]FROGUEL P，ZOUALI H，VIONNER N，et al. Familial hyperglycemia due

to mutations in glucokinase. Definition of a subtype of diabetes mellitus[J]. N Engl J Med, 1993, 328: 697–702.

[46]SAKURA, H. STRUCTURE of the human glucokinase gene and identification of a missense mutation in a Japanese patient with early–onset non–insulin– dependent diabetes mellitus[J]. Journal of Clinical Endocrinology & Metabolism, 1992, 75 (6): 1571–1573.

[47]SEIP R L, VOLEK J S, WINDEMUTH A, et al. Physiogenomic comparison of human fat loss in response to diets restrictive of carbohydrate or fat[J].Nutrition & Metabolism, 2008, 5 (1): 4.

[48]HUA W , CHU W , DAS S K , et al. Liver pyruvate kinase polymorphisms are associated with type 2 diabetes in northern european caucasians[J]. Diabetes,2002,51(9): 2861–2865.

[49]RUAÑO G, BERNENE J, WINDEMUTH A, et al. Physiogenomic comparison of edema and BMI in patients receiving rosiglitazone or pioglitazone[J]. Clinica chimica acta; international journal of clinical chemistry, 2009, 400 (1–2): 48–55.

[50] 刘泽军，魏明竞，唐宏 . 乳酸脱氢酶遗传变异的筛选方法 [J]. 中国现代医学杂志，2000 (12): 68–69.

[51]刘泽军.乳酸脱氢酶A亚单位基因变异与临床[J]. 日本医学介绍,1998(2): 43–44.

[52]MARZI C, ALBRECHT E, HYSI PG, et al. Genome–Wide Association Study Identifies Two Novel Regions at 11p15.5–p13 and 1p31 with Major Impact on Acute–Phase Serum Amyloid A[J]. PLoS Genet, 2010 18, 6 (11): e1001213.

[53]陈长强，顾志冬，樊绮诗 . 血清淀粉样蛋白 A 在疾病应用中的研究进展 [J]. 检验医学，2012，27 (9): 776–779.

[54]李庆岗，陶著，杨玉增，等 . 长链脂酰 CoA 合成酶(ACSL)的研究进展 [J]. 中国畜牧兽医，2012，39 (6): 137–140.

[55]SINGH I, LAZO O, DHAUNSI G, et al. Transport of fatty acids into human and rat peroxisomes. Differential transport of palmitic and lignoceric acids and its implication to X–adrenoleukodystrophy[J]. J Biol Chem, 1992, 267 (19): 13306–13313.

[56]COLEMAN R A , LEWIN T M , MUOIO D M . Physiological and nutritional regulation of enzymes of triacylglycerol synthesis[J]. Annual Review of Nutrition, 2000, 20（1）: 77–103.

[57]MARTIN G, SCHOONJANS K, LEFEBVRE A M, et al. Coordinate regulation of the expression of the fatty acid transport protein and acyl–CoA synthetase genes by PPARalpha and PPARgamma activators[J]. The Journal of biological chemistry, 1997, 272（45）: 28210–28217.

[58]PHILLIPS C M , GOUMIDI L , BERTRAIS S , et al. Gene–nutrient interactions with dietary fat modulate the association between genetic variation of the ACSL1 gene and metabolic syndrome[J]. Journal of Lipid Research, 2010, 51（7）: 1793–1800.

[59]KANG M J, FUJINO T, SASANO H, et al. A novel arachidonate–preferring acyl–CoA synthetase is present in steroidogenic cells of the rat adrenal, ovary, and testis[J]. Proc Nati Acad Sci USA , 1997, 94（7）: 2880–2884.

[60]JONATHAN C, HELEN P, Darlene M, et al.Association of a long–chain fatty acid–CoA ligase 4 gene polymorphism with depression and with enhanced niacin–induced dermal erythema.[J]. American journal of medical genetics. Part B, Neuropsychiatric genetics : the official publication of the International Society of Psychiatric Genetics, 2004, 127B（1）: 42–47.

[61]TENG A C, ADAMO K, TESSON F, et al. Functional characterization of a promoter polymorphism that drives ACSL5 gene expression in skeletal muscle and associates with diet–induced weight loss[J]. FASEB J, 2009, 23（6）: 1705–1709.

[62]ADAMO K B, DENT, LANGEFELD CD et al. Peroxisome proliferator–activated receptor gamma 2 and acyl–CoA synthetase 5 polymorphisms influence diet response[J]. OBESITY, 2007, 15（5）: 1068–1075.

[63] 徐建方，冯连世，路瑛丽，等 . 低氧训练对肥胖大鼠糖有氧代谢关键酶基因表达的影响 [J]. 体育科学，2012，32（1）：40–47.

[64]CUPP J R, MCALISTER–HENN L. Cloning and characterization of the gene encoding the IDH1 subunit of NAD^+–dependent isocitrate dehydrogenase from

Saccharonyces cerevisiae[J]. J Biol Chem，1992，267：16417.

[65] 陈海浪，陈喜文，陈德富 .NAD+– 依赖型异柠檬酸脱氢酶的结构和功能研究进展 [J]. 生物技术通讯，2003，14（4）：304–307.

[66] 王丽艳，张敏，赵晓丽，等 . 不同运动方式对大鼠异柠檬酸脱氢酶和磷酸果糖激酶 –1 的影响 [J]. 天津医科大学学报 . 2011，17（2）：170–172.

[67]BENTLEY A R ，KRITCHEVSKY S B ，HARRIS T B ，et al. Genetic variation in antioxidant enzymes and lung function[J]. Free Radical Biology & Medicine，2012，52（9）：1577–1583.

[68] 史红超，苏铁柱 . 三羧酸循环及其影响因素对运动能力的影响 [J]. 辽宁体育科技，2011，33（3）：45–47.

[69]RAMONI R B，HIMES B E，SALE M M，et al. Predictive Genomics of Cardioembolic Stroke[J]. Stroke，2009，40（3 Suppl）：S67 – S70.

[70]PORTER R K. Mitochondrial proton leak：a role for uncoupling proteins 2 and 3?[J]. Biochim Biophys Acta，2001，1504（1）：120–127.

[71]STOCK M J. Molecular and genetic aspects of the UCPs：View from the chair[J]. International Journal of Obesity，1999，23（S6）：S51–52.

[72]RICQUIER D，BOUILLAUD F. The uncoupling protein homologues：UCP1，UCP2，UCP3，StUCP and AtUCP[J]. Biochemical journal，2000，345：161–179.

[73]RICQUIER D，BOUILLAUD F. Mitochondrial uncoupling proteins：from mitochondria to the regulation of energy balance[J]. Journal of Physiology，2000，529（1）：3–10.

[74]KRAUSS S，ZHANG CY，LOWELL B B. The mitochondrial uncoupling-protein homologues[J]. Nature Reviews Molecular Cell Biology，2005，6：248–261.

[75] 庄成君，王力，王冬梅，等 . 解偶联蛋白 2 的研究进展 [J]. 大连医科大学学报，2007，29（1）：36–38.

[76]FLEURY C，NEVEROVA M，COLLINS S，et al. Uncoupling protein–2：a novel gene linked to obesity and hyperinsulinemia[J]. Nature Genetics，1997，15（3）：269–272.

[77] 丁晓东 . 肥胖的候选基因 –UCP2 的研究进展 [J]. 国外医学（生理、病理科

学与临床分册），2002（4）：415-418.

[78]ASTRUP A，TOUBRO S，DALGAARD L T，et al. Impact of the v/v 55 polymorphism of the uncoupling protein 2 gene on 24 - h energy expenditure and substrate oxidation[J]. International Journal of Obesity，1999，23（10）：1030-1034.

[79]BUEMANN B，SCHIERNING B，TOUBRO S，et al. The association between the val/ala-55 polymorphism of the uncoupling protein 2 gene and exercise efficiency[J]. International Journal of Obesity，2001，25(4)：467-471.

[80]PENDERGRASS M，GULLI G，SACCOMANI MP，et al. In vivo glucose transport and phosphorylation in skeletal muscle is impaired in obese and diabetic patients [J]. Dibetes，1994，43（suppl. 1）：72A.

[81]VESTERGAARD H ，C BJØRBAEK，HANSEN T ，et al. Impaired activity and gene expression of hexokinase II in muscle from non-insulin-dependent diabetes mellitus patients[J]. Journal of Clinical Investigation，1995，96（6）：2639-2645.

[82]TAYLOR R W，PRINTZ R L，ARMSTRONG M，et al. Variant sequences of the hexokinase gene in familial NIDDM[J]. Diabetologia，1996，39：322-328.

[83]ONYWERA V O . East African runners：their genetics，lifestyle and athletic prowess[J]. Med Sport Sci，2009，54：102-109.

[84]ZOOSSMANN - DISKIN A. The association of the ACE gene and elite athletic performance in Israel may be an artifact[J]. Experimental Physiology，2008，93（11）：1220.

[85]AMIR O，AMIR R，YAMIN C，et al.The ACE deletion allele is associated with Israeli elite endurance athletes[J]. Experimental Physiology，2007，92（5）：881-886.

[86]PRIOR S J，HAGBERG J M，PATON C M，et al. DNA sequence variation in the promoter region of the VEGF gene impacts VEGF gene expression and maximal oxygen consumption[J]. American journal of physiology. Heart and circulatory physiology，2006，290（5）：1848-1855.

[87]ARGYROPOUIOS G，STÜTZ A M，ILNYTSKA O，et al. KIF5B gene sequence variation and response of cardiac stroke volume to regular exercise.[J]. Physiological genomics，2009，36（2）：79-88.

[88]MENZAGHI C. The -318 C>G single-nucleotide polymorphism in the GNAI2 gene promoter region impairs transcriptional activity through specific binding of Sp1 transcription factor and is associated with high blood pressure in Caucasians from Italy[J]. Journal of the American Society of Nephrology，2006，17（4_suppl_2）：S115-S119.

[89]李皓，姜春来，于湘晖，等 . hKv4.3基因5' 非翻译区序列 S160功能分析[J]. 高等学校化学学报，2008，29（7）：1384-1389.

[90]WOOTTON P ，DRENOS F ，COOPER J A ，et al. Tagging-SNP haplotype analysis of the secretory PLA2IIa gene PLA2G2A shows strong association with serum levels of sPLA2IIa：results from the UDACS study[J]. Human Molecular Genetics，2006，15（2）：355-361.

[91]NAKAJIMA T，JORDE L B，ISHIGAMI T ，et al. Nucleotide Diversity and Haplotype Structure of the Human Angiotensinogen Gene in Two Populations[J]. American Journal of Human Genetics，2002，70（1）：108-123.

[92]陈葵 .McArdle 病肌磷酸化酶的分子异质性：基因型 - 表型相关性研究 [J]. 国外医学 . 神经病学神经外科学分册，2002，29（4）：382.

[93]李婧，潘玉春，李亦学，等 . 人类基因组单核苷酸多态性和单体型的分析及应用 [J]. 遗传学报，2005，32（8）：879-889.

[94]耿茜，蒋玮莹 . 人类基因组单体型图计划及其意义 [J]. 国外医学 . 遗传学分册，2005，28（1）：1-5.

[95]何子红，胡扬 . 运动能力相关基因标记的研究策略及方法 [J]. 中国运动医学杂志，2006，25（6）：684-691.

[96]梁云，周钢 . 人类基因组中的连锁不平衡方式 [J]. 国外医学（生理、病理科学与临床分册），2005，25（3）：247-250.

[97]何云刚，金力，黄薇 . 单核苷酸多态性与连锁不平衡研究进展 [J]. 基础医学与临床，2004，24（5）：487-490.

[98]LEIDY H J，CARNELL N S，MATTES R D，et al.Higher protein intake preserves lean mass and satiety with weight loss in pre-obese and obese women[J]. Obesity（Silver Spring），2007，15（2）：421-429.

[99]BALINT E，SZABO P，MARSHALL CF，et al. Glucose-induced inhibition of

in vitro bone mineralization[J]. Bone，2001，28（1）：21–28.

[100]LU SUN，LI–JUN TAN，SHU–FENG Lei，et al. Bivariate Genome–Wide Association Analyses of Femoral Neck Bone Geometry and Appendicular Lean Mass[J]. Plos One，2011，6（11）：e27325.

[101]MATACHINAKY F M. Glucokinase as glucose sensor and metabolic signal generator in pancreatic beta–cells and hepatocytes[J]. Diabetes，1990，39（6）：647.

[102]BEDOYA F J，MATSCHINSKY F M，SHIMIU T，et al. Differential regulation of glucokinase activity in pancreatic islets and liver of the rat[J]. J Biol Chem，1986，261（23）：10760.

[103]WEEDON M N，CLARK V J，YUDONG QIAN，et al. A Common Haplotype of the Glucokinase Gene Alters Fasting Glucose and Birth Weight：Association in Six Studies and Population–Genetics Analyses[J]. Am J Hum Genet，2006，79（6）：991–1001.

[104]RASMUSSEN–TORVIK L J，LI M，KAO W H，et al. Association of a Fasting Glucose Genetic Risk Score With Subclinical Atherosclerosis：The Atherosclerosis Risk in Communities（ARIC）Study[J]. Diabetes，2011，60（1）：331–335.

[105]FRIDA R，DMITRY S，INGEGERD J，et al. Genetic predisposition to long–term nondiabetic deteriorations in glucose homeostasis：Ten–year follow–up of the GLACIER study[J]. Diabetes，2011，60（1）：345–354.

[106]WANG H，CHU W，DAS S K，et al. Liver pyruvate kinase polymorphisms are associated with type 2 diabetes in northern European Caucasians[J]. Diabetes，2002，51（9）：2861–2865.

[107] HASSTEDT S J，CHU W S，DAS S K，et al. Type 2 diabetes susceptibility genes on chromosome 1q21–24[J]. Annals of Human Genetics，2008，72（2）：163–169.

[108] 张开慧 . 内含子的功能及应用 [J]. 中国畜牧兽医，2012，39（7）：80–83.

[109]ZEMAN M，VECKA M，JÁCHYMOVÁ M，et al. Fatty Acid CoA Ligase–4 Gene Polymorphism Influences Fatty Acid Metabolism in Metabolic Syndrome，but not in Depression[J]. Tohoku University Medical Press，2009，217（4）：289–293.

[110] 张炙萍，王蓉 . 能量代谢障碍与阿尔茨海默病 [J]. 中国老年学杂志，

2007（17）：1729–1732.

[111]LUCIA A，OLIVAN J，BRAVO J，et al. The key to top–level endurance running performance：a unique example[J]. Br J Sports Med，2008，42（3）：172–174.

[112] 宋旭敏 . 关于机体在运动中的最大摄氧量和无氧阈的研究 [J]. 河北体育学院学报，2000（2）：97–99.

[113] 孙飙，姜文凯，汤强，等 . 成人腰臀比与某些形态、机能和素质间的相关分析 [J]. 体育与科学，2002（6）：56–58.

[114] 王向东，刘荣华，马宝娟，等 . 内脏脂肪含量对青年肥胖女性心肺功能及有氧运动能力的影响 [J]. 现代预防医学，2010，37（10）：1907–1909.

[115] 尹军，李鸿江 . 世界优秀男女中长跑运动员身体形态与机能特征的研究 [J]. 西安体育学院学报，2004，21（3）：60–63.

[116]CARTER H，JONES A M，BARSTOW T J，et al. Effect of endurance training on oxygen uptake kinetics during treadmill running[J]. J Appl Physiol，2000，89（5）：1744–1752.

[117]HAGERMAN F C，CONNORS M C，GAULT J A，et al. Energy expenditure during simulated rowing[J]. Appl Physiol，1978，45（1）：87–93.

[118] 胡国鹏，王人卫，刘无逸，等 . VVO_2max、VO_2maxPD 等指标在有氧耐力评定中的比较研究 [J]. 北京体育大学学报，2010，33（3）：50–54.

[119] 张艺宏，何仲涛，李宁，等 .BMI 峰值年龄及超重肥胖触发年龄的研究——以四川省2010年国民体质监测样本为例 [J]. 现代预防医学，2013，40（4）：679–683.

[120] 邓树勋，王健 . 高级运动生理学 – 理论与应用 [M]. 北京：高等教育出版社，2003.

[121] 李洁，陈仁伟 . 人体运动能力检测与评定 [M]. 北京：人民体育出版社，2005.

[122]WANG H，CHU W，DAS S K，et al. Liver pyruvate kinase polymorphisms are associated with type 2 diabetes in northern European Caucasians[J]. Diabetes，2002，51（9）：2861–2865.

[123] 邵明川 . 丙酮酸激酶同工酶研究进展 [J]. 生命的化学（中国生物化学会

通讯)，1983（3）：16-18.

[124] 侯军 . 红细胞丙酮酸激酶研究现状 [J]. 国外医学（分子生物学分册），1999（5）：310-313.

[125] 全国体育院校教材委员会审定 . 运动生理学 [M]. 北京：人民体育出版社，2000.

[126]冯连世，李开刚 . 运动员机能评定常用生理生化指标测试方法及应用[M]. 北京：人民体育出版社，2002.

[127] 张迪 . 对国家优秀男子马拉松运动员最大摄氧量和无氧阈测试的研究 [J]. 吉林体育学院学报，2008，24（6）：69-70.

[128] 叶国雄，葛新发，韩久瑞，等 . 划船运动概论 [M]. 北京：人民体育出版社，2000.

[129]CONLEY D L ， KRAHENBUHL G S . Running economy and distance running performance of highly trained athletes[J]. Medicine & Science in Sports & Exercise，1980，12（5）：357-360.

[130] 胡国鹏，刘无逸，向剑锋 . 跑步效率（running economy）的影响因素 [J]. 浙江体育科学，2005，27（2）：83-87.

[131]DANIEL M，LANDERS DANIELS J T，et al. Elite and sub – elite female middle and long distance runner. In Sport and Elite Performers，D. M. Landers（ Ed. ）. Proceedings of the 1984 Olympic scientific Congress. Champaign，IL：Human Kinetics Publishers，1984（3）：57-72.

[132]MORGAN D W，BALDINI F D，MARTIN P E，et al. Ten kilometer performance and predicted velocity at VO_2max among well – trained male runners[J]. Med Sci S ports Exerc，1989，21（1）：78-83.

[133] 洪庆荣，罗飞宏，沈水仙，等 . 解偶联蛋白2基因多态性与儿童青少年肥胖的相关性研究 [J]. 中华内分泌代谢杂志，2005，21（6）：545-546.

[134]TU N，CHEN H，WINNIKES U，et al. Structural organization and mutational analys is of the human uncoupling protein-2（ hUCP2 ）gene[J]. Life Sci，1999，64：PL41-50.

[135]KEN W ，NORMAN R A ，HANSON R L ，et al. Association between

uncoupling protein polymorphisms（UCP2–UCP3）and energy metabolism/obesity in Pima indians[J]. Human Molecular Genetics，1998（9）：1431–1435.

[136]CASSELL P G ，NEVEROVA M ，Janmohamed S ，et al. An uncoupling protein 2 gene variant is associated with a raised body mass index but not Type II diabetes[J]. Diabetologia，1999，42（6）：688–692.

[137]GRAZIANO P，SABINO L，GIORGIO G，et al. UTRdb and UTRsite：specialized databases of sequences and functional elements of 5' and 3' untranslated regions of eukaryotic mRNAs. Update 2002[J]. Nucleic acids research，2002，30（1）：335–340.

[138] 宋畅 . TLR2，4基因 SNP 分析及 TLR4基因3' 非编码区 SNP 功能研究 [D]. 广州：中山大学，2006.

[139]GEHRING N H ，FREDE U ，NEU–YILIK G ，et al. Increased efficiency of mRNA 3' end formation：a new genetic mechanism contributing to hereditary thrombophilia.[J]. Nature Genetics，2001，28（4）：389–392.

[140] 何茹 . 解偶联蛋白家族成员 UCP2[J]. 北京教育学院学报（自然科学版），2009（2）：19–22.

[141] 张雷，文生萍，谷大海，等 . UCPs 基因多态性与脂肪代谢的相关性研究 [J]. 中国畜牧兽医，2010，37（8）：78–83.

[142] 杨明，贾伟平，方启晨，等 . 解耦联蛋白2基因外显子8的45 bp 插入 / 缺失多态及基因编码区 Ala55Val 变异与静息能量消耗及肥胖的关系 [J]. 上海医学，2004，27（4）：237–240.

[143]LEE Y H，KIM W，YU B C，et al. Association of the ins/del polymorphisms of uncoupling protein 2（UCP2）with BMI in a Korean population – ScienceDirect[J]. Biochemical and Biophysical Research Communications，2008，371（4）：767–771.

[144] 徐睿 . 解偶联蛋白2基因多态性与日本人肥胖的关系 [D]. 西安：第四军医大学，2005.